农业经济管理与发展

主 编 褚卫英 杨春丽 刘德强

东北林业大学出版社

Northeast Forestry University Press

·哈尔滨·

图书在版编目（CIP）数据

农业经济管理与发展 /褚卫英，杨春丽，刘德强

主编. —哈尔滨：东北林业大学出版社，2023.3

ISBN 978-7-5674-3095-2

Ⅰ.①农… Ⅱ.①褚… ②杨… ③刘… Ⅲ.①农业经

济管理–研究–中国 Ⅳ.①F322

中国国家版本馆CIP数据核字（2023）第053096号

责任编辑：刘　晓

封面设计：鲁　伟

出版发行：东北林业大学出版社

　　　　　（哈尔滨市香坊区哈平六道街 6 号　邮编：150040）

印　　装：廊坊市广阳区九洲印刷厂

开　　本：787 mm × 1 092 mm　1/16

印　　张：15.25

字　　数：225千字

版　　次：2023年 3 月第 1 版

印　　次：2023年 3 月第 1 次印刷

书　　号：ISBN 978-7-5674-3095-2

定　　价：62.00元

编　委　会

前　言

　　农业经济在维持国民经济发展中占据着极大比重，随着农业经济管理与市场经济体制的迅速变化，以及与之配套的新型经济管理模式在农业领域中的不断推进，农业生长与可持续发展应受到更多良性刺激，并在经济发展浪潮中选择正确的发展道路的同时，着力解决"三农"（农业、农村、农民）问题，完善农业经济管理措施，这对优化我国整体经济结构、稳定新农村各项建设将发挥重要而积极的作用。

　　我国是农业大国，农业经济的发展能够为社会提供基础的粮食以及资源，是我国经济体中的重要组成部分。近年来我国加大了对农村经济的资金投入，也使得农业经济获得了一定的发展，但与此同时也暴露出了一些问题。在农村经济发展过程中，农村经济在整个国民经济中占据着非常重要的地位，并且农村经济的发展水平将直接影响"三农"问题的解决。针对这种现象，要想进一步提升农村经济的发展水平，就必须充分利用农业经济管理方式，加强对农业经济管理理论的研究工作，在农业经济的发展过程中，将农业经济管理的指导作用充分发挥出来，从而为农村经济发展提供良好的基础条件。

　　本书是一本关于农业经济的著作，主要讲述的是农业经济管理以及发展研究。本书分为上篇和下篇。上篇对现代化农业经济管理展开讲述；下篇对互联网背景下的农业发展展开讲述。通过本书的讲解，希望能够给读者提供一定的参考价值。

作　者

2023 年 3 月

目　录

上篇　现代化农业经济管理

下篇 互联网背景下的农业发展

上篇　现代化农业经济管理

第一章　市场经济与农产品市场

第一节　认识市场经济

农产品生产者常常会遇到一个令人困惑的问题，市场在哪里？如何发现市场？市场就是具有购买能力和需求欲望的消费者的集合。对于某种商品来说，达到一定的收入水平，又有愿意购买该商品的消费者，就是该商品的市场。对于农民来说，了解市场、分析市场、适应市场显得十分重要。

一、完善社会主义市场经济运行机制

（一）市场经济特征

市场经济是社会资源配置主要由市场机制进行调节的经济，市场经济具有如下特征。

1. 自主经济

市场经济的主体是企业，企业可以按法定程序建立，实行自主经营、自负盈亏和独立核算的制度。任何组织和个人不得非法干涉其经营行为。

2. 开放经济

市场经济向所有的经营者和消费者开放，市场经济重视自由选择、平等竞争，没有地位、级别差异。市场经济要求在全国、全世界范围内建立统一的大市场，任何部门和地区封锁都是对市场经济的破坏，最终导致经济的落后。

3. 竞争经济

在市场经济条件下，生产者之间、消费者之间均是激烈的相互竞争的关系。通过竞争，使生产资源得到有效的配置和利用;通过竞争决定商品的价格。

4. 自发经济

市场机制对供求的调节和对生产资源的配置作用是自发进行的，即市场调节具有自发性。

5. 平等经济

市场经济是平等经济，以价值规律为基本交易准则，所有买卖在市场面前人人平等，不能拥有任何特权。市场经济要求在市场规则的基础上对经营者进行比较，各市场主体在机会均等和公平的条件下参与竞争。

6. 法制经济

市场经济是法制经济，依靠一系列法律制度规范市场行为，依法进行农业经营是保证顺利开展市场经济活动的关键。

7. 风险经济

风险是市场的一个显著特征，市场经济是一种风险经济。市场经济以市场为基础对供求关系进行调节，由于各种不确定因素的影响，这种调节带有很大的风险性。市场风险通常表现为生产风险、销售风险、价格风险、信用风险等。风险意味着损失，也意味着收益。风险越大，相应的损失也就越大。

8. 信息经济

市场经济是信息经济。市场运行依靠一系列的信息进行传递和调节，谁拥有足量和及时有效的信息，谁就能争取主动权。市场运行中各种市场信息构成了市场经济发展的基础。经营者以市场为导向，应当掌握农用生产资料供应信息、产品需求信息、资金信息、价格信息等。

（二）市场经济的运行机制

市场运行机制由许多机制组成，价格机制是其他各种机制发挥作用的基础，供求机制、竞争机制、风险机制等均依靠价格机制才能发挥作用。

1. 价格机制

价格机制是通过价格涨落调节商品和其他要素的供求关系，指导生产和消费的经济运行机制。商品价格围绕商品价值波动，当商品价格大于价值时，生产经营者就能获得额外的纯收入；反之，就要亏本。市场价格是以价值为基础，由供求关系调节形成的一种均衡价格。

价格机制可以引导供求关系，使供求达到相对的平衡。同时利用价格机制在法律许可的范围内进行价格竞争，可以成为一种重要的竞争手段。

2. 供求机制

供求机制是通过供求关系的调节，形成均衡价格，从而指导供求双方行为的运行机制。商品供大于求，形成积压，价格下跌；供小于求，形成短缺，价格上涨；供求平衡，市场稳定，价格平稳。

3. 竞争机制

竞争机制是通过合法竞争，在价格和其他方面形成优势从而提高经济水平，达到优胜劣汰的运行机制。

市场竞争是一个综合经济、科技等实力的较量，若有某一个方面因素失误，就会造成总体竞争的失败。市场竞争一般采取以新取胜、以优取胜、以廉取胜、以信取胜、以诚取胜的"五胜制"原理。市场竞争围绕同行业厂商之间、同类产品之间、互代产品之间、争夺消费者、科技和信息等几个方面展开。

4. 风险机制

风险机制是通过风险和预期收益之间的关系，形成风险和收益的相互关系，指导经营者经营行为的运行机制。它包括风险的形成、风险的分散和风险的承担等内容。

（三）完善社会主义市场经济运行机制

1. 建立健全统一、开放、竞争、有序的现代市场体系

建立健全现代市场体系是充分发挥市场机制作用的重要条件，现代市场

体系包括商品市场和生产要素市场。

商品市场是国民经济物质商品和服务交易的基本场所和主要形式。按商品的最终用途分类，商品市场分为消费品市场和生产资料市场。生产要素市场提供生产要素的交易场所，不一定有固定和有形的场所。生产要素市场主要包括以下几个方面。

（1）金融市场，包括提供长期运营资本的资本市场，也包括提供短期资金融通的货币市场，还有外汇市场和黄金市场。

（2）产权市场，既包括企业产权交易、股权转让市场，也包括技术产权交易市场。

（3）劳动力市场，指劳动力按供求关系进行流动的场所。

（4）土地市场，指以土地使用权为交易对象的市场，我国实行土地公有制，所以，在土地市场上不能进行土地所有权的交易。

（5）技术市场，即以技术商品为交易对象的市场。

商品市场是市场体系的基础。没有商品市场的发展，生产要素市场的发展就失去了基础和依据。但是，生产要素市场的发育程度和水平反过来又制约着商品市场的发展，特别是生产要素市场中的资本市场，对于其他生产要素市场和商品市场的发展具有重要的影响，是现代市场体系的核心。

统一、开放、竞争、有序是现代市场体系的基本特征。统一是指市场体系在全国范围内应该是统一的。统一还意味着市场按照统一的规划、制度进行组织和运作，要打破行业垄断和地区封锁。开放是指市场对内和对外都是开放的，从而能促进商品和生产要素的自由流动。竞争是指在市场体系中商品和生产要素的流动，必须在一个公平竞争的环境中进行。有序是指要有一定的规则来维护市场的正常秩序，保证公平竞争和资源合理流动。

2.完善市场体系

我国商品市场的改革起步较早。经过多年的实践，已形成较为健全的商品市场。这为生产要素市场的发展奠定了基础，也迫切要求进一步发展生产要素市场。所以，当前和今后一个时期，健全现代市场体系的重点是推进生产要素市场的发展，要在更大程度上发挥市场在资源配置中的基础性作用，健全统一、开放、竞争、有序的现代市场体系，推进资本市场的改革开放和稳定发展，发展产权、土地、劳动力和技术等市场，创造各类市场主体平等使用生产要素的环境。

3.规范市场秩序

市场经济的运行也要建立与其相适应的行为准则和行为规范。市场秩序包括市场进入退出秩序、市场竞争秩序、市场交易秩序和市场仲裁秩序等方面的内容。等价交换和公平竞争是社会主义市场秩序的基本要求。加强市场法制建设，加强市场监管力度，整顿和规范市场秩序，既是保证经济正常运行的迫切需要，也是完善社会主义市场经济体制的客观要求。

加强信用建设，建立健全良好的社会信用体系，形成以道德为支撑、以产权为基础、以法律为保障的社会信用制度，既是建设现代市场经济体系的必要条件，也是规范市场秩序的治本之策。信用的基本解释就是要遵守诺言、践行合约、取信于人。信用既属于道德规范，又属于经济范畴，缺乏信用不仅会造成经济关系的扭曲，而且会败坏社会风气。要增强全社会的信用意识，政府、企事业单位和个人都要把诚实守信作为基本的行为准则。要加快建设企业和个人信用服务体系，建立监督和失信惩戒制度，为市场经济的正常运行创造良好的条件。

二、市场引导农业生产经营

在市场经济条件下，社会的供给与需求，均由市场来引导。在农业中，一方面按照市场需求组织农业生产经营活动，通过市场交换实现商品的价值；另一方面又依赖于市场的供给，取得生产资料和生活资料，保证农业再生产过程的顺利进行。

1.市场引导农业再生产过程

农业的再生产过程包括生产、交换、分配和消费四个环节，每个环节都离不开市场。

（1）市场引导农业生产过程的产、供、销。农业生产过程的产、供、销，都与市场紧密相连，生产要根据市场需求确定生产经营项目，以消费定销售，以销售定生产，实现产销平衡；供应是用货币购买生产资料或劳务，使生产顺利进行；销售使生产的产品走向市场，实现其价值，让生产者获得价值补偿。

（2）市场引导社会再生产过程的生产、交换、分配和消费四个环节。①市场引导农产品的生产。生产经营者根据市场供求信息，确定生产经营项目，组织生产经营活动，生产什么，生产多少，完全由市场来决定。②市场引导农产品交换。生产者出售农产品，实现产品价值，使生产消耗得到补偿；中间商先购后卖，以获得进销差价；消费者购买农产品而获得使用价值，达到消费的目的。这一系列的交换活动，都是由市场来引导的。③市场引导农产品实体分配。实体分配包括商品的加工、运输、保管等工作。在市场机制的作用下，农产品南调北运、秋收冬储、低价囤积、高价出售等活动，都是市场引导的结果。农业生产资料的分配，也在市场引导下自由流动。④市场引导消费。市场是沟通农业生产与消费的桥梁。农业的生产消费和农民的生活消费，都是通过市场购买实现的。

（3）市场引导农业再生产。农业是不断的周而复始的再生产过程，一个过程结束，下一个过程开始，其生产、交换、分配、消费同样由市场引导。

2. 市场引导生产资源的流动

市场具有配置生产资源、调节资源供求的功能。在市场机制的作用下，当市场上某种商品供不应求时，商品价格上涨，生产规模扩大，市场引导生产资源向这一方向流动，反之亦然。

（1）市场引导土地资源的流动。同一块土地，由于用途不同，所产生的经济效益也就不同。在比较利益的作用下，土地拥有者，选择比较利益大的生产经营项目，促使土地资源向高效益项目流动。

（2）市场引导农业劳动力的流动。农业劳动力在各生产部门、各生产项目之间的投放和流动，是由劳务市场引导的。在劳务市场上，劳动者自愿、平等地实现其劳动价值的互换。当前，我国农村存在劳动力过剩现象，在市场机制的作用下，农村劳动力向城市流动，贫困落后地区的劳动力向富裕发达地区流动，低收入地区的科技人员向高收入地区流动。

（3）市场引导资金的流动。资金有货币、实物资产和无形资产等形态。在市场机制的作用下，通过利率、成本、利润等经济杠杆的推动，使资金向成本低、利润高的地区和生产项目流动，以实现资本的保值和增值。

（4）市场引导技术的流动。科学技术是一种重要的生产资源，高新技术能促进生产力的飞速发展。在市场机制的作用下，资料、图纸、光盘等技术载体，向畅销高利的方向流动；先进设备、高科技材料等技术载体，向成本、价格有利的方向流动；具有高新技术知识的科技人员，从低效益区向高效益区流动，以实现科技人员的高科技价值。

三、市场引导农村产业的发展

一个国家或地区的农村产业构成及其比例关系，除了受自然资源条件、政治条件的影响外，还有市场机制的引导作用。市场需求是某一个产业或行业产生的前提，也是调整产业结构和农业生产布局的依据，市场需求促进农业生产区域化、专业化的发展。

第二节　认识农产品市场体系

一、建立健全农产品市场体系

（一）农产品市场的特点

1.市场广阔，购买的人数量多而分散，需要建立广阔的销售网点

所有的消费者都是农产品的消费者，人类要生存，就必须消费食物，食物来源于农产品，所以，从某种意义上来说，农产品市场是人类整体，这是农产品市场需求的显著特征。由于农产品的消费者居住分散，为了尽量扩大农产品的消费群体，农产品生产者需要相应建立大量的销售网点。

2. 消费者购买多属于小批量的经常购买，购买频率高

由于农产品保质期较短，不耐贮藏，消费者一次购买的数量较少，消费完后，会重复购买，呈现购买频率高的消费特征，对生活必需的农产品，该特征尤为明显。

3. 生活必需农产品需求弹性小，享受农产品需求弹性大

生活必需农产品如大米、蔬菜、猪肉等，是人们每天几乎都要消费的农产品，这些生活必需的农产品需求不会随商品价格的较大幅度变化而发生大的改变。也就是说，价格下降，消费者不会增加较多购买量；价格升高，消费者的购买量也不会大量减少。其余的享受农产品如高档水果、花卉及由农产品加工的食品如饼干、糕点等，当价格下降时，消费者会增加较多购买数量；而价格一旦上升，消费者则会减少购买数量，表明消费者对这类农产品的购买量随价格的变化，会出现较大幅度的变化。

4. 不需要售后技术服务

进入消费市场的农产品是最终产品，消费者购买后直接消费，是最终消费，不需要农产品生产者提供技术服务。

5. 注重消费安全

虽然绝大部分农产品的价格不高，农产品消费支出在消费者总支出中的比重并不大，但是，由于农产品的消费将直接影响消费者的身体健康。因此，消费者在选购农产品时更注重消费的安全性。

（二）农产品市场的分类

从不同的角度，根据不同的需要可以把农产品市场分为不同的类型，比较常见的分类有以下几种。

1. 按照流通区域划分

（1）国内市场。国内市场是指一定时期国家内部农产品商品交换活动的总和或农产品交换场所。国内市场还可分为城市市场和农村市场。

（2）国际市场。国际市场是指各个国家和地区的经济贸易往来和国际分工联系起来的农产品商品交换活动的总和或农产品交换场所。

2. 按照流通环节划分

（1）采购市场。农产品生产是分散进行的，所以农副产品先集中在农村产地的采购市场，然后批发、调拨供应集散市场。

（2）批发市场。批发市场是指专门起中转商品作用的、进行商品转卖的交易场所。目前我国发展起来的贸易货栈已成为主要的批发市场。

（3）零售市场。零售市场是指从批发商或生产者购进商品、直接满足居民需要的商品交易场所。

3. 按照农产品的使用价值划分

（1）生活消费市场。主要是指以满足居民个人及其家庭所需要的生活资料为对象的市场。

（2）生产消费市场。主要是指以满足生产单位或个人进行再生产所需要的生产资料为对象的市场。

4. 按照交易场所的性质划分

（1）产地市场。产地市场是在各个农产品产地形成或兴建的定期或不定期的农产品市场。产地市场的主要功能是为分散生产的农户提供集中销售农产品和了解市场信息的场所，同时便于农产品的初步整理、分级、加工、包装和储运。产地市场的主要特点是：①接近生产者；②以现货交易为主要交易方式；③专业性强，主要从事某一种农产品交易；④以批发为主。

（2）销地市场。销地市场是设在大中城市和小城镇的农产品市场，可进一步分为销地批发市场和销地零售市场。前者主要设在大中城市，购买对象多为农产品零售商、饭店和机关、企事业单位食堂。后者则广泛分布于大、中、小城市和城镇。销地市场的主要职能是把经过集中、初加工和储运等环节的农产品销售给消费者。

（3）集散与中转市场。集散与中转市场的主要职能是将来自各个产地市场的农产品进一步集中起来，经过再加工、储藏与包装，通过批发商分散销往全国各地的批发市场。该类市场多设在交通便利的地方，如公路、铁路交会处。但也有自发形成的集散与中转市场设在交通不便的地方。这类市场一般规模都比较大，建有较大的交易场所和停车场、仓储设施等配套服务设施。

5. 按照农产品交易形式划分

（1）现货交易市场。现货交易市场是进行现货交易的场所或交易活动的总和。所谓现货交易是指根据买卖双方经过谈判（讨价还价）达成的口头或书面买卖协议所商定的付款方式和其他条件，在一定时期内进行实物商品交付和货款结算的交易形式。现货交易又分为即期交易和远期交易。前者指买卖双方立即进行的一手交钱、一手交货的交易。我国目前进行的小额农产品市场交易多属于此类。而后者是指根据买卖双方事先签订的书面形式的农产品买卖合同所规定的条款，在约定的时期内进行实物商品交付和货款结算的交易形式。我国目前出售大宗农产品多采用远期交易形式。

（2）期货交易市场。期货交易市场就是进行期货交易的场所，如郑州粮食期货交易所。所谓农产品期货交易的对象已不再是农产品实体，而是根据农产品形成的标准化合同。

6. 按照商品性质划分

农产品市场按照商品性质还可分为粮食市场、蔬菜市场、肉禽市场、水产市场、果品市场、植物纤维市场等。

（三）建立健全农产品市场体系

加强农产品市场体系建设，对扩大内需，保障农产品有效供给，促进农民增收，引导农村消费，推动农村经济结构战略性调整，确保农业和农村经济稳定增长，都具有重要意义。为此，应努力做好以下工作。

1. 对农产品市场体系建设进行科学规划与布局

要科学制定农产品市场体系建设规划及实施纲要，从宏观上加强对农产品市场体系建设的指导。各级地方政府要坚持因地制宜、分类指导、务求实效、循序渐进的原则，对农产品市场体系的建设进行统一规划，避免盲目建设和重复建设。同时，在规划新建市场时，要着眼于多层次、多类型、多功能的发展定位,进一步规范、发展、完善市场功能,增强辐射能力,切实做到农产品市场规划的科学性与合理性。

2. 完善市场的基础设施建设,推进农产品市场的现代化管理

市场基础设施建设是农产品市场体系建设和发展的重要保障。因此,要加快传统集贸市场和农产品批发市场的整合、改造和升级,特别是要加强重点产区和集散地农产品批发市场、集贸市场等流通基础设施建设,改善交易条件,提高交易效率。重点要加强市场场地的硬件、水电路配套、交易棚厅,以及农产品加工和贮藏保鲜等设施建设,尽快改变市场设施简陋和脏乱差状况。同时,要完善市场服务功能,提高农产品市场体系的网络化程度。加强对仓储设施、配送系统、通信、信息网络、电脑结算系统、农产品质量安全检验检测系统等农产品市场的配套设施建设。

3. 加快市场的信息化建设

逐步健全各级信息服务体系,为农民提供市场信息、购销对接等服务,着力解决农产品销售难的问题。

4. 加强农产品流通的网络建设

一是继续实施"双百市场工程",支持大型鲜活农产品批发市场和县乡农贸市场升级改造;二是培育"农超对接"龙头企业,支持大型连锁超市、农产品流通龙头企业与农村专业合作组织对接;三是促进"农超对接"基地品牌化经营,提升基地农产品品牌知名度和市场竞争力,强化农产品基地农民培训,提高农民进入市场的能力。

5. 健全市场法律体系和监督机制,规范市场秩序

健全的法律体系和高效的监督机制是规范市场秩序的基本前提,也是市场体系建设健康发展的必要保证。因此,要以公平竞争为原则,致力于维持市场秩序,保护合法经营,维护生产者、经营者和消费者的合法权益,坚决取缔各种违章违法经营,严厉打击制假售假、商业欺诈等违法行为,逐步完善各项交易服务设施,尽快解决农产品市场体系建设中市场主体和客体市场准入、市场载体功能缺失、中介组织定位的问题。对此国家应制定相应的法

律法规，集中对涉及农产品市场体系建设的有关法规、政策等进行清查，消除不利于农产品市场体系建设的各种政策性障碍。加快制定、补充和完善与有关法律法规配套的条例、实施细则，使法律法规更具可操作性。

6. 培育壮大市场主体

积极培育、壮大农产品经纪人队伍，围绕农产品流通政策、运销贮藏加工技术、质量安全知识与法规、农业科技等内容开展农产品经纪人培训，为农产品经纪人提供市场信息服务，帮助他们提高素质，增强市场开拓能力。积极引导农民营销合作组织发展，鼓励运销大户、农产品加工和流通企业领办营销合作组织，提高农民参与农产品流通的组织化程度，增强市场竞争力。

7. 清理整顿农产品市场的各种收费

大力整顿农产品市场收费，降低过高的收费标准，取缔各种不合理收费，合并重复收费项目，已停收的各种税费一律不得恢复。推广统一收费经验，只收一次费用，解决多头或重复收费问题。

二、农产品市场信息

（一）农产品市场信息的内容

农产品生产者需要的信息是多方面的，总的来说，主要分为以下几类。

1. 市场信息

市场信息是农产品生产者决策前需要掌握的主要信息。目前，除少数大宗农产品外，我国绝大部分农产品已经放开经营，大量的农产品生产者都面临着激烈的市场竞争。同时，农产品生产者面临国内、国际两个市场的竞争，国外的许多农产品比国内农产品质优价廉，这将使我国农产品生产者的竞争更激烈。了解农产品市场供求状况，为农产品生产者决策提供指导，有利于农产品生产者在市场竞争中处于主动地位。

市场信息的主要内容包括以下几个方面。

（1）市场供给信息。上年度产品生产总量、产品进出口情况、本年度产品供给情况预测、相关产品供给情况等。

（2）消费者需求信息。上年度市场消费总量、本年度市场需求量预测、消费者收入水平变化情况、消费者需求偏好变化情况等。

（3）市场价格行情。上期市场价格水平和波动情况、当期价格水平、未来价格走势预测等。

（4）相关政策信息。相关政策信息包括政府农业产业政策、政府宏观调控政策等。把握国家宏观调控政策信息，对于相关生产者来说，也意味着孕育市场机会。

（5）产品动态信息。市场畅销品种、新品种信息、产品质量标准信息等。先于竞争者获得新品种的信息，在竞争中就掌握了优势，了解各种优质农产品相关质量指标信息，可以指导农产品生产的标准化，使农产品符合市场需求。如目前，我国已经对八类粮食品种制定了新的质量标准指标体系，对于相关产品生产者来说，这正是需要了解的重要信息。

2. 实用技术信息

与工业产品不同，农产品在生产过程中，容易受到外界环境的影响而造成损失，如旱灾、涝灾、冰雹、病虫害、瘟疫等。因此，农产品生产者需要先进适用的抗旱、抗涝、抗雹、抗虫、抗病等抵抗自然灾害的技术。在农产品收获后，生产者也需要农产品保鲜技术信息、优质农产品质量标准信息、农产品包装技术信息等实用技术信息。这些信息对农产品生产者解决经营过程中的实际困难，具有较强的现实指导作用。

3. 农业科研动态信息

在竞争越来越激烈的市场环境下，了解科研的最新进展，对农产品生产者的未来决策具有重要意义。由于农产品的生产特性，生产周期长，生产过程中不能改变决策，因此，农产品生产者在生产之前，要谨慎决策。掌握农业科研的一些发展动态信息，能够增强决策的准确性。

（二）农产品市场信息收集的方法

在了解市场信息的内容后，接下来要做的就是信息的收集工作。那么农产品生产者如何来获得所需要的信息呢？具体来说，生产者可根据信息的种类采取不同的收集方法。

1. 收集二手信息的方法

在市场营销实践中，已经被编排、加工处理出来的数据、资料信息称为二手信息。获得二手信息的速度较快，而且成本也低。农产品生产者收集二手信息的主要途径有：

（1）订阅报纸、杂志。农产品生产者可以到邮局订阅市场报、农民日报等报纸，从中获得产品和市场信息。

（2）收听广播、收看电视节目。农产品生产者可以从广播、电视节目中了解国家政策方针、产业发展情况、产品供求信息等。

（3）购买统计出版物及相关书籍。政府的统计年鉴、农业技术普及读物，也是农民掌握市场信息和生产技术的有效途径。

（4）上网。科学技术不断为人们提供越来越便捷的获取信息的途径，网络就是其中之一。对于农产品生产者来说，市场信息显得更加重要，谁先掌握了市场信息，谁就会在将来的竞争中占据优势。因此，具备一定条件的农产品生产者，可以通过网络获取信息，使自己及时把握市场动态。随着网络的发展，我国农产品网络建设方面也获得了较大的发展，目前农产品相关的政府网站和商业网站都比较多。农产品生产者可以通过网络获得产品供求、价格、技术、政策、展销会、国际市场动态等各种信息。

2. 收集原始信息的方法

农产品生产者获得的二手信息，多数只能对农产品生产者起宏观指导作用，在涉及具体的某方面经营决策中，生产者还应该收集原始信息。原始信息是指为具体的目标专门收集的信息，如新产品的市场分析、消费者态度调查等。原始信息主要通过市场调查收集，农产品生产者可以根据具体的项目制订市场调查计划。

（三）农产品市场调查计划的编写

农产品市场调查计划的内容主要包括以下几点。

1. 调查的方法

农产品原始信息的收集主要采用问询式调查的方式，也就是直接询问被调查者与调查内容相关的问题。如新产品的命名、口感测试调查、消费者消费偏好调查、广告宣传的效果调查等都可以采用直接询问消费者的方式获得所需信息。

2. 与调查对象的接触方式

农产品生产者在问询式调查中，可通过电话、当面询问等几种方式与调查对象接触。这几种接触方式各有优缺点：通电话的方式灵活、便利，但是受通话时间的限制，双方只能做简短的交流，成本也较高；当面询问，调查者能根据调查对象的反应灵活处理，深入话题，但这需要大量的高素质的调查人员，成本也较高。农产品生产者可根据具体的调查项目选择接触方式。

3. 调查对象的选择方式

在问询式调查中，农产品生产者还面临着一个问题，即如何选择调查对象。一般来说，选择一部分有代表性的调查对象即可获取准确性较高的调查结果。调查人员可以采取随机方式选择调查对象，也可以依据年龄、性别、收入水平等不同标准进行分组，从每组中抽取一定数量的人进行调查。

4. 调查表的设计

为了使调查者在调查过程中能围绕调查项目与调查对象进行交流，在实施调查工作前，调查人员可以设计一份调查表，将所要调查的内容详细列出。设计调查表时，要注意问题形式的设计，可设计有答案选择的问题，也可以设计自由回答的问题；注意问题的表达语气和顺序，使用简单、直接、无偏见的语气；第一个问题应尽可能地引起调查对象的兴趣。

三、充分利用农产品市场信息

1. 信息加工

信息加工是在原始信息的基础上，生产出价值含量高、方便用户利用的二次信息的活动过程。这一过程将使信息增值。只有在对信息进行适当处理的基础上，才能产生新的、用以指导决策的有效信息或知识。

（1）信息的筛选和判别。在大量的原始信息中，不可避免地存在一些假信息和伪信息，只有通过认真筛选和判别，才能防止鱼目混珠、真假混杂。

（2）信息的分类和排序。刚收集来的信息是一种初始的、零乱的和孤立的信息，只有把这些信息进行分类和排序，才能存储、检索、传递和使用。

（3）信息的分析和研究。对分类排序后的信息进行分析比较、研究计算，可以使信息更具有使用价值乃至形成新信息。

2. 进行预测

预测是对事物将来的发展趋势做出的估计和推测。

（1）生产预测。生产预测是对农业生产项目、生产规模、产品结构等发展趋势的推测。农民可根据市场调查的信息，发现市场中的规律，做出正确的推测。农民也可以根据这些预测制订长远的发展计划，并随着生产的发展，不断调整生产项目，改善产品结构，扩大生产规模，提高经济效益。

（2）销售预测。销售预测是对农产品供应量、需求量、价格和农产品需求时间的预测。这类预测与农民的生产经营最为紧密，也最直接。供应量预测是对农产品供应数量、供应时间的预测。把握准供应量预测，可以避开供应高峰，提前或延后上市，并合理安排生产面积，选择生产品种，从而在竞争中取得优势。销售价格预测是对农产品在不同供应时间的价格预测。销售价格预测可以决定是否种植、种植多少，以及在什么时间上市价格较好。对农产品需求时间预测是因为农产品生产需要一定时间，进行需求预测要有一定的超前性，以便正确安排生产时间，保证产品准时上市。

（3）经营成果预测。经营成果预测是对一定时期内的总收入、总成本、利润等内容的预测。对经营成果的估计应建立在对生产量、销售量以及销售价格预测的基础上。在生产经营开始前农民就已想到了经营成果，对经营成果的追求是生产经营发展的永久动力。

3. 进行经营决策

经营决策是农民对经营达到的目标和实现目标的措施做出的选择和决定。

（1）生产决策。生产决策是对一定时期内农业企业或农民家庭达到的经营目标、生产目标、选择生产项目、生产规模等问题做出的决定。生产决策是经营决策的核心部分，是决定其他决策方向的关键，是进行农业经济管理的中心环节。农民应在充分考虑所具备的资金、劳动力、技术、设施等条件后，根据市场行情的变化趋势确定生产目标和具体的生产项目。进行生产决策时应制定具体的量化目标，一般包括生产面积、产量目标、收入目标和利润目标等。

（2）技术决策。技术决策是指经营者为达到经营目标，结合农业生产实际，对采用何种生产技术措施和何种技术装备等问题的决定。农民要达到预期的生产经营目标，就必须采用相应的技术措施。技术措施的选择应以适用技术为重点。适用技术是指在特定条件下能够达到预期目的，综合效益较好的技术。适用技术不一定是先进的技术，但应具备两个基本条件：一是该技术和当地的自然、经济条件相适应，特别是与当地农民的经济条件相适应；二是必须具有良好的效益，包括经济效益、生态效益和社会效益，既能获得良好的经济效益又不会破坏生态环境。

（3）物资采购决策。物资采购决策是经营者根据以上决策对物资采购进行全面的安排，以便按时、按量采购生产所需的生产资料，保证生产的顺利进行。进行物资采购决策时，注意采购生产资料以满足生产项目和技术水平要求为标准，不能贪图便宜，随意购买劣质生产资料。否则，虽然一时占些便宜，但轻者会降低产品产量和产品质量，重者会造成严重的损失。劣质种子、假化肥、假农药等危害严重，甚至会导致绝产绝收，为避免购买到上述劣质生产资料，进行物资采购决策时，应办理严格的采购手续，签订采购合同，索取对方出售物资的发票。

（4）销售决策。销售决策是对出售农产品时所采取的销售渠道、销售方式、销售价格等问题进行的决定。农产品的销售渠道和销售方式多种多样，农民应根据产品类型、自身条件、产品产量、市场供求状况和出售价格等因素，确定合理的销售范围；选择合适的销售渠道和销售方式，使产品尽快以合理的价格销售出去，收回资金，降低经营风险。

第三节 重视农产品价格

一、认识农产品价格

（一）农产品价格的作用

合理的农产品价格，对农业扩大再生产具有重要作用。农产品价格的作用具体表现在以下方面。

（1）农产品价格水平的高低，直接关系着农业生产的发展。

农产品价格如果不能补偿农业生产消耗的各项费用支出，农业就不能维持再生产的成本，进而也就无人愿意从事农业生产。农产品价格如果不能给农业生产提供一定的利润，农业就不可能获得扩大再生产所必需的积累。在商品生产的条件下，也就无法保证农业的发展。

（2）农产品价格直接影响着农产品在地区之间的流通和农业的合理布局。

如果农产品的价格在产地和销地方面没有差别，那么其流通费用就无法得到补偿，也就没有人肯积极地从事农产品的运销。这样，农业在地区之间的合理分工也就成为不可能。

（3）农产品的价格直接影响着农业内部各种生产项目是否可以按照社会所需要的比例发展。

如果社会所短缺的农产品的价格过低，而社会所富余的农产品的价格过高，就会使农业生产的比例关系更加失调。

（4）农产品的价格关系着工业生产的成本和工业品的价格。

农产品的价格提高，就会使以农产品为原料的工业生产成本提高，并迫使工业品的价格上升。

（5）农产品价格水平，直接关系着农民的收入和消费者的利益。

农产品价格降低，就意味着农民收入的下降；农产品价格上升，就意味着农产品消费者的支出增加。

综上所述，农产品的价格是一个既关系农业生产又关系工业生产，既关系农民收入又关系国家和广大消费者利益的十分重要的经济问题和政治问题。同时，在价格问题上又交织着多方面的矛盾，因而解决好这个问题是很不容易的。

（二）农产品的价格构成

1.物质费用

物质费用指在直接生产过程中消耗的各种农业生产资料和发生的各项支出的费用，包括直接生产费用和间接生产费用两部分。直接生产费用是指在直接生产过程中发生的、可以直接计入各种作物中去的费用，包括种子秧苗费、农家肥费、化肥费、农膜费、农药费、畜力费、机械作业费、排灌费、燃料动力费、棚架材料费及其他直接费用；间接生产费用是指与各种作物直接生产过程有关，但需要分摊才能计入作物成本的费用，包括固定资产折旧、小农具购置及修理费、其他间接费用等。

2.人工费用

人工费用指在农业生产过程中的人工投入费用，其可分为直接生产用工费用与间接生产用工费用两部分。直接生产用工费用是指各种作物直接使用的劳动用工费用；间接生产用工费用是指多种作物的共同劳动用工费用，这部分费用应按各种作物播种面积进行分摊。

3.期间费用

期间费用指与生产经营过程没有直接关系和关系不密切的费用，包括土地承包费、管理费用、销售费用和财务费用。

4.利润

利润是指农产品销售价格减去物质费用、人工费用、期间费用后的剩余部分。

（三）农产品价格体系

农产品从生产领域进入消费领域，一般都要经过流通领域。农产品在流通领域也要经过不同的流通企业，通过收购、批发、零售等若干环节。每经历一道环节，农产品都要发生一次交换行为，出现一次买卖关系，因而就有一种价格。在收购环节有收购价格，在批发环节有批发价格、供应价格，在零售环节有零售价格。农产品收购价格是基础价格，批发价格属中间环节的价格，零售价格则属于农产品商品的实现价格。这些不同环节的价格，又由购销差价、地区差价、批零差价、季节差价、质量差价等互相联系起来，构成错综复杂的农产品价格体系。

1. 农产品收购价格

农产品收购价格指农产品收购者向农产品生产者收购农产品的价格，也称农产品采购价格。在我国主要是指国有企业和供销合作社向农业生产者收购农产品的价格。它是农产品进入流通领域的第一道价格，是确定农产品其他销售价格的基础。它体现着国家与农民、城市与农村、工业与农业的关系。中华人民共和国成立以来，随着我国农产品供求及经济体制的变化，农产品收购价格的形式也在相应地变化，前后就有统购价、派购价、超购加价、议价、委托代购价、国家定购价、市场收购价等。

2. 农产品销售价格

农产品销售价格包括农产品产地批发价格、销地批发价格、销地零售价格。

（1）农产品产地批发价格。它是农产品产地批发企业向批发企业或零售企业出售农产品时所采用的价格。一般是在产地收购价格基础上，加购销差价确定的。购销差价内包括产地企业合理的经营费用、税金和一定的利润。

（2）农产品销地批发价格。它是销地批发企业向零售企业或向生产单位出售农产品、工业原料的价格。大中城市和工矿区所需农产品数量大，多由产地集中，经销地批发环节再分散供应。因此，销地批发价格常在产地批发价的基础上，加销地企业的合理费用、税金和利润确定。

（3）农产品销地零售价格。农产品零售价格是流通过程中最后一个环节的价格，也就是与消费者的见面价。合理的农产品零售价格直接关系着市场物价的稳定。因此，应十分重视农产品零售价格的管理。农产品零售价格，一般是在销地批发价的基础上，加批零差价确定。

3. 农产品的比价

（1）工农产品比价。工农产品比价就是农民购买工业品所付的水平，同农民出售农产品所得的价格水平的对比，或一定数量的农产品能够交换到工业品的数量。它通常用工业产品的销售价格指数的变动幅度，同农产品收购价格指数的变动幅度的对比加以反映。工农产品比价的合理与否是关系工农业生产能否协调发展，工农差别、城乡差别能否逐步缩小的重要的经济问题和政治问题。如果农民所得的价格水平的提高，快于农民所付价格水平的提高，就会更加有利于农业的发展和农民收入的增长；反之，就会更加有利于工业的发展和工人收入的增长。因此，为了正确处理工农关系，必须时刻关注工农产品比价的变化，并多方采取措施使之合理化。

（2）农产品之间的比价。农产品之间的比价通常指同一时期、同一地区、各种农产品价格之间的比例关系。这种比例关系直接影响着不同农产品的生产者的收入，也极大地影响着各种农产品的生产和消费。

4. 农产品的差价

农产品的差价指同一商品由于生产成本、流通费用、储存以及商品质量不同等原因而形成的价格差额。主要有以下几种：

（1）农产品购销差价。农产品购销差价指同一种农产品在同一地区的收购价格与销售价格之间的差额。适当的购销差价除补偿农产品运销各环节上的流通费用外，还可以调节农产品的市场供求关系；反之，购销差价不合理，则会挫伤农民生产、企业经营农产品的积极性，并影响农产品消费。

（2）农产品地区差价。农产品地区差价指同一时间、同一商品的收购价格在不同地区之间的差额。地区差价的形成，主要是由于不同地区的自然、经济条件存在差别，而生产同一种农产品在不同地区消耗的劳动量也不同，成本不一。合理的地区差价有利于促进条件较差的地区发展农业生产，又不致影响条件较好地区的积极性。

（3）农产品季节差价。农产品季节差价指同一商品在同一地区的收购价格或销售价格在不同季节之间的差额。季节差价的存在是由于某些农产品的季节性生产同常年的消费需求之间存在矛盾，因而从生产到消费的时间差中，增加了储存、保管、自然损耗和利息等费用。此外，同种农产品在不同季节生产，产量和费用的差别也很大，如蔬菜温室生产费用高，提早上市产量低。实行季节差价可以补偿由于上述原因而增加的生产、流通费用，还有利于平衡淡旺季的农产品供应。

（4）农产品质量差价。农产品质量差价指同一商品因质量不同而形成的价格差额。优质优价、劣质低价，拉开品质差价的档次，有利于促进农产品品质的提高和保护生产者、消费者双方的利益。

二、农产品定价

（一）农产品定价时应考虑的因素

在农产品进入市场之前，生产者应确定合理的价格，这是一项非常复杂、细致的工作。综合来看，生产者主要应考虑以下几个方面的因素。

1. 生产成本

一般来说，首先应考虑在农产品的生产过程中投入了多少生产费用，如购买种子、化肥、农药及其他生产资料的支出，还有劳动用工等。农产品加工品的生产成本则包括厂房、机器、设备、原材料、人员、资金等投入费用。对这些费用进行初步计算，就得到了在产品定价中第一个必须考虑的因素——生产成本。将生产成本除以收获的农产品总量，得到单位农产品生产成本。在农产品销售过程中，产品的定价至少应与单位农产品生产费用相等，也就是说，至少要能弥补成本，不亏本。在市场竞争激烈的情况下，农产品生产者在短期内可暂时忽略弥补厂房、机器、设备投入的费用，仅考虑弥补原材料、人员、工资的费用。

2. 市场需求

在考虑产品生产成本的基础上将价格的决策权交给消费者，由消费者决定产品的定价是否正确。由于农产品大多是家庭日常消费品，本身商品价值不高，因此，农产品生产者不能将价格定得过高。同时，一般消费者都具备一定的农产品质量辨别能力，消费者在购买农产品的时候会根据自己的判断来确定产品的品质和价格，农产品价格定得过高，消费者根据自己的理解认为产品不值这么高的价格，就不会接受这一价格。因此，在农产品的定价过程中，生产者应对产品在消费者心目中的价值水平做出初步判断，以此作为产品定价的依据。如果你的产品质量好，或者产品具有新、奇、特等特征，而且是深加工、精加工产品，消费者对产品的理解价值也会提高，这时可以相对定高价，这也体现了优质优价的定价原则。

3. 竞争者的产品和定价情况

在农产品定价过程中，还应考虑的另一个重要因素是竞争者的产品定价情况，也就是生产同类农产品的其他生产者，他们的产品具有什么特色，价格定位在什么水平。从竞争者产品特色上了解自己在竞争中是否具有优势，而竞争者的价格定位水平可以作为农产品进行定价时的参考。一般来说，农产品生产者可选择将产品定价低于竞争者、与竞争者同等或高于竞争者。在生产者实力较为弱小、信誉不高，没有什么特色、优势时，为求得在市场上占有一席之地，可以采取低于竞争者的价格方式定价。对于实力一般的生产者，则可制定与竞争者同等水平的价格，避免双方间的价格竞争。而实力较为强大，或产品具有竞争对手没有的特色的农产品生产者，在消费者愿意为获得优质、特色的产品支付较高价格的情况下，定价可高于竞争者的价格。

（二）农产品定价策略

1. 心理定价策略

（1）奇数（尾数）价格策略。

奇数价格策略又称零头定价策略，指企业为了迎合消费者心理，给农产品制定一个带有零头的数结尾的价格策略，如 0.99 元、199.8 元等。它会给消费者一种经过精确计算后才确定最低价格的心理感受，增加对农民的信任感，从而扩大其商品的销售量。

（2）整数价格策略。

为了迎合消费者"价高质优"的心理，给商品制定了整数价格策略。对于价格较高的高档商品、耐用商品、馈赠礼品宜采用此种策略。

（3）分级价格策略。

把商品按不同的档次、等级分别定价。此种策略便于消费者根据不同的情况按需购买，各得其所，并产生信任感和安全感。

（4）声望价格策略。

该种策略是凭借商品在消费者心目中的良好信誉及消费者对名牌产品偏好的心理，以较高的价格进行产品定价。

（5）招徕价格策略。

该种策略是为了迎合消费者的求廉心理，暂时将几种消费品减价以吸引顾客招徕生意的策略。该策略对日用消费品比较奏效。

（6）习惯价格策略。

习惯价格策略指对已经是家喻户晓、习以为常、消费者难以改变的常用商品采取的价格策略。习惯价格不宜轻易变动，否则容易引起反感。

2. 折扣与折让策略

（1）现金折扣。

现金折扣也叫付款折扣，是对在约定付款期内现金付款或提前付款的消费者在原定价格的基础上给予一定的折扣。例如，20 天付清的款项，当场付款，给 5% 的折扣；若提前 10 天付款，则给 2% 的折扣；20 天到期付款，则不给折扣。

（2）数量折扣。

数量折扣指根据购买数量，给顾客以一定幅度的折扣。数量折扣有两种形式：一是累计数量折扣，在一定时期内（一个月、一年），顾客购买产品的总量超过一定数额时，按总量给予一定的折扣；二是非累计数量折扣，按照顾客一次购买达到一定数量或购买多种产品达到一定金额时所给予的价格折扣。

（3）功能折扣。

功能折扣是生产企业给予愿意为其执行推销、储存、服务等营销职能的中间商的额外折扣。

（4）季节折扣。

生产季节性产品的企业或农民对销售淡季来采购的买主，给予折扣优惠；零售企业对那些购买过季商品或服务的顾客给予一定的折扣。

3. 差别定价策略

农产品生产者还可以根据产品形式、顾客、销售地点的不同，把同一种农产品定为不同的价格。实践中主要的差别定价方式有以下几种。

（1）顾客差别定价。

农产品生产者将同一种农产品按照不同的价格卖给不同的顾客。一般来说，顾客的差别主要体现在其收入水平上。如对收入水平较高的大中城市和经济发达地区的消费者制定较高的价格，而对收入水平较低的中小城镇和经济欠发达地区的消费者制定较低的价格，这种定价方式比较适合于名、新、特、优的农产品。

（2）产品形式差别定价。

农产品生产者根据产品的外观不同、包装不同，对质量、成本相近的产品，可以制定不同的价格。在传统的生产经营中，农产品生产者不太注重通过对产品进行分级、分类、包装使农产品增值，从而使农产品在出售时丧失了获得较高的附加利润的可能。在现代商品生产实践中，农产品生产者要增强这方面的意识，在产品的生产过程中做起，尽量拉大产品的利润空间。对农产品的分组分类主要从外在品质来认定，这是农产品营销区别于工业品营销的一个重要特点。

（3）销售时间差别定价。

销售时间差别定价指农产品生产者对不同季节、不同时期出售的同一种产品，分别制定不同的价格。这种策略比较适合于鲜活农产品。生产者在种植反季节农产品的时候，由于投入较高，因此，决策时要注意把握市场需求动态，选择好种植种类和品种，若随意跟风，一拥而上，农产品差异优势就不再存在。

（4）销售地点差别定价。

销售地点差别定价指农产品生产者每个地点供货的成本相同，但是可以根据产品销售地点的不同，分别制定不同的价格。

4.地区定价策略

（1）消费者承担运费定价。

由消费者承担产品由产地到消费者购买产品地区的运输费用。产品的销售价格是在产品生产成本、适当利润的基础上加上产品运输费用，将总费用分摊到销售的每一单位产品上来获得。

（2）统一交货定价。

统一交货定价也叫邮资定价，企业对于卖给不同地区顾客的同种产品无论路途远近，一律实行统一送货，货款均按照相同的厂价加相同的运费定价。对任何一个子市场都实行相同的价格。

（3）分区定价。

分区定价就是企业把一个地区分为若干价格区，分别制定不同的地区价格。距离企业较远的地区价格较高。

（4）基点定价。

基点定价指企业选择某些城市为基点，然后按照一定的厂价加上从基点城市到顾客所在地的运费来定价。卖方不负担保险费。

（5）运费免收定价。

企业对于不同地区的顾客都不收取运费，以此吸引顾客，加深市场渗透。利用这种方式定价，使产品销售价格低于竞争对手，在竞争中具有一定的价格优势，有利于产品打开市场。如果产品销量加大，销量的增加将使产品平均成本降低，这可以弥补运输费用的支出，也是有利可图的。这种定价方式常被用于市场竞争激烈的情况下，对农产品生产者也是适用的。为使农产品进入新的市场，短期内，可以不考虑利润的多少，主要考虑提高产品的市场占有率，确定低廉的销售价格，以在新的市场上站稳脚跟。

三、充分利用农产品价格

农产品生产者和经营者处于一个不断变化的环境中，为了生存和发展，有时候需要主动调整价格，有时候需要对价格的变动做出适当的反应。

（一）农产品生产者降低价格

在下列情况下，农产品生产者可以采取降价的策略。

1. 生产能力过剩

农产品与工业品一个显著的不同点就是产品的生产周期较长，部分产品在生产过程中受自然条件影响较大。当温度、光照、降水等自然条件适宜，风调雨顺，病虫害较少时，种植农产品易获得丰收。但是，由于农产品大多是市场需求相对稳定的产品，产品生产过剩，而消费者不会增加太多购买量。同时，农产品生产周期较长，短时间内不能进行产品改进，由此出现季节性农产品生产能力过剩。这时，农产品生产者应考虑降低产品价格，促进产品的销售。

2. 市场竞争压力强大

在激烈的市场竞争中，生产同类农产品的生产者越来越多，随着市场的开放，国际市场的农产品进入国内市场的数量越来越多，农产品的新、奇、优特点差异空间在逐渐变小，为了巩固产品原有的市场，农产品生产者可以考虑采取降低价格的策略，维持产品的市场占有率。

3. 自身成本费用比竞争对手低

当农产品企业不断发展壮大，达到一定规模，具有一定的品牌效应时，消费者对产品的信任度较高，产品深受消费者欢迎；产品的销量达到一定水平，平均成本降低时，可以通过降价进一步提高市场占有率，将实力较为弱小的生产者挤出市场。

我国由于耕地限制和传统生产习惯制约，农产品的生产规模较小，具有较强国际竞争实力的农产品经营企业很少，导致农产品生产者实施降价策略的原因主要是季节性的生产能力过剩和市场竞争的压力，而且，许多农产品生产者是被动降价。

（二）农产品生产者提高价格

在下列情况下，农产品生产者可以采取提高价格的策略。

1. 生产成本上升

农产品的生产成本上升主要体现在：农业生产资料涨价，如种子、农药、化肥等；生产原料涨价，如饲料。生产资料和原料的涨价使生产者为保持原有利润，可以提高产品的销售价格。

2. 产品供不应求

产品供不应求，不能满足所有顾客的需要。在这种情况下，农产品生产者可以采取提高价格的策略。农产品生产者在运用提高价格的策略中可运用一些技巧，较为隐蔽地提高价格。如对于一些罐装的果汁、饮料、鲜奶，可以适当减小容量，包装不变，但消费者不易察觉；适当提高产品中高档产品的价格，通过高档产品弥补成本。如果公开提价，则要通过宣传，说明提价的原因，做好顾客说服、沟通工作，减少消费者的抱怨情绪。

（三）充分利用农产品价格变动，采取积极应对措施

虽然农产品生产者对产品价格的调整大部分属于被动调价，但是，无论是主动调价还是被动调价，对于产品市场价格的变化，农产品生产者不能仅仅是被动应付，在价格战中要采取各种措施积极应对。

1. 努力寻找新的市场

我国地域辽阔，农产品的生产受自然条件限制，区域差别较大，在某一地区市场上供过于求，在其他地区则不一定。此时，农产品生产者应将重点放在扩大消费者数量上，努力寻找需求还没有得到满足的消费者。

2. 加强农产品宣传

不降低产品价格，维持原价，加强产品质量宣传，通过与顾客进行交流，

如开展样品展销会，努力使买主感受到自己的产品优于降价的其他同类产品生产者的产品，使消费者坚持"一分钱，一分货"的信念。这种策略比较适用于产品质量较优的农产品生产者。

3. 降低价格

在市场价格能够弥补成本的情况下，农产品生产者为保持竞争中的价格优势，使自己的市场份额不被竞争对手抢走，也可以采取降价策略。

4. 提高产品质量

目前农产品市场竞争中，价格变化快、竞争激烈，供过于求的产品主要是一些质量一般、不符合消费者品位升级后需要的普通产品，而市场上一些新、特、优的农产品仍然卖价较高，生产者获取的利润也较大。因此，从长远来看，农产品生产者要从非价格策略着手，根据市场需求和地方自然条件，生产符合消费者需求的产品，抓好产品质量和分级分类工作，使产品进入市场后，竞争环境相对宽松，从而减轻价格波动。

5. 促进产品加工升级

农产品仅仅做到专业化生产，产后的分类、分级还只是简单的粗加工，利润增加不大。生产者应努力开发农产品的深加工、精加工。加工后的农产品，卖价的提高远远大于成本的增加，能够给农产品生产者带来较高的利润附加值，竞争对手也相对较少。我国现在农产品加工环节还比较薄弱，而随着人们消费水平的提高，对农产品加工食品的需求也会不断增长，推动农产品生产的加工升级将是一个良好的市场机会。

6. 加强销售渠道建设

人们经常提到农产品"卖难"问题，农产品生产者也为农产品"卖难"问题感到十分头疼。但是，农产品生产者往往是农产品生产出来后，发现市场供大于求，价格下降，才急于为产品寻找出路。作为现代商品经营环境下的农产品生产者，从准备进入该农产品的生产经营领域起，就要注重销售渠道的建设，重视中间商的选择和激励，努力与中间商保持长期稳定的销售关系。这样，当市场价格出现变化时，产品的销售渠道仍能保持通畅，使自身在价格竞争中占据优势地位。

第四节　大力发展农业物流

一、认识农业物流

（一）农业物流的作用

1. 发展农业物流有利于发挥农业在国民经济中的基础作用

从我国加入世界贸易组织（WTO）后的形势分析，国内主要农产品的生产价格大都高出国际市场价格，基本丧失了商业竞争优势。我国如果组织进口高质量低价格的农产品，会对一些大宗农产品主产区及其农民产生不利影响，农民卖粮难的现象将日益加剧，解决农村社会经济矛盾的难度必将逐步加大；而如果勉强坚持收购国内低质高价农产品，城市居民的消费矛盾必然突出，国家财政也吃不消。可见，随着农村市场的对外开放以及农业国际化进程的加快，中国农业传统的生产、经营方式和技术导致的物流不畅、成本过高、农产品质量低劣等落后现状必须改变。而改变这种现状的应急措施和长远战略，就是提高农业生产率和建立科学的农业物流体系。

2. 建立现代农业物流体系是建设和完善高效农业社会化服务体系的客观要求

我国农业生产粗放，劳动生产率和专业化水平不高，优质产品少，市场化程度不够，农业结构性矛盾突出。其原因是中国农业缺乏高效的服务体系。只有通过物流体系的确立，健全农业服务体系，才能果断地调整产业结构，实行产业化经营。

3. 建立现代农业物流体系是促进农民重视农业管理和成本核算的驱动力

我国广大农村一直是"重生产，轻核算"的经营方式。农民为能获取经济效益，往往只重视降低生产成本和销售成本，却忽视了物流中潜在的利润。

物流不仅具有在企业生产、供应和产品销售领域提高经济运行效率的价值，同时在降低企业生产成本、增加企业盈利、推动企业经营的价值方面也具有显著的意义。许多国家把物流称为"降低成本的宝库"，是"第三个利润的源泉"。随着科技的发展和文化素质的提升，农民已经从城市工商业管理中认识到了农业成本核算的重要性，并试图通过发展物流及加强物流管理，来推动农产品市场流通和经济繁荣，促进农村经济的发展和农业现代化。

4. 建立现代农业物流，可以大大降低和分散农业经营风险

我国加入世界贸易组织后，农产品市场竞争加剧，如何使农业减少风险，赢得更多的利润，是农业生产者的棘手问题。此时物流管理在抗御风险方面的作用被广泛关注。例如，种子公司将承担种子发芽不齐的风险，农药公司将承担农药不能发挥作用的风险（在我国可能表现为承担假药的风险），仓储公司将承担鲜活产品的储藏风险，农产品贸易公司将承担市场风险即价格变动的风险等，这样一来就实现了农业生产和农民风险的部分转移。通过农业物流体系的建立，可以促进农产品生产者与其生产资料的供应商、农产品的加工商和销售商形成商业联盟，使众多农民、农业中小企业形成集约化运作，降低物流成本。

5. 现代农业物流体系的建立，可以推动我国农村经济结构调整，促进农村城镇化建设

农业物流体系的创建在实践中主要体现为，在农村建立物流产业，它属于专门为农业生产服务的农村商品流通企业。我国国土面积大，经济发展和物流的关系就显得更为密切，物流产业在我国就显得更加重要。通过建立适应我国农村经济和农业生产的物流体系，或对目前存在于我国农村的相互独立的具有物流特征的企业进行资源重组，将在很大程度上促进支农企业的发展。

（二）农业物流的分类

根据农业物流管理形式的不同，可以将农业物流分为农业供应物流、农业生产物流、农业销售物流。

1. 农业供应物流

农业供应物流，即为保证农业生产不间断地进行，保障农村经济发展，供给和补充农村生产所需生产资料的物流。它主要是指农业生产资料的采购、运输、储存、装卸搬运。农业生产资料包括种子（种苗、种畜、种禽）、肥料、农药、兽药、饲料、地膜、农机具以及农业生产所需的其他原料、材料、燃料等，也包括电力资源和水利资源。

2. 农业生产物流

农业生产物流，即从动植物和微生物的种养、管理到收获整个过程所形成的物流。它包括三个环节：一是种（植）养（殖）物流，包括整地、播种、育苗、移栽等；二是管理物流，即农作物生长过程中的物流活动，包括除草、用药、施肥、浇水、整枝等，或动物的喂养、微生物培养等所形成的物流；三是收获物流，即为了回收生产所得而形成的物流，包括农产品采收、脱粒、晾晒、整理、包装、堆放或动物捕捉等所形成的物流。

3. 农业销售物流

农业销售物流，即农产品的加工和销售行为所产生的一系列物流活动，包括收购、加工、保鲜、包装、运输、储存、配送、销售等环节。与工业品相比，农产品的特点在于：一是易腐性，农业产品一般都是生鲜易腐产品，商品寿命短，保鲜困难；二是笨重性，农产品的单位价值较小，数量品种较多；三是品质差异大，由于对自然条件的可控力不强，农业生产受自然条件影响大，即使按统一标准生产的农业产品质量也会存在一定的差异；四是价格波动大，农产品的价格在一年、一个季节，甚至一天之内也可能有频繁、大幅度的变动。以上农产品特性给农产品物流管理的储存、运输、包装、装卸搬运、配送等均增加了难度。

（三）农业物流的基本特征

1. 农业物流涉及面广、量大

农业物流的流体包括农业生产资料和农业的产出物，基本涵盖了种苗、饲料、肥料、地膜等农用物资和农机具，以及种植业、养殖业、畜牧业和林业等，物流节点多，结构复杂。由于农业在我国国民经济中的重要地位，使得与农业息息相关的农用生产资料的产销供需量庞大，仅化肥一项，占到世界总消费量的1/3，化肥使用量占世界的首位。目前中国用于生活消费的农产品以鲜食鲜销形式为主，在分散的产销地之间要满足消费者在不同时空上的需求，使得中国农业物流面临数量和质量上的巨大挑战；现在中国用于生活消费的农产品商品转化比例相对较低，但是以农产品为原料的轻工、纺织和化工业也在我国工业结构中占有重要地位。

2. 农业物流具有独立性和专属性

农业生产资料和农产品的生化特性使得它有别于一般物流的特点，所以农业物流系统及储运条件、技术手段、流通加工和包装方式都具有独立性，而农业物流的设施、设备和运输工具也具有专属性。目前我国已经建立了完备的农业物流系统，大大提高了农业物流的效率。

二、建立健全农业物流体系

1. 政府大力支持与多渠道开发并举

政府要采取措施，加强农业现代物流所需的基础设施建设，根据各地的自然条件和经济状况，在财政投入上向基础设施建设倾斜，通过各种方式推进农业现代物流的发展。要通过政策引导，对投资农业现代物流建设的企业提供具有吸引力的优惠措施，吸引有实力的企业参与农业现代物流建设，形成多元化农业现代物流建设体系。要通过调整税收政策，充分利用资本市场，促进农业现代物流的发展，鼓励有实力的农业物流企业对小企业进行收购、兼并和资产重组，把物流企业做大、做强。

2. 加强农业物流基础设施平台建设

农业物流基础设施平台由市场、交通、运输、仓储、库存、装卸、搬运、包装、加工和配送等基础设施设备的硬件构成。它是支撑现代农业物流活动高效、稳定运行及经济快速发展的基本平台。例如近年来，河北省与农业物流相关的公路、铁路运输得到了较快发展。除整车运输外，集装箱运输、大型货物运输、特种车运输都得到了较快发展。运输装备得到改善，路况变好、路程缩短，有利于鲜活农产品减少运输损耗，降低农业物流成本。但在现代化仓储设施、专业化农业运输工具、物流机械化设施和交通设施等方面仍需进一步建设和完善。

3.加快农业物流网络信息平台建设

农业物流网络信息平台以现代软件工程为基础，提取与涉农领域有关的信息，结合信息基础设施与公共应用支持，为农业物流企业及客户提供数据共享服务。农业物流网络信息平台，不同于一般涉农企业的物流信息系统。它以整合涉农领域内固有资源为基础，通过行业资源共享，发挥领域内的整体优势，为企业物流信息系统提供涉农基础信息服务，支持农业供应链管理过程中各环节的信息交换，以真正实现物流企业之间、企业与客户之间涉农物流信息和涉农物流功能的共享，推动农业专业化生产、集约化加工、企业化管理、一体化经营以及社会化服务。

4.加快农业物流技术支撑平台建设

农业物流技术支撑平台由运输技术、仓储技术、包装技术、信息技术等物流技术创新体系构成。它是实现和完善现代农业物流功能的手段。我国应坚持自主创新与引进开发相结合，研发物流车辆与运输管理技术，大力开发罐装车、冷冻车等专用车辆，推动货车大型化、专用化和集装化；推行 GPS 车辆跟踪定位系统、CVPS 车辆运行线路安排系统，实施车辆计时监控，促使运输管理自动化、科学化。应研制开发仓储设备和库存管理技术，大力推广高层自动化货架系统和仓储管理电子信息技术。创新搬运装卸技术装备，采用各式叉车，推广单元化装载。加强包装材料、包装设备和包装方法的研究。着力推行 EDI 电子数据交换技术，运用电脑进行订货管理、库存控制配送中心管理、运输车辆及运行管理，提高信息反馈速度，增强物流供应链的透明度和控制力。

5.大力发展农业第三方物流

发展专业化的第三方物流企业有利于农业发展，能够降低流通成本，提高农产品的附加值和使用价值，增强农业竞争力。发展农业第三方物流应主要从以下三方面入手：一是尽快培育和发展一批专门为农业生产全程提供物流服务的社会化的第三方企业和组织，使之成为农业现代物流发展的示范者和中小物流企业资源的整合者。第三方物流企业在发展初期可以通过让利或免费体验服务等方式，让农业生产者和经营者增强对第三方物流企业的信心。同时，应根据不同客户的要求，有针对性地设计相应的物流解决方案，在降低客户物流成本的基础上开发市场潜力，促进农产品增值效益最大化。二是鼓励农业产业化龙头企业之间，龙头企业与商业、运输、仓储企业间的联合，着力打造一批优势农业物流企业。三是推进传统储运企业、粮食系统企业、供销系统企业、农业系统、农资经销单位向第三方农业物流转变，并积极吸引国外优秀的物流企业加盟，壮大农业第三方物流的规模和实力。

6.推进农业物流标准化建设

成立全国性的农业物流标准化管理组织，尽快消除物流标准化工作的体制性障碍，加快物流系统、物流环节间的标准组织协调工作。加强物流标准化体系的研究，明确标准化的发展方向和主攻方向，系统规划物流标准化工作，避免计划的盲目性、重复劳动和遗漏。从我国实际出发，积极借鉴国外先进物流标准，制定国内农业物流标准，加快我国与国际物流标准的协调统一，并大力推进与国际接轨的农业物流设施和装备的标准化建设，加强对农业物流标准的监督管理工作。

三、展望农业物流发展的趋势

1.第三方物流服务方兴未艾

在全球化经济的发展下，为了增强竞争力，企业要大力发展核心业务，其分工趋于专门化，这将促进第三方物流企业的发展。第三方物流的发展将有利于物流的专业化、规模化、合理化，从而提高物流系统的效率和降低物流成本。发展第三方物流的途径是：通过鼓励合资、合作、兼并等整合措施，扩大现有第三方物流企业的经营规模；通过建立现代物流行业规范，促使小规模物流企业转型；通过修订和完善各种法规和政府行为，打破现有的各种市场条块分割的制约，促进第三方物流企业跨地区、跨行业发展；以提高服务质量、降低物流成本为核心，推动物流企业的管理和技术创新。要使第三方物流企业能够提供优于第一方和第二方物流的服务，就要鼓励生产企业和流通企业更多地使用第三方物流。只有这样，农村第三方物流才能得到快速发展。

2. 物流行业将在未来几年之内，进一步进行资源重组，提高行业的整体水平

物流作为一种新兴的行业，国内很多人对物流的概念理解不透彻，导致物流公司在国内到处都是，一张桌子、一部电话就能成立一家物流公司。随着物流概念的深入，物流起到节约成本的作用更为迫切，需要对行业进行重组、整合，走行业正规化道路，使行业优势更为突出。因此，在未来几年，物流行业资源重组，优胜劣汰是残酷的市场规则，是行业发展的大势所趋，也是行业从发展到成熟的必然经历。

3. 信息技术是提升物流作业水平最重要的工具

通过物流信息系统的广泛应用，可以辅助物流作业，提高物流作业的准确性和生产率；改进业务流程，快速响应市场变化；提供更多的信息，提高客户满意度；促进物流信息合理流动，提高整个供应链系统的合理化水平和社会效益；通过知识挖掘和辅助决策，提高管理决策水平等。总之，物流信息系统可以从多方面为管理服务，提高组织管理水平，提升组织的核心竞争力；信息技术在物流系统中的应用，降低了物流成本，提高了物流系统的运作速度、效率和效益，提升了物流系统的服务质量及服务水平，为物流系统的创新与变革提供基础支撑与推动力，成为提高物流系统生产率和竞争能力的主要来源。

4. 物流会成为国家新的经济增长点

我国经济发展带来一个巨大的潜在物流市场，物流是第三利润，现代物流产业是拉动经济增长的力量源泉，对我国国民经济增长产生新的拉动与支持作用，对我国相关产业发展起到促进和协调作用，对于解决我国经济发展

中的难点问题起到关键性作用。目前，我国巨大的经济总量已经产生巨大的货物流量，同时也带来一个巨大的潜在物流市场。

物流与第一产业农业相结合，便成为农业物流业。我国加入世界贸易组织后，我国粮食生产比较优势降低，但围绕粮食生产、购销、运输、仓储、加工、配送的粮食物流、农业物流、支农物流却是一个大有前景的服务性产业，有利于新农村建设，解决三农问题。我国物流产业正在迅速兴起，我国物流市场正在加速形成，从整体上说，这有利于现代物流业成为中国经济发展的重要产业和新的经济增长点。

5. 绿色物流将成为新的增长点

物流虽然促进了经济的发展，但是在物流发展的同时也会给城市环境带来负面的影响。为此，21世纪对物流提出了新的要求，即绿色物流。

绿色物流主要包含两个方面：一是对物流系统污染进行控制，即在物流系统和物流活动的规划与决策中尽量采用对环境污染小的方案，如采用排污量小的货车车型、近距离配送、夜间运货（以减少交通阻塞、节省燃料和降低排放）等，发达国家政府倡导绿色物流的对策是在污染发生源、交通量、交通流三个方面制定了相关政策；二是绿色物流要建立工业和生活废料处理的物流系统。

第二章　农业资源管理

农业资源对人们的生活有着重要的影响，因此我们应该加强农业资源的管理，基于此，本章对农业资源管理展开讲述。

第一节　农业自然资源管理

一、农业自然资源的开发利用

（一）农业自然资源开发利用的内涵与原则

1.农业自然资源开发利用的含义

农业自然资源的开发利用是指对各种农业自然资源进行合理开发、利用、保护、治理和管理，以达到最大综合利用效果的行为活动。农业自然资源是形成农产品和农业生产力的基本组成部分，也是发展农业生产、创造社会财富的要素和源泉。因此，充分合理地开发和利用农业自然资源，是保护人类生存环境、改善人类生活条件的需要，也是农业扩大再生产最重要的途径，是一个综合性和基础性的农业投入和经营的过程，是一个涉及面非常广泛的系统工程。

2.农业自然资源开发利用的内容

（1）土地资源的开发利用。

土地资源对农业生产有着极其重要的特殊意义，现有大多数农业生产是以土地肥力为基础的，因而土地资源是农业自然资源最重要的组成部分，对土地资源的合理开发利用是农业自然资源开发利用的核心。对土地资源的开发利用包括耕地的开发利用和非耕地的开发利用两个方面。

（2）气候资源的开发利用。

气候资源的开发利用指对以光、热、水、气四大自然要素为主的气候资源的合理利用。农业生产离不开对气候条件的依赖，特别是在农业投入低、土地等其他资源相对短缺的条件下，更应该充分利用太阳能，培育优良新品种、改革耕作制度，提高种植业对光能的利用效率，加强对气候资源的充分合理利用。

（3）水资源的开发利用。

水资源主要包括地表水和地下水等淡水资源，是农业生产中的重要因素，尤其是各种生物资源生存生长的必备条件。对水资源进行合理的开发利用，关键是要开源节流，协调需水量与供水量，估算不同时期、不同区域的需水量、缺水量和缺水程度，安排好灌排规划及组织实施。

（4）生物资源的开发利用。

生物资源包括森林、草原、野生动植物和各种物种资源等，是大多数农产品的直接来源，也是农业生产的主要手段和目标。对生物资源的开发利用，应该在合理利用现存储量的同时，注意加强保护，使生物资源能够较快地增殖、繁衍，以保证增加储量，实现永续利用。

3. 农业自然资源开发利用的原则

在农业自然资源的开发利用过程中应遵循以下原则：

（1）经济效益、社会效益和生态效益相结合的原则。

农业自然资源被开发利用的过程，也是整个经济系统、社会系统和生态系统相结合的过程。因此在开发利用农业自然资源的过程中，既要考虑经济效益，更要考虑社会效益和生态效益，协调好三者之间的关系，从而做到将当前利益与长远利益相结合、局部利益与整体利益相结合。

（2）合理开发、充分利用与保护相结合的原则。

合理开发、充分利用农业自然资源是为了发展农业生产，保护农业自然资源是为了更好地利用和永续利用，两者之间并没有根本的对立。在人类对自然界中的各种资源开发利用的过程中，必须遵循客观规律，各种农业自然资源的开发利用都有一个量的问题，超过一定的量度就会破坏自然资源利用与再生增殖及补给之间的平衡关系，从而破坏生态平衡，造成环境恶化。如对森林的乱砍滥伐、草原超载放牧、水面过度捕捞等，都会使农业自然资源遭到破坏，资源量锐减，出现资源短缺乃至枯竭，导致生态平衡失调，引起自然灾害增加，农业生产系统产出量下降。因此，在开发利用农业自然资源的同时，要注意对农业自然资源的保护，做到用养结合。

（3）合理投入和适度、节约利用的原则。

对农业自然资源的合理投入和适度、节约利用，是生态平衡及生态系统进化的客观要求。整个农业自然资源是一个大的生态系统，各种资源本身及其相互之间都有一定的结构，保持着物质循环和能量转换的生态平衡。要保持农业自然资源的合理结构，就要使各种资源的构成及其比例适当，确定资源投入和输出的最适量及资源更新临界点的数量界限，保证自然资源生态系统的平衡和良性进化。

（4）多目标开发、综合利用的原则。

这是由农业自然资源自身的特性所决定的，也是现代农业生产中开发利用自然资源的必然途径。现代化农业生产水平的高度发达，使得农业自然资源的多目标开发、综合利用在技术上具有可行性。为此要进行全面、合理的规划，从国民经济总体利益出发，依法有计划、有组织地进行多目标开发与综合利用，坚决杜绝滥采、滥捕、滥伐，以期获得最大的经济效益、社会效益和生态效益。

（5）因地制宜的原则。

因地制宜就是根据不同地区农业自然资源的性质和特点，即农业自然资源的生态特性和地域特征，结合社会经济条件评价其对农业生产的有利因素和不利因素，分析研究其利用方向，发挥地区优势，扬长避短、趋利避害，把丰富多样的农业自然资源转换成为现实生产力，促进经济发展。

（二）农业自然资源的开发利用现状

我国的农业自然资源在世界上的地位具有明显的二重性，即在农业自然资源的总量上是资源大国，在人均上是资源小国。人均资源占有量少是我国农业自然资源的一大劣势，特别是关系国计民生的人均耕地量过少和淡水资源量供应不足，成为制约我国经济发展的两个资源限制因素。

我国农业自然资源的总体特征可以概括为以下几个方面：一是资源总量大，人均占有量少；二是优质资源比重较小，劣质资源比重较大；三是资源种类齐全，组成结构良好；四是各种资源的空间分布不均，水资源南多北少，生物资源丰度由东南到西北逐渐降低。我国农业自然资源的这种总体特征，必然会影响到对农业自然资源的开发利用。作为传统的农业大国，我国对农业自然资源的开发利用取得了很大成就，但也存在很多问题。

1. 我国土地资源的特点及开发利用中存在的问题

（1）我国土地资源的特点。

我国土地面积辽阔，农用土地资源丰富，但人均占有量较少。据统计，我国现有土地资源类型有 2 700 种左右，各种土地资源的适宜性与生产潜力各不相同，为农业生产的多种经营、全面发展提供了有利条件。其中，耕地面积占全世界的 7%，居世界第四位；天然与人工草地面积居世界第二位；有林地面积居世界第五位。但是，我国人均耕地面积不足 0.092 7 公顷，不及世界人均水平的 40%；人均天然草地 0.346 公顷，不到世界人均水平 0.752 公顷的 1/2；人均占有林地不足 0.12 公顷，仅为世界人均水平 0.759 公顷的 1/6。因此，我国的人均土地资源占有量相对稀缺。

我国土地类型复杂多样，山地多、平地少，耕地资源有限。我国的地形自然条件复杂，包括了地带性和非地带性的种种变化，导致了错综复杂的土地资源地域差异。其中，山地、丘陵、高原的总面积占全国土地面积的 69%，在世界上领土比较大的国家中，我国是山地在总土地面积中所占比重最大的国家。山地的落差起伏大、坡度陡、土层薄，耕地少而分散，开发利用不便，而且气温低、作物生长周期短，利用不当极易引起水土流失和环境破坏，在土地资源的利用上受到很大限制。耕地在我国土地资源中所占比重较小，目前我国实际耕地面积约为 18.27 亿亩 [1]，仅占国土总面积的 12.71%。

我国的土地资源分布不平衡，土地生产力的区域差异显著。我国土地资源的水、热、肥等因素组合和土地生产能力在各地区之间有很大差异，总体上可以将全国土地分为三大自然区域，即东部季风区、西北干旱区和青藏高寒区。东部季风区是我国的主要农业区，土地自然生产力高，集中了全国 93% 的耕地，也是畜牧业比重较大的区域。在这一区域中，土地生产力的区域差异也比较大，其中秦岭—淮河以南暖湿地区集中了全国 93% 的水田，水热条件优越、土壤肥沃，土地生产力较高；85% 的旱田分布在秦岭—淮河以北，这些地方光照充足、热量多，但雨水较为稀缺，限制了农业土地生产力。西北干旱区和青藏高寒区合计占全国总面积的 52%，而耕地只占全国的 7%，天然草场面积较大，但受干旱或低温限制，土地生产力低下，载畜量和畜产品产量均不高。

我国土地资源质量不高，难利用的土地面积偏大，耕地后备资源不足，其中有相当一部分是难以开发利用的，包括沙漠 0.6 亿公顷，戈壁 0.56 亿公顷，海拔 3 000 米以上的高寒地区约 2.48 亿公顷，合计约占全国土地面积的 36.3%，再加上城镇工矿和交通用地约占国土面积的 7%，剩余可供农业生产开发利用的土地资源非常有限。

（2）我国土地资源开发利用中存在的问题。

城乡建设占用耕地较多，土地资源浪费现象严重。随着我国经济和社会的发展、人口的急剧增加，住房、交通、工业设施和其他建设占用大量耕地，目前全国每年有近 50 万公顷耕地被三项建设（国家建设、城镇建设和农民建房）占用，这些耕地有相当一部分是优质农田，严重影响了农业生产的发展。

土地开发利用过度，生态环境恶化，土壤质量下降。我国人均土地资源量少，为满足农业生产的需要，对土地进行掠夺式经营，造成土地生态环境的恶化。一方面，土地的过度开发，导致水土流失现象严重。我国是世界上水土流失最严重的国家之一，水土流失面积约占陆地国土面积的 1/5，造成

---

[1] 注：亩为非法定单位，1 亩 ≈ 667 m²。

了对土地资源的严重破坏，土壤肥力及含水量降低，旱涝灾害加剧。另一方面，土壤理化性质遭到破坏，地力下降。由于我国耕地的复种指数高，化肥、农膜、农药用量高，农家肥、绿肥用量减少，导致土地有机质含量显著下降，加之在耕作过程中忽视对土地和生态环境的保护，使得土地退化现象严重，土壤质量下降。

农牧林用地比例失调，土地利用效率较低。我国土地资源的总体利用率不高，农牧林用地占全国土地总面积的 65.83%，而印度为 75%，美国为 77%，日本、欧盟都超过 80%。在土地利用效率方面，我国有 2/3 左右的耕地为中低产田，农业土地单位面积产量仍有提高的潜力，特别是我国现有草场的牧草物质转化率仅为 1%~2%，而牧业发达国家该指标可达 16%。另外，我国非农业建设用地使用效率也比较低，全国工业项目用地容积率仅为 0.3~0.6，而发达国家（或地区）一般用地容积率都在 1 以上。非农业建设用地中闲置、低效土地随处可见，目前全国人均城镇建设用地已达 133m²，人均农村居民点用地达到 214m²，均已远远超过国家规定人均 100m² 的标准。

土地污染现象日益加剧。随着我国工业化水平的提高，特别是乡镇工业的发展，导致"废水、废气、固体废弃物"等工业"三废"排放量日益增多，加上农业生产过程中化学肥料、化学杀虫剂、化学除草剂、农膜等的大量使用，导致我国土壤中有毒物质的含量剧增，造成了严重的土壤污染。这破坏了土壤结构，造成土地肥力下降、生产力降低，有的地区甚至被迫弃耕、撂荒，使耕地面积不断减少。

2. 我国气候资源的特点及开发利用中存在的问题

（1）我国农业气候资源的特点。

气候资源南北、东西差异大。我国幅员辽阔，国土面积的地理跨度较大。其中，南北相距约 5 500 千米，巨大的纬度差异使我国农业资源从南到北质量变差、数量减少；东西相距约 5 000 千米，东部为沿海、西部为内陆，且地势西高东低，导致水分和热量资源由东向西减少，光资源从东到西增加。

区域气候资源多样化。我国的地势地形复杂多样，且不同地区之间海拔高度差异较大，导致各地气候差别很大，农业气候资源区域多样化特征明显。

气候季节性变化显著。季节性变化大是农业气候资源的主要特点，在我国尤为明显。我国主要的农业生产区域多属于亚热带季风气候或温带季风气候，气候条件受季风的影响非常明显，导致我国的农业气候资源具有明显的季节性，且年内变化幅度很大。

（2）我国气候资源开发利用中存在的问题。

农业中除种植业外的其他部门，如林、牧、渔等行业对气候资源的利用很不充分，表现出农业内部对气候资源利用的不平衡性。在种植业内部，对农业气候资源的分析和研究，也主要强调对光、热资源的开发利用，而对其他气候资源因素有所忽视，表明对农业气候资源的开发利用不够全面。

在气候资源开发利用过程中，许多地区未遵循气候规律合理布局农业生产，农业生产措施方面违背气候规律的现象比较普遍。一些地区在土地利用和农业发展规划上，未能科学地分析当地农业气候资源的特征和充分发挥本地区农业气候资源的优势。

在农业气候资源的综合开发方面，多注重经济效益和社会效益，对维护和改善农业气候资源重视不够，特别是在农业气候资源的综合开发方面，对生态系统平衡的影响以及这种影响是否会导致气候环境恶化、气候资源衰退等问题缺乏科学的分析和研究，对气候影响生态环境的问题也不够重视。

防御气候灾害方面的工作比较薄弱，防御气候灾害的能力还比较低，而且在防御气候灾害方面比较重视工程措施，对生物措施和农艺措施抗灾保产方面的作用及研究重视不够，对于用改善生态的方法来防御和化解气候灾害方面还缺乏系统的研究和长期的规划。

3. 我国水资源的特点及开发利用中存在的问题

（1）我国水资源的特点。

水资源总量多，但人均和单位水资源占用量少。我国包括陆地多年平均降水总量、河川年平均径流量和地下水资源量在内的淡水资源总量约为 2.8×10^{12} 立方米，居世界第 6 位。但由于我国人口众多，人均年水资源占有量仅为 2 545 立方米，只相当于世界人均水平的 1/4，美国的 1/5，加拿大的

1/50，居世界第 88 位，可见我国属于严重缺水国家。

水资源时间分布不平衡，年内和年际变化大，旱涝灾害频繁。我国的降水受季风影响较大，降水量和径流量在一年内分配不均，且年际变化很大。我国大部分地区春冬季节干旱少雨，夏季湿润多雨，每年汛期的降水量和径流量占全年的 60%~80%，水资源年内分布的不平衡易形成江河的汛期洪水和严重枯水。同时，降水量的年际剧烈变化，易造成江河湖泊的特大洪水和连年缺水的现象。降水量和径流量在时间上的剧烈变化，给水资源的开发利用带来极大困难，造成枯水期无水可用，丰水期有水难用、大量流失，使我国实际可用的水资源数量远远低于全国陆地水资源总量。水资源时间分布的不平衡还导致我国旱涝灾害交替频繁发生，据统计，中华人民共和国成立以来我国平均每三年就发生一次较为严重的水旱灾害，全国平均每年受到水旱灾害的耕地面积约为 2 670 万公顷，成灾约 1 070 万公顷。

水资源的空间分布不均匀，水土资源组合不平衡。受地理环境和气候的影响，我国水资源的空间分布也很不均匀，整体分布情况是南方多、北方少，东部多、西部少，地区之间相差悬殊。其中，长江流域及其以南水系的流域面积只占全国国土面积的 36.5%，人口约占全国的 55%，但其水资源却占全国水资源的 81%；长江以北水系的流域面积占全国国土面积的 63.5%，人口约占全国的 45%，其水资源量却只占全国的 19%；尤其是西北内陆地区，区域面积占全国国土面积的 35.3%，其水资源量仅占全国的 4.6%。水资源空间分布的严重失衡，不仅加剧了我国水资源供需的矛盾，还导致我国北方地区干旱频发、土地易沙漠化，而南方地区则易形成洪涝灾害。

（2）我国水资源开发利用中存在的问题。

在水资源开发方面，我国存在着水资源开发过度的问题。近年来，我国一些地区为满足不断增长的水资源需求，加大了水资源的开发力度，导致我国尤其是北方江河普遍存在开发过度的问题。北方地区重要河流中，黄河、辽河、淮河地表水资源利用率大大超过了国际上公认的河流开发利用率的上限。

在水资源利用方面，我国水资源浪费现象严重。农业、工业及城市是我国水资源的主要用户，而这三大用户都普遍存在着用水浪费的现象。我国农业用水量占总用水量的73.4%，加上农村生活用水则占到81.7%，而我国农业长期采取粗放式灌溉生产，水资源利用率很低。据统计，我国农业灌溉的水资源利用系数大概只有0.4%，而世界上许多国家已经达到0.7%~0.8%。工业用水方面，我国每万元工业产值用水量为10^3立方米，是发达国家的10~20倍。

在水资源保护方面，我国水资源污染严重，治理力度远远不够。改革开放以来，我国社会经济迅速发展，工业化和城市化步伐不断加快，在用水量急剧增加的同时，污水排放量也相应增加，主要污染物的排放量大大超出了水环境容量。

在水资源利用管理方面，我国农业水资源利用管理不善。目前，我国农业水资源利用的管理体制不健全，法制观念淡薄，农业用水的经营思想陈旧，各种制度不完善，已经无法适应当前水资源管理的需要。各级水资源管理机构普遍存在着职责模糊、多头治水、体制不顺、职能不到位、管理水平低等问题。我国的水利工程存在"重建轻管"现象，许多水利工程建成后，管理机构不明确，人员配备不落实，经费无来源，各项管理措施不配套，导致水利工程损坏现象严重。

目前，《中华人民共和国水法》虽已颁布，但法制仍不够完善，执行不力，仍存在有法不依、执法不严、违法不究、滥用职权以及为谋求部门利益而违法的现象，不能确保法律法规的正确执行。

4. 我国生物资源的特点及开发利用中存在的问题

（1）我国生物资源的特点。

我国不仅拥有比较丰富的农、林、牧、渔业生物品种资源，而且还拥有比较丰富的野生植物资源。我国是世界上栽培作物的重要起源中心之一，目前已知拥有高等植物栽培品种达3万种，居世界第3位，其中我国特有的植物种类17 000余种，如银杉、珙桐、银杏、百山祖冷杉、香果树等均为我国特有的珍稀野生植物。在这些生物资源中，药用植物有11 000余种，还有大量的作物野生种群及其近缘种，为我国农业提供了丰富的生物资源。

我国森林资源的人均占有量稀少，属森林资源贫乏国家。目前我国森林资源总量约为 1.34 亿公顷，占全世界总量的 3.9%，居世界第 5 位；但我国人均森林面积仅为 0.12 公顷，居世界第 119 位。我国现有森林资源的分布不均，其中东南、西南、东北地区森林资源较多，而中原、华北、西北地区的森林资源分布少。从森林覆盖率来看，最高的省（区）如东南部的台湾地区为 55.08%、福建为 50.60%，而最低的西部省（区）如新疆为 0.79%、青海为 0.35%，尚不足 1%。同时，我国现有森林资源中，原始林少、次生林多，残次林所占比重较大，且森林资源蓄积量低，我国森林每公顷平均蓄积量为 83.65 立方米，远低于世界平均水平的每公顷蓄积量 114 立方米。

我国草原面积较大，草场资源丰富，类型多样，但分布不均，草场质量差。我国天然草原面积约为 3.93 亿公顷，占国土总面积的 41.7% 左右，是我国现有耕地面积的 3 倍。但我国人均草原占有量少，仅为世界平均水平的一半，且国内各省区分布不均衡，其中西藏自治区人均占有草原面积最多，人均达 30 公顷以上；其次是青海省人均占有草地 6.91 公顷；再次是新疆和内蒙古自治区，人均占有草地分别为 2.93 公顷和 2.84 公顷；其他各省人均占有草地都在 0.5 公顷以下。另外，我国草原单位面积的产草量及质量较低，所能承载性畜数量比较低，过量放牧所引起的草原退化现象严重。

我国水产资源比较丰富，但人均资源量少，分布不均匀。一方面，我国拥有优越的海洋渔业水域和富饶的水产生物资源，海域总面积达 300 万平方千米，其中水深在 200 米以内的大陆架面积为 43 万平方千米，拥有优良的天然渔。另一方面，我国还拥有丰富的内陆水产资源，其中流域面积 100 平方千米以上的河流 5 000 多条，天然湖泊 2 万多个，可利用水面 566 万公顷，具有良好的内陆水产养殖条件。

（2）我国生物资源开发利用中存在的问题。

我国生物资源多样性受到严重威胁。随着我国人口增加和经济发展，对农业生物资源的消耗日益增长，导致生物资源的更新再生无法正常进行，生态环境质量下降。由于生态环境破坏、滥捕乱伐和环境污染等原因，我国很多生物物种已经灭绝或处于濒危状态，目前受威胁的物种资源已达总数的 15%~20%，高于全世界 10%~15% 的平均水平。生物物种的濒危乃至灭绝，使我国栽培植物和动物遗传资源面临严重威胁，导致现有经济物种的种质退化，逐渐丧失利用价值，造成无法估量的后果。

我国森林资源保护力度不够，森林资源经营管理粗放。中华人民共和国成立以来，由于在一定时期内对森林资源的保护和管理重视不够，我国森林资源遭受几次较大的破坏。与此同时，在一些木材生产省（区），对森林资源经营管理不善，长期过量采伐，导致全国在相当长的时期内，森林蓄积的年消耗量大于年生长量，出现"森林资源赤字"。

我国草原载畜量过高，利用管理不当，草原生态系统失衡。我国畜牧业发展不平衡，很多草原地区没有根据适宜载畜量进行放牧，导致草原单位面积上放牧强度过大，引起草原植被的退化。

我国水产资源开发利用不合理，过度捕捞现象严重，内陆水产养殖质量不高，水体利用率低。

（三）农业自然资源的开发利用管理

农业自然资源的开发利用管理，是指采用经济、法律、行政及技术手段，对人们开发利用农业自然资源的行为进行指导、调整、控制与监督。

1. 合理开发利用农业自然资源的意义

（1）合理开发利用农业自然资源是农业现代化的必由之路。

农业自然资源是农产品的主要来源和农业生产力的重要组成部分，也是提高农业产量和增加社会财富的重要因素。在社会发展时期，受生产力发展水平的影响，农业自然资源的开发利用也受到相应的制约。在社会生产力较低时，人们对农业自然资源被动有限地利用，不可能做到合理地开发利用；随着社会生产力的提高，特别是随着现代科学技术的应用，人们已经能够在很大程度上合理地开发利用农业自然资源来发展农业生产，不断提高农业的集约化经营水平和综合生产能力。我国目前面临着农业自然资源供给有限和需求增长的矛盾，而充分挖掘和合理开发利用农业自然资源，提高农业劳动生产效率，创造较高的农业生产水平，是解决这一矛盾的主要手段，也是实现我国农业现代化的必由之路。

（2）合理开发利用农业自然资源是解决人口增长与人均资源不断减少这一矛盾的途径之一。

当前世界各国都不同程度地存在着人均资源日益减少、相对稀缺的问题，我国的这一矛盾更为突出。据我国人口专家的计算，全国农业自然资源的最佳负荷量是7亿人口，而我国当前人口已超过13亿，人口与自然资源的平衡早已被打破，人均资源量处于较低水平，且仍呈下降趋势。针对这一问题，除了继续控制人口的增长之外，合理地开发利用农业自然资源，提高农业自然资源的单位产出效率，使有限的农业自然资源得到最大的利用，是解决这一矛盾的有效途径。在这方面，一些发达国家积累了丰富经验，如日本、以色列等国家在人均自然资源贫乏的条件下，充分利用现代科技，创造了高产高效农业的典范。我国应该学习和借鉴这些经验，充分合理地利用我国的农业自然资源，使上述矛盾得以缓解。

（3）合理开发利用农业自然资源是保护资源、改善生态环境的客观要求。

农业自然资源的开发利用不合理，会导致资源的浪费和衰退。同时，工业"三废"的大量排放和农业生产过程中化肥农药的过量使用以及对农业自然资源的掠夺式开发利用等，都会使生态环境受到严重的污染和破坏，既影响农作物的生长和农业生产的发展，也危及人类和动物的健康。目前，我国以及世界很多国家和地区，自然资源的过度开发和生态环境的恶化都已十分严重，已经危及人类的健康和生存。因此，在农业自然资源的开发利用过程中，不能只看眼前的、局部的利益，而应该做长远的、全面的考虑，把发展农业生产和保护资源、维护生态环境结合起来。只有对农业自然资源加以合理开发利用，形成农业生产和环境保护的良性循环，才能实现这一目标。

2. 农业自然资源开发利用管理的目标

（1）总体目标。

农业自然资源的开发利用管理，总体目标是保障国家的持续发展，这一总体目标也规定了农业自然资源开发利用管理的近期目标和长远目标。其中，近期目标是通过合理开发和有效利用各种农业自然资源，满足我国当前的经济和社会发展对农产品的物质需求。长远目标则是在开发和利用农业自然资源的同时，保护农业自然资源的生态系统，或者在一定程度上改善这一系统，以保证对农业自然资源的持续利用。

（2）环境目标。

自然资源的开发利用是影响环境质量的根本原因，而农业自然资源所包括的土地、气候、水和生物资源是人类赖以生存的自然资源的基本组成要素，因此加强对农业自然资源开发利用的管理，如控制土地资源开发所造成的土地污染、水资源开发中的水环境控制等，就是农业自然资源开发利用管理的环境目标。

（3）防灾、减灾目标。

这里的灾害是指对农业生产活动造成严重损失的水灾、旱灾、雪灾等自然灾害。在农业自然资源开发利用过程中，通过加强对自然灾害的预测、监测和防治等方面的管理，可以将自然灾害造成的损失减少到最低限度。对于人类开发利用农业自然资源所可能诱发的灾害，应当在农业自然资源开发利用的项目评价中予以明确，并提出有效的防治措施。

（4）组织目标。

国家对农业自然资源开发利用的管理是通过各层次的资源管理行政组织实现的，国家级农业资源管理机构的自身建设和对下级管理机构的有效管理是实现农业自然资源开发利用管理目标的组织保证。同时，保证资源管理职能有效实施的资源管理执法组织的建设和健全也是农业自然资源管理组织目标的重要内容。另外，农业自然资源开发利用管理的组织目标还包括各类农业自然资源管理机构之间的有效协调。

3. 农业自然资源开发利用管理的政策措施

（1）建立合理高效的农业生态系统结构。

农业生态系统结构的合理与否直接影响着农业自然资源的利用效率，土地资源、气候资源、水资源以及生物资源能否得到合理的开发利用与农业生态系统结构密切相关。因此，加强农业自然资源开发利用管理的首要任务是要建立起有利于农业自然资源合理配置与高效利用，有利于促进农、林、牧、渔良性循环与协调发展，有利于改善农业生态平衡，有利于提高农业生态系统结构的农业经济效益、社会效益和生态效益。

（2）优化农业自然资源的开发利用方式。

为加强农业自然资源的保护、促进其合理开发利用，我国制定了一系列的法律法规，对加强农业自然资源的保护和开发利用管理发挥了积极作用。但是，由于我国数量扩张型工业化策略和按行政方式无偿或低价配置农业自然资源的经济体制，导致我国农业自然资源供给短缺和过度消耗并存。因此，优化农业自然资源的开发利用方式、推行循环利用农业自然资源的技术路线和集约型发展方式、改变目前粗放型的农业自然资源开发利用方式，是加强农业自然资源管理、提高资源利用效率的根本途径。具体而言，就是要把节地、节水、节能列为重大国策，制定有利于节约资源的产业政策，刺激经济由资源密集型结构向知识密集型结构转变，逐渐消除变相鼓励资源消耗的经济政策，把资源利用效率作为制订计划、投资决策的重要准则和指标，对关系国计民生的农业自然资源建立特殊的保护制度。

（3）建立完善农业自然资源的产权制度，培育农业自然资源市场体系。

农业自然资源是重要的生产要素，树立农业自然资源的资产观念，建立和完善资产管理制度，强化和明确农业自然资源所有权，实现农业自然资源的有偿占有和使用，是改善农业自然资源开发利用和实现可持续发展的保证。在建立和完善农业自然资源产权制度的过程中，要逐步调整行政性农业自然资源配置体系，理顺农业自然资源及其产品价格，培育市场体系，消除农业自然资源开发利用过度的经济根源，有效抑制乃至消除滥用和浪费资源的不良现象。

（4）建立农业自然资源核算制度，制定农业自然资源开发利用规划。

农业自然资源核算是指对农业自然资源的存量、流量以及农业自然资源的财富价值进行科学的计量，将其纳入国民经济核算体系，正确计量国民总财富、经济总产值及其增长情况，以及农业自然资源的消长对经济发展的影响。通过对农业自然资源进行核算，并根据全国农业自然资源的总量及其在时间和空间上的分布以及各地区的科学技术水平、资源利用的能力和效率，制定合理有效的农业自然资源开发利用规划，实现各地区资源禀赋和开发利用的优势互补、协同发展，获得全局的最大效益。

（5）发展农业自然资源产业，补偿农业自然资源消耗。

我国在农业自然资源开发利用方面，普遍存在积累投入低、补偿不足的问题，导致农业自然资源增殖缓慢，供给不足。为了增加农业自然资源的供给，必须发展从事农业自然资源再生产的行业，逐步建立正常的农业自然资源生产增殖和更新积累的经济补偿机制，并把农业自然资源再生产纳入国民经济发展规划。

二、农业土地资源的利用与管理

土地资源所具有的经济特征及其在农业生产中的重要作用，决定了土地利用不仅仅是一个技术问题，而且是一个重大的社会经济问题，是农业经济管理的重要课题。为了合理有效地开发利用土地资源，保护土地资源，不断提高土地生产力，我们必须探讨土地利用的客观规律，加强对土地资源的利用管理。

（一）农业土地资源管理的概念和基本原则

农业土地资源管理是指在一定的环境条件下，综合运用行政、经济、法律、技术方法，为提高土地资源开发利用的生态效益、经济效益和社会效益，维护在社会中占统治地位的土地所有制，调整土地关系，规划和监督土地利用，而进行的计划、组织、协调和控制等一系列综合性活动。

要加强对农业土地资源的管理，实现对土地资源的合理开发利用，必须尊重客观规律，遵循以下基本原则：

1. 因地制宜原则

这是合理开发利用土地的基本原则，指从各地区的光、热、水、土、生物、劳动力、资金等生产资料的具体条件、农业生产发展的特点和现有基础的实际出发，根据市场和国民经济需要等具体情况，科学合理地安排农业生产布局和农产品的品种结构，以获得最大的经济效益和保持良好的生态环境。我国的土地资源类型多样，地域分布不平衡，各地区的资源条件以及社会、经济、技术条件差别很大，生产力发展水平也有较大差距。因此，对土地资源的利用管理要从各地区的实际情况出发，合理地组织农业生产经营活动。具体而言，就是要选择适合各地域土地特点的农业生产项目、耕作制度、组织方式和农业技术手段等，进行科学的管理和经营，充分利用自然条件和资源，扬长避短、发挥优势，最大限度地发挥土地资源的生产潜力，提高土地资源的利用率，从而实现对土地资源的最优化利用。这既是自然规律和经济规律的客观要求，也是实现农业生产和国民经济又快又好发展的有效手段。

2. 经济有效原则

土地资源的开发利用是一种经济活动，经济活动的内在要求就是要实现经济效益最大化。在农业生产经营过程中，土地资源的使用具有多样性，因而土地资源的利用效益也具有多样性。在同一区域内，一定面积的土地上可以有多种农业生产方案，每一种生产方案由于生产成本的不同和产品种类、数量、质量以及价格的不同，所取得的经济效益也各不相同。因此，在农业生产经营活动中，要根据各地区的具体情况，合理选择农业生产项目和生产方案，以期取得最大的经济效益和最佳的土地利用效果。同时，还要随着时间的推移、各种条件的变化对农业生产方案做出适时的调整，不断保持土地资源利用效果的最优化和经济效益的最大化。为此，要从综合效益的角度出发，发掘土地资源的潜力，科学安排土地的利用方式，提高农业土地的生产率，以便在经济上取得实效。

3. 生态效益原则

这是由人类的长远利益和农业可持续发展的客观要求所决定的。农业生产的对象主要是有生命的动植物，而动植物之所以能够在自然界中生存繁衍，是因为自然界为它们提供了生存发展所必需的能量物质和适宜的环境条件，这些自然条件的变化会引起物种的起源和灭绝。在农业生产中，由于人们往往只顾及眼前利益，为了更多地获取经济效益而破坏生态环境的情况十分常见，致使生态系统失去平衡，各种资源遭到破坏，给人类社会带来了巨大灾难，也使农业生产和经济发展受到严重制约。因此，在农业生产过程中，务必树立维护生态平衡的长远观点和全局观点。对土地资源的利用管理也应该坚持这一原则，力求做到经济效益、社会效益和生态效益的有机统一，使各类土地资源的利用在时间上和空间上与生态平衡的要求相一致，以保障土地资源的可持续利用。

4. 节约用地原则

这是土地作为一种稀有资源对人们的生产活动提出的客观要求。土地资源是农业生产中不可替代的基本生产资料，也是一种特别珍贵的稀有资源。我国的土地资源总量虽然相对丰富，但人均土地资源占有量却很少，人多地少的矛盾十分突出。与此同时，我国土地资源利用粗放，新增非农用地规模过度扩张，因此生活用地和经济建设占用农业土地资源的情况不可避免。此外，污染和环境恶化对土地的破坏以及用地结构不合理进一步加剧了土地供需的矛盾。因此，在当前和今后很长的时期内，都必须加强土地资源管理，严格控制对农业用地的占用，所有建设项目都要精打细算、节约用地，合理规划土地资源的使用，使土地资源发挥应有的功能。

5. 有偿使用原则

土地资源是一种十分稀缺的农业自然资源，也是一种具有价值和使用价值的生产要素。在市场经济条件下，土地资源的利用也应该遵循价值规律，要对土地进行定价和有偿使用，通过"看不见的手"来实现土地资源的优化配置。只有对土地资源实行有偿使用，才能在经济上明确和体现土地的产权关系，促使用地单位珍惜和合理使用土地资源，确保因地制宜、经济有效、生态效益和节约用地上述四项原则的贯彻落实。

（二）提高农业土地利用率的基本途径

1. 保护和扩大农业用地，努力提高土地资源的利用率

土地资源利用率是反映土地利用程度的指标，指一个地区或一个农业单

位已利用的土地面积占土地总面积的比例。在不影响水土保持、不破坏生态环境的前提下，应该尽量开发土地资源，提高土地资源的利用率。衡量农业土地资源利用率的主要指标有土地利用率、垦殖指数、复种指数等，其计算公式如下：

$$土地利用率 = 已开发利用的土地面积/土地总面积 \times 100\%$$

$$垦殖指数 = 耕地面积/土地总面积 \times 100\%$$

$$复种指数 = 总播种面积/耕地面积 \times 100\%$$

可以通过以下途径来提高农业土地资源的利用率。

（1）开垦荒地，扩大耕地面积。在开垦荒地过程中要尊重客观规律，在保障农业生态平衡和讲求经济效益的同时，处理好垦荒与种好原有耕地的关系。

（2）保护土地，节约用地。保护土地是指要防止乱砍滥伐、毁林开荒、毁草种粮、过度放牧以及粗放式经营等原因造成的水土流失、风沙侵蚀、土地破坏，保持良好的土壤结构和理化性状，保证土壤肥力不断提高，维持农业生态系统的良性循环。

（3）扩大林地面积，提高森林覆盖率。森林具有调节气候、涵养水源、保持水土、防风固沙等功效，还能够减少空气污染、净化美化环境。目前我国森林覆盖率只有24%左右，处于较低水平，我国农业自然灾害频繁发生与此不无关系。另外，发展林业还可以为国家建设和人民生活提供大量的木材和林副产品，为农业生产提供燃料、肥料、饲料等。

（4）合理开发利用草地资源。草地资源包括草原、草坡和草山，利用各种草地发展畜牧业，能以较少的投入获得大量畜产品，是经济合理利用土地资源的有效方式。同时，合理开发利用草地资源、做好草地建设，还能够调节气候、保水固沙，建立良好的生态系统。

（5）合理开发利用水域资源。目前我国淡水可养殖面积的利用率约为65%，海水可养殖面积的利用率约为16%，均处于较低水平，还有很大的开发利用潜力。因此，对于水域资源的利用，应该坚持捕捞和养殖相结合的原则，努力提高水域资源的利用率。

2. 实行土地集约化经营，不断提高农业土地资源的生产率

在农业生产发展过程中，对土地的利用有粗放型经营和集约化经营两种模式。其中，粗放型经营是指在技术水平较低的条件下，在一定面积的土地上投入较少的生产资料和人力劳动，进行广种薄收，主要依靠扩大土地耕作面积来增加农产品产量和农民收入的一种农业经营方式。集约化经营是指在一定面积的土地上投入较多的生产资料和人力劳动，采用先进的农业技术装备和技术措施，进行精耕细作，主要依靠提高土地生产率来增加农产品产量和农民收入的一种农业经营方式。农业生产经营向集约化方向发展，是由土地面积的有限性和土壤肥力可以不断提高的特性决定的，也是农业生产发展的必然趋势。

衡量土地集约化经营水平的主要标志是农业土地生产率。农业土地生产率是指在一定时期内（通常为一年），单位面积的土地生产的农产品数量或产值。单位面积的土地上生产的农产品越多或产值越高，农业土地资源的生产率就越高。一般来说，农业土地生产率可以按耕地面积和播种面积分别来进行计算，即

耕地面积生产率=农作物总产量（产值）/耕地面积×100%

播种面积生产率=农作物总产量（产值）/播种面积×100%

农业土地生产率主要受自然条件、农业科学技术水平、生产资料的数量和质量、劳动的数量和质量等因素的制约。要提高农业土地的生产率，必须不断改善农业生产条件，增加农业科技投入，实行精耕细作，保护和提高土壤肥力，把土地资源充分利用好，以提高土地集约化经营水平。

从我国农业生产经营的现状来看，要提高土地的集约化经营水平，必须调整优化农业生产结构和农作物种植布局，发展适应性强、效益高的农业生产项目。为此，需要增加农业资金投入，提高农业技术装备水平，改善农业生产条件；实施科教兴农战略，广泛应用现代农业科学技术，提高农业生产的机械化、科学化水平；扩大耕地复种面积，提高复种指数；做好农业经营管理，提高农业的整体素质，使农业土地资源生产率的提高脱离传统生产方式的束缚，提升农业生产的发展模式。

在增加农业生产投入、提高土地集约化经营水平的过程中，要注意追加投资的适合度，尊重土地报酬递减规律。追加投资适合度是指在一定科学技术水平的条件下，追加的投资和增加的产量、产值之间有一个合理限度。在技术条件不变的情况下，农业增加投资也是有限度的，超过了这个限度，增加的农业投资不但不会带来农产品产量的增加，反而可能导致产量、产值的减少。在一定面积的土地上，追加投资的最大限度应该是边际收益与边际成本相等的点。在达到这一点之前追加投资，会使土地继续增产增收，集约化水平提高;超过这个点之后继续追加投资，便会出现增产减收、甚至减产减收，土地经营的集约化水平下降。因此，当对单位面积土地投资的增加额与递减的土地报酬相等时，追加投资达到最大限度，土地产出最大化，在既定技术条件下的土地集约化经营达到最高水平。

3. 促进农业土地合理流转，提高农业土地资源的使用效率

农业土地作为一种生产要素，只有进行合理流转，才能实现合理配置和高效利用，真正体现土地资源作为生产要素的性质。随着我国农村改革的不断深入和农业的商品化、产业化，农村非农产业发展迅速，土地资源已经不再是农民唯一的谋生手段。农村劳动力的跨部门、跨行业、跨地区转移使原来按农村户籍人口平均分配和承包土地的做法遇到了新的挑战。因此，我国现有的农业土地政策必须适应形势的变化，做出相应的调整，以使愿意从事其他非农产业的农民能够离开土地，将土地顺利转移出去，使愿意继续耕种土地的农民能够发挥特长，获得更大面积的土地进行规模化生产经营，提高农业生产的现代化、产业化水平。

农村土地流转是一个比较复杂的问题，目前理论界对其概念的理解和界定也不尽相同，一般认为：农村土地流转是指在农村土地所有权归属和农业用地性质不变的情况下，土地承包者将其土地承包经营权转移给其他农户或经营者的行为，其实质就是农村土地承包经营权的流转。农村土地流转是促进农业规模化和产业化经营、提高农业土地资源使用效率的重要渠道。要实现农村土地的合理流转，需要做好以下方面：

（1）提高对农村土地流转工作的认识，加强管理。

农村土地流转是农村经济发展的必然结果，也是农村劳动力转移的客观要求。各级政府应该充分认识农村土地流转工作的重要性，做到在思想上重视、措施上可行、落实上到位，要以有利于农业生产要素合理流动、有利于促进农业结构调整、有利于增加农民收入为根本出发点，加强对农村土地流转工作的指导与管理，建立有效的管理体制和运行机制，维护农村土地流转的正常秩序和各利益方的合法权益。

（2）依法流转，规范秩序。

要完善以实现土地承包经营权的财产权为主体的农村土地制度，建立"归属清晰、权责明确、保护严格、流转顺畅"的现代土地产权制度，促进农户土地承包经营权与财产权的统一。

（3）积极培育农村土地流转市场。

我国土地资源紧缺，要想妥善解决土地经营的公平和效益问题，就必须培育土地流转的市场机制，从制度上保障农业生产要素的优化组合，实现农业土地资源的优化配置和高效利用。因此，建立农村土地流转的市场化运作机制是农村土地制度改革的必然趋势，而建立健全中介服务组织是促进农村土地流转市场化的重要环节。中介服务组织主要负责农村土地流转的管理及中介，协调处理各利益方之间的关系，做好土地流转过程中的服务工作，在农村土地资源的供给主体和需求主体之间起到媒介和桥梁的作用。

（4）建立保障机制，促进农村土地合理流转。

在农村土地流转过程中，必然会有大量的农民离开土地，放弃传统的农业生产和生活模式，一旦不能找到新的工作机会，这些失地农民将没有收入来源，生活失去保障，成为农村土地流转进程中的不稳定因素。因此，要保证农村土地合理流转的顺利进行，必须建立健全可靠的农村社会保障机制，特别是失地农民的社会保障机制，积极探索农村医疗保障和最低生活保障机制，解决农民的后顾之忧，从根本上消除农民的"恋土"情结和对土地的依赖，促进农村土地的合理流转。

（5）加强科技培训，提高农民素质。

在农业生产规模化、产业化的进程中，需要一大批了解市场经济规律、掌握农业科学技术、擅长农业经营管理的农民科技人才，为土地合理流转之后的农业现代化经营提供技术和人才支持。为此，必须加强对农民的科技培训，提高农民的综合素质和科学素养，拓宽农民的择业渠道，特别是使农民能够脱离土地、实现跨行业转移和身份转变，使农村剩余劳动力得到有效转移，为农村土地的合理流转铺平道路，不断提高土地资源的配置效率，增加农民的经济收入。

（三）农业土地资源的保护和开发利用管理

农业土地资源的保护和开发利用管理是一项十分复杂的工作，涉及面广、层次复杂，管理起来问题多、困难大、任务重，必须建立合理的农业土地资源管理体制和运行机制，使土地资源的保护和开发利用管理走上科学化、法制化的轨道，实施更加规范有效的管理。

1. 坚持土地用途管制制度，严格控制耕地的转用

对土地用途实施管制，是解决我国经济快速发展时期土地利用和耕地保护等问题的一条有效途径，其目的是要严格按照土地利用总体规划确定的用途来使用土地。在具体工作中，应坚持以下几点：

（1）依据土地利用总体规划制订年度耕地转用计划，并依据规划、计划，进行土地的供给制约和需求引导。

（2）严格耕地转用审批。要依法提高耕地转用审批权限，加大国家和省级的审批管理力度，对不符合土地利用规划、计划的建设用地一律不予批准。

（3）对依法批准占用的耕地要严格执行"占一补一"的规定，即依法批准占用基本农田之后，必须进行同等数量的基本农田补偿。补偿和占用的耕地不仅要在数量上相等，而且要在质量上相当，以确保农业生产水平不会因为耕地的变化而受到影响。

2. 严格划定基本农田保护区

实行基本农田保护制度是保护我国稀缺的耕地资源的迫切需要。我国规

定，依据土地利用总体规划，铁路、公路等交通沿线，城市和村庄、城镇建设用地区周边的耕地，应当优先划入基本农田保护区，任何建设都不得占用。

3. 以土地整理为重点，建立健全耕地补充制度

（1）必须坚持积极推进土地整理，适度开发土地后备资源的方针。

我国后备土地资源的潜力在于土地整理，今后补充耕地的方式也要依靠土地整理。据估算，在目前的经济发展水平下，我国通过土地整理增加耕地的潜力在 66.7 万公顷左右。开展土地整理，有利于增加耕地面积，提高耕地质量，同时也有利于改善农村生产和生活环境。

（2）国家必须建立耕地补充的资金保障。

土地整理是对田、水、路、林、村进行的综合整治，需要投入大量资金。为此，一方面要按照《中华人民共和国土地管理法》规定，征收新增建设用地的土地有偿使用费，并以此作为主要资金来源，建立土地开发整理补充耕地的专项基金，专款专用，长期坚持；另一方面，有必要制定共同的资金投入政策，将土地整理与农田水利、中低产田改造、农田林网建设、小城镇建设、村庄改造等有机结合起来，依靠各部门共同投入，产生综合效益。

4. 建立利益调控机制，控制耕地占用

控制新增建设用地、挖潜利用存量土地，是我国土地利用的根本方向。在市场经济条件下，除了利用行政、法律手段对土地资源的利用进行管理之外，还应该更多地利用经济手段，调控土地资源利用过程中的利益关系，形成控制耕地占用的自我约束机制。从当前来看，应该主要采取以下措施：

（1）在土地资源有偿使用的收入方面调控利益关系，控制增量，鼓励利用存量建设用地。一方面，凡是新增建设用地的有偿使用费应依法上缴省级和中央财政，从根本上抑制基层地方政府多征地、多卖地等行为；另一方面，利用存量建设用地的土地有偿使用费全部留给基层地方政府，鼓励各基层地方政府盘活利用存量的建设用地，在提高土地资源利用效率的同时增加财政收入。

（2）在有关土地税费方面进行调控，控制建设用地增量，挖潜存量。具体来说，应做到以下几点：一是落实《中华人民共和国土地管理法》，提高征

地成本;二是调整耕地占用税,提高用地成本;三是降低取得存量土地的费用,从而降低闲置土地的转移成本,鼓励土地流转;四是开设闲置土地税,限制闲置土地行为,促进闲置土地的盘活利用。

5.明晰农村土地产权关系,建立农民自觉保护土地的自我约束机制

长期以来,我国在农业土地资源保护的综合管理措施方面不断加强,但广大农民群众维护自身的土地权益、依靠农村集体土地所有者保护农业土地资源的机制尚未形成。为了进一步做好对我国农业土地资源的保护工作,除了要继续加强行政手段、法律手段和经济手段等方面的综合管理以外,还必须调动广大农民群众的积极性,维护自身权益,形成农民自觉保护耕地的自我约束机制。对此,应当深入研究农村集体的土地产权问题,围绕农村集体土地产权的管理,制定切实可行的法律法规,明晰相关的权利和义务,使我国农业土地资源的保护和开发利用管理步入依法管理、行政监督、农民自觉保护的轨道。

第二节　农业劳动力资源管理

一、农业劳动力资源概述

农业劳动力资源是农业生产的主体,研究农业劳动力资源管理,要从其概念和特点出发,探索进行有效管理和合理利用的途径。

(一)农业劳动力资源的内涵

1.农业劳动力资源的概念

农业劳动力资源是指能够直接或间接参加和从事农业生产劳动的劳动力数量和质量的总和。在我国,男子16岁~60周岁、女子16岁~55周岁,这部分人口被视为劳动年龄人口。但从我国农业生产的实际情况来看,许多从事农业生产劳动的农民已经超过了这个年龄范围,因此应该从农业生产的实

际情况出发来界定其范围。农业劳动力资源包括数量和质量两个方面。

2.农业劳动力资源的数量

农业劳动力资源的数量是指农村中已经达到劳动年龄和虽未达到或已经超过劳动年龄但实际仍参加农业生产劳动的人数。农业劳动力资源的数量主要由两个基本因素决定，即自然因素和社会因素。其中，自然因素由自然规律决定，包括农业人口的自然增长率、达到或超过劳动年龄的人数以及原有劳动力的自然减员，自然因素是引起劳动力资源数量变动的主要因素。社会因素主要包括经济社会发展程度、国家所采取的人口政策与措施、劳动力资源在各产业部分的分配比例以及农村福利政策和妇女的解放程度等。

3.农业劳动力资源的质量

农业劳动力资源的质量是指劳动者的身体素质和智力水平，其中前者主要指劳动者的体力强弱，后者包括劳动者的科学文化水平、劳动技术水平、生产熟练程度等因素。农业劳动力资源的质量变化，主要受农村教育发展和智力开发、农村医疗卫生条件以及农业现代化水平等因素的影响。在传统农业生产条件下，农业劳动者身体素质是衡量农业劳动力资源质量的主要因素。随着农业生产力的发展，农业生产转向以机械操作为主，农业科技推广应用迅速发展，科技水平不断提高，农业劳动者智力水平逐渐成为衡量农业劳动力资源质量的重要指标。

（二）农业劳动力资源的特征

农业劳动力资源是农业生产的重要资源之一，与土地资源、水资源等农业自然资源和农业生产资金相比，其具有以下特征：

1.农业劳动力资源的可再生性

由于人类的繁衍、进化，劳动力资源在人类的新老生死交替中不断得到补充，使人类改造自然的活动不断延续下去。从整体上看，农业劳动力资源是一种永续性资源，只要使用得当，可以不断地得到恢复和补充。这一特点决定了农业劳动力资源开发的连续性，一代人改造自然的过程直接影响着下一代人甚至几代人改造自然的过程和结果。这就要求在开发和利用劳动力资源的过程中，必须有长远的统筹安排，把提高农业劳动力资源的整体素质和发展农业生产力紧密结合在一起，保证农业再生产的顺利进行。

2. 农业劳动力资源需求的季节性

农业生产受自然条件的影响较大，有明显的季节性，导致农业劳动力资源需求的季节性差异十分明显。不同季节的农业劳动项目、劳动量、劳动紧张程度存在很大差异，农忙时需要大量的劳动力，农闲时则会出现劳动力的相对过剩和闲置。而劳动力资源的服务能力（即劳动能力）无法储藏，若在某一时期不予以利用，就会自行消失，不能存贮待用。这就要求农业生产实行专业化生产和多种经营相结合，对农业劳动力资源进行合理安排、有效利用。

3. 劳动力素质的差异性

劳动力素质的差异性主要表现为农业劳动者的健康状况、文化知识水平和劳动技术熟练程度等方面的内在差异，它是由社会经济条件和劳动者的主观能动性所决定的。农业劳动者素质水平的高低，不仅影响到农业生产工作完成的质量与效率，而且还会影响农业生产中某些复杂工种的执行能力。农业劳动者素质的提高，需要有发达的社会经济条件作为物质基础。

4. 农业劳动力资源的主体能动性

农业劳动力资源的主体能动性是由人类本身的特性决定的。劳动者具有主动劳动意识，并能够利用这种意识去影响客观世界，改变人类改造世界的进程，这种主体能动性是人类社会进化和发展的动力。同样，农业劳动力资源对推动农业生产力的发展起着决定性的作用，农业生产中其他资源的开发利用状况，在很大程度上取决于农业劳动力资源的开发状况。因此，在开发利用农业劳动力资源的过程中，必须充分发挥劳动者的特长，使其主体能动性得到充分发挥。

5. 农业劳动力资源构成要素的两重性

农业劳动力资源作为农业生产的主体，一方面，作为农业生产中具有决定意义的要素，开发利用得当可以迸发出无限的创造力，通过农业劳动创造社会财富；另一方面，劳动者又是消费者，需要不断地消耗资源、消费社会财富。如果农业劳动力资源得不到合理利用，不能与农业生产资料有效结合，不仅其创造力得不到发挥，反而会成为经济增长的负担，甚至成为社会的不稳定因素，影响社会和谐。

（三）农业劳动力资源的供给与需求

我国农业劳动力资源数量规模大、增长速度快，同时耕地面积逐年减少，人多地少的矛盾十分尖锐。因此，研究农业劳动力资源的供给与需求的特点、影响因素等，对于有效解决农业劳动力供求矛盾具有重要意义。

1. 农业劳动力资源的供给

（1）农业劳动力资源供给的含义。

农业劳动力资源供给是指在一定时期内，在一定的农业劳动报酬水平下，可能提供的农业劳动力数量。现阶段，我国农业劳动力资源的供给数量包括已经从事农业生产的劳动力和可能从事农业生产的剩余劳动力。

（2）农业劳动力资源供给的特征。

①农业劳动力资源供给的无限性。农业劳动力资源供给的无限性是指与农业劳动力需求相比，农业劳动力的供给处于绝对过剩状态。由于我国农业人口总量大，从而造成农业劳动力资源的供给持续上升，形成无限供给的趋势。这种趋势是我国社会主义初级阶段农业市场经济发展的一个基本特征。

②农业劳动力资源供给的伸缩性。农业劳动力资源供给的伸缩性是指农业劳动力的供给数量受农产品价格等因素影响呈现的增减变化。主要表现是，当某种农产品价格高时，从事该农产品生产的劳动力迅速增加；当某种农产品价格低时，从事该农产品生产的劳动力迅速减少，由此导致农业劳动力资源的供给数量增减变化的幅度较大。这种伸缩性是农业劳动力资源供给的一个重要特征，它一方面自发调节了农业劳动力资源的分配，另一方面也导致农业生产的不稳定，造成农业劳动力的浪费。

（3）影响农业劳动力资源供给的因素。

①人口自然增长率。人口的自然增长率是影响农业劳动力数量的重要因素，它直接影响了农业劳动力资源的供给。我国的人口自然增长率一直较高，加之人口基数大，人口的增长速度很快，目前全国人口已超过14亿，城乡处于劳动年龄的人口就业问题十分严重，这是造成我国农业劳动力资源供大于求，相对过剩的重要原因。因此，有计划地控制人口规模，适度降低人口自然增长率仍是我国解决农业劳动力资源供求矛盾的关键。

②农业劳动报酬。在一定时期内，农业劳动力资源的供给数量是农业劳动报酬的递增函数，农业劳动报酬的高低直接影响着农业劳动力供给的数量。我国实行家庭联产承包责任制之后，农业生产的分配形式发生了变化，农业劳动报酬主要体现为农民出售农产品的收入。因此，农产品的销售价格就成为影响农业劳动力供给的主要因素，某种农产品销售价格高、生产者获利大，大量农业劳动力就会转入该生产领域，反之则会有很多农业劳动力退出该生产领域。我国农业劳动力资源数量规模较大，人均耕地面积较少，农业劳动力的绝对剩余和季节性剩余的数量较多，这些农业劳动力随时准备进入农业生产领域。同时，我国农业生产效益相对较低，农民迫切需要开拓生产领域，提高收入水平。因此，利用宏观价格杠杆，以提高农业劳动报酬为导向，能够使农业生产向合理高效的方向转化，促进农业劳动力资源的合理利用。

③农民的价值观。农民的价值观对农业劳动力资源供给的影响，主要表现在农民对闲暇及收入的偏好。由于我国农业生产力水平较低，农民整体收入水平不高，因而大部分地区的农民把辛勤劳动、增加收入作为价值观的主要内容。这是包括我国在内的发展中国家的共有现象，能够在很大程度上促进农民积极参加农业生产，增加农业劳动力资源供给。随着社会发展和经济水平的提高，农民的价值观也必然会发生变化，对农业劳动力资源的供给产生影响。因此，研究农民价值观的变化，对于合理利用农业劳动力资源也有一定意义。

除以上因素之外，随着我国进一步对外开放和融入世界经济，国际资源和国际市场的变化也会引起农业劳动力资源的供给和结构发生变化。

2.农业劳动力资源的需求

（1）农业劳动力资源需求的含义。

农业劳动力资源需求是指在一定时期内，在一定的农业劳动报酬水平下，农业生产需要的劳动力数量。它是在现有农业自然资源状况和生产力水平的条件下，为了保证经济发展和社会对农产品日益增长的需求，整个社会对农业劳动力资源数量和质量的整体需求。

（2）农业劳动力资源需求的特征。

①农业劳动力资源需求的季节性。农业劳动力资源的需求受农业生产的季节性影响，需求数量呈明显的季节性变化。农忙季节，农业劳动力需求量大，常常造成农业劳动力的不足；而农闲季节，对农业劳动力需求量小，又常常会形成季节性的农业劳动力剩余。因此，研究农业劳动力资源需求的季节性，对于合理利用农业劳动力，保证农业生产的顺利进行，具有重要意义。

②农业劳动力资源需求数量的递减性。农业劳动力资源需求的递减性是指随着农业生产力的发展，农业劳动力需求数量会逐渐下降。造成这种现象的原因主要有两方面：一方面，农业生产可利用的自然资源数量有一定限制，可容纳的农业劳动力数量有限；另一方面，农业是生产人类消费必需品的部门，对每一个消费者来说，这类消费必需品的需求数量是随着人们生活水平的提高而逐渐下降的。另外，我国农业生产力水平较低，农业生产主要依靠大量的劳动力投入，随着我国农业生产力水平的提高，农业生产将需要更多的资金和技术投入，对农业劳动力的需求也会逐渐减少。因此，农业劳动力需求总体上呈下降趋势，这是世界农业发展过程中的普遍趋势，也是农业生产发展的客观规律。

（3）影响农业劳动力资源需求的因素。

①土地资源条件。土地资源是农业生产的主要自然资源，其数量直接影响农业生产对劳动力的容纳程度，是影响农业劳动力需求的主要因素。从农业生产发展的进程来看，随着农业生产力的提高，土地资源对农业劳动力的容纳数量逐渐下降。尤其是我国这样人多地少的国家，农业上可开发的土地资源数量有限，容纳和增加农业劳动力需求的潜力较小。同时应该看到，我

国很多地区的农业土地经营粗放，土地生产率较低，要改变这一状况，需要加强农业基本建设，实行精耕细作，合理增加单位面积土地的农业劳动力投入，提高土地资源的生产率，这样就会增加对农业劳动力资源的需求。

②农业耕作制度。我国农业生产的地域差异较大，各地区的耕作制度也各不相同，而不同的耕作制度直接影响着农业劳动力的需求水平。对此，需要建立合理的农业耕作制度，适当增加土地复种指数，实行轮作制，特别是合理安排果蔬、园艺等劳动力密集型农产品的生产，增加对农业劳动力的需求。同时，建立合理的农业耕作制度客观上要求开展农业基础设施建设，增加长期性的农业劳动投入，这是增加农业劳动力需求、有效利用农业劳动力资源的重要途径。

③农业多种经营水平。广义上的农业生产包括传统的农业种植业和林、牧、副、渔等行业，除了农业种植业之外，农业中的其他各行业也对农业劳动力资源有很大的需求。因此，充分利用农业土地资源多样性的特点，合理开发山地、草原等农业自然资源，实行多种经营，既可以提高农民收入、增加农业产出，又能增加对农业中林、牧、副、渔等各业的劳动力投入，这对于提高农业生产力，促进农业劳动力的内部消化、合理利用农业劳动力资源具有十分重要的意义。

④农业生产项目。广义的农业是一个农、林、牧、副、渔各业全面发展，农、工、商综合经营的宏大部门，要求农业及与农业有关的各种生产项目协调发展。农业生产项目多，可以拓宽农民就业门路，增加对农业劳动力的需求数量。从我国农业的发展趋势来看，在农村大力发展乡镇企业，开拓新的农业生产项目，促进农业劳动力的转移，是我国农业发展的必然方向，也是增加农业劳动力资源需求的重要途径。

⑤农业机械化水平。农业机械化水平和农业劳动力资源的需求之间呈反比关系，一国（或地区）的农业机械化水平越高，对农业劳动力的需求数量越少。因此，实现农业机械化的过程，也是农业劳动力需求逐渐下降的过程。我国农业劳动力资源丰富，人均耕地资源比较少，不可避免地会与农业机械化产生一些矛盾。因此，在我国实现农业机械化的过程中，要结合农村实际

情况和农业生产需要，因地制宜，不能急于求成。要把实现农业机械化的过程与农业劳动力转移紧密结合起来，合理利用农业劳动力资源，调动农民的生产积极性，促进农业生产的发展。

二、农业劳动力资源现状与利用

农业劳动力资源作为农业生产的主体，其利用是否合理，直接关系到农业经济的发展和农业现代化的进程。这里从研究农业劳动的特点出发，分析农业劳动力的利用原则和现状，探讨合理利用农业劳动力资源的有效途径。

（一）农业劳动的特点

农业劳动是农业劳动力、生物资源和自然条件三个因素相结合的农业生产过程，农业生产的特点决定了农业劳动具有以下特点。

1. 农业劳动具有较强的季节性

农业劳动的主要对象是有生命的动植物，而它们有自身的生长发育规律并受自然条件的制约，其生产时间和农业劳动时间也不一致，使得农业劳动具有明显的季节性。农忙时，需要大量的劳动力，突击进行农业劳动，以不误农事；农闲时，则农业劳动力大量闲置。因此，既要保证农忙季节对农业劳动力的需求，又要使农闲季节的农业劳动力有出路，才能达到合理利用农业劳动力的目的。

2. 农业劳动具有较大的分散性

由于农业生产的基本生产资料是土地，而土地需要在广阔的空间进行分布，因而农业劳动也是在广阔的地域中进行作业的，劳动分散，人、畜、机械作业空间大。为此，农业劳动的组织要适合农业劳动分散性的特点，采取灵活多样的农业劳动协作形式，确定适宜的协作规模。

3. 农业劳动具有一定的连续性

一个完整的农业生产周期是由许多间断的、但又相互联系的农业劳动过程组成的。每一个农业劳动的作业质量，不仅影响下一个农业劳动的作业质量，还会影响农业生产的最终成果。因此，在组织农业劳动时，应该建立健全农业生产责任制，使劳动者既重视农业劳动的数量，又注意农业劳动的质量，关心农业劳动的最终成果。

4. 农业生产周期长，农业劳动效益具有不稳定性

农业劳动的主要对象（即各种动植物）的生产周期长，一般没有中间产品，要等到一个农业生产周期结束，才会有农业劳动成果。在这个过程中，农业生产不仅受人类生产活动的控制，而且还受到各种自然条件的影响。因此，农业劳动必须顺应自然条件和劳动对象的特点，在农业生产过程中灵活机动地做出决策，采取应变措施，保证农业劳动的效益水平。

5. 农业劳动的内容具有多样性

农业生产包括农、林、牧、副、渔等各业的生产，一般采取各不相同的作业方式和技术措施。即使同一生产部门，在不同生产阶段所采用的作业方式和技术措施也不相同，如种植业生产中的耕翻地、播种、施肥等，畜牧业的饲料配比、畜禽防疫等。因此，农业劳动的内容繁杂，形式多样，这就要求农业劳动者必须掌握多种技能，能够从事多种生产项目，进行多种农业劳动作业。

6. 农业劳动的艰苦性

农业劳动不同于工业劳动或服务业劳动，一般是在田间土地上进行作业的，受自然环境影响较大，作业环境差，劳动条件艰苦，而且改善的难度较大。同时，农业劳动一般需要繁重的体力支出，劳动强度大。

充分认识上述农业劳动的特点，对于合理利用农业劳动力资源、提高农业劳动生产率，具有重要意义。

（二）我国农业劳动力资源的利用现状

我国农业劳动力资源的利用现状有以下几点。

1. 农业劳动力数量大

虽然目前我国农村地区人口自然增长率呈下降趋势，且农村人口在全国

总人口当中的比重也有所下降，但由于人口基数大，农村人口增长速度仍非常快，加之耕地面积又在逐渐减少，致使每个农业劳动力占有耕地的数量持续下降。同时，农村实行联产承包责任制之后，农业劳动效率提高，无效劳动减少，进一步增加了农业劳动力的过剩。据调查测算，目前全国大多数地区农村的劳动力都有剩余，平原地区一般剩余 1/3 左右。到 2020 年，平均每年仍增加大约 1 000 万农业剩余劳动力，农业劳动力过剩的问题十分严重。

2. 农业劳动者素质低

中华人民共和国成立以来，通过农村扫盲和发展教育事业，农民的文化知识水平有了很大提高，但文盲和半文盲仍占相当大的比重。青壮年农民受过中等以上教育的人数很少，掌握现代农业科学技术的人才十分缺乏。据农业农村部的统计资料显示，绝大多数农村劳动力仍属于体力型和传统经验型农民，没有掌握现代农业生产技术，其中受过专业技能培训的农民仅占 9.1%，接受过农业职业教育的农民不足 5%。农业劳动者素质低，既不适应农业现代化发展的需要，也不利于农业剩余劳动力向非农部门转移。

3. 农业劳动力地区分布不平衡

我国各地区的人口分布密度差异悬殊，农业劳动力资源的分布也是如此。其中，西北部地区面积占我国国土面积的 52%，而人口却只占全国总人口的 4%，人少地广，农业劳动力相对短缺；东南部地区，尤其是长江中下游、珠江三角洲等地区，人口密度极大，而土地资源稀缺，每个农业劳动力平均负担的耕地不足 0.1 公顷，人多地少的矛盾非常突出。

针对我国农业劳动力的利用现状，要充分合理地利用农业劳动力资源，则必须控制农业劳动力的数量，提高质量，优化农业劳动力资源的配置。

（三）合理利用农业劳动力资源的原则

1. 因地制宜原则

我国地域辽阔，各地区农业生产的自然条件和经济条件差别很大，因而在组织农业劳动、进行农业生产管理时，应该允许多种多样的农业劳动组织形式同时存在,不能只采用一种模式,即不能搞整齐划一的"一刀切"。因此,各地区、各农业生产单位都要根据因地制宜的原则,确定符合本地区农业生产实际情况的农业劳动组织形式和管理制度。农业劳动组织形式和管理制度确定之后,要保持相对稳定,防止频繁变动,同时要随着农业生产力的不断发展以及客观条件的不断变化,进行适当合理的调整和完善,以促进农业生产的发展。

2. 经济效益原则

农业劳动力作为农业生产力的主导能动要素,在物质资料的生产中,还要坚持经济效益的原则。为此,必须科学地组织农业生产劳动,实行严格的生产责任制度,做好劳动定额和劳动计酬,努力提高农业劳动的工效。要根据农业生产的实际需要,有计划地分配和合理使用农业劳动力资源;采取一切有效措施,努力节约劳动时间,提高劳动效率;对于剩余的农业劳动力,要努力寻求向农业的深度和广度拓展的途径。

3. 物质利益原则

在农业劳动力资源的利用过程中,要正确处理国家、集体、个人三者之间的物质利益关系。既要反对为了个人利益损害集体利益和国家利益,又要反对忽视农民个人利益的错误做法。具体而言,就是要认真贯彻按劳分配原则和物质奖励制度,根据劳动者提供的劳动量分配个人消费品,根据劳动者提供的超额劳动进行物质奖励。与此同时,还应该加强对农业劳动者的思想教育工作,提高农业劳动者的思想觉悟,鼓励农业劳动者为国家利益和集体利益多做贡献。研究和探讨对农业劳动力资源合理利用的原则,目的在于提高农业劳动力的利用水平和效率。

（四）农民就业与农业剩余劳动力转移

1. 农民就业的概念

我国在 1949 年后相当长的一段时间内没有农民就业这一提法,农民也没有相当于城镇职工的就业要求,至今在一些部门和地方的决策者看来,就业或失业是针对城镇居民而言的，与广大农民无关。传统的农民就业仅仅是指农业劳动者在其承包的责任田上从事农业生产经营活动，通过辛勤劳动、合法经营取得农业劳动成果，这一概念是从农业劳动者是否参加农业生产经营活动来界定农民是否就业。由于我国广大农村地区富余劳动力数量众多，人均土地资源稀缺，农民隐性失业问题十分严重，所以一个完整的、科学的关于农民就业的概念应该排除隐性失业问题的影响，着重从农业劳动绩效、农民劳动满意度的角度来考察和衡量农民就业情况。

因此，科学的、严谨的农民就业的定义应该是指社会能够为农业劳动者提供充足的工作岗位，使所有愿意就业的农业劳动力都能找到工作，并将他们与其他生产要素相互结合，通过辛勤劳动、合法经营获得基本生产、生活资料和必要的劳动满足，进而达到自我实现目的的过程。

2. 农业剩余劳动力及其形成原因

农业剩余劳动力是指在一定的物质技术条件下，农业劳动力的供给量大于生产一定数量的农产品所需要的农业劳动力的数量，即农业劳动力供给超过需求的那一部分，这部分农业劳动力投入农业生产的边际产量为零。农业剩余劳动力是一个相对的概念，可以从绝对剩余和相对剩余两个方面加以界定。绝对剩余是指在一定区域、一定时期、一定生产力水平下，农业劳动力的边际效益为零时，农业生产中供大于求的那部分农业劳动力资源。相对剩余是指在一定区域、一定时期、一定生产力水平下，农业劳动力的劳动生产率达到全国平均劳动生产率时，农业生产中供大于求的那部分农业劳动力资源。

我国农业剩余劳动力产生的原因很多，总体来看主要有以下几条：一是农村人口和农业劳动力规模大，增长速度快；二是人均耕地面积逐年减少，农业生产对农业劳动力的总需求逐渐减少；三是农业生产技术条件改善，农业劳动生产率和集约化水平提高，对农业劳动力的平均需求水平降低；四是长期以来农业产业结构单一，对农业劳动力的综合容纳能力不高；五是城镇化水平相对较低，非农产业发展缓慢，对农业劳动力的吸纳能力有限。随着农业生产和社会经济的发展，我国已产生规模巨大的农业剩余劳动力，如果不能进行合理的安置，不仅会造成农业劳动力资源的极大浪费，而且还会影响农业现代化的发展进程。

3.农业剩余劳动力转移

农业剩余劳动力的存在，意味着经济上的浪费和社会福利的损失，不仅影响了传统农业向现代农业的转变，一定程度上还会制约整个国民经济的发展。为此，必须制定务实、有效的政策措施，促进农业劳动力的充分就业，提高农业劳动力资源的利用效率。要实现这一目标，在农业生产资源特别是土地资源有限的条件下，应该着力发展非农产业，创造更多的就业机会，实现对农业剩余劳动力的转移。为保证农业剩余劳动力转移工作的有力、有序、有效进行，应采取以下措施：

（1）发展劳动密集型农产品的生产，扩大农业生产自身的就业量。

我国是劳动力资源丰富但耕地资源稀缺的国家，大力发展林果业、水产养殖业、畜牧业、高档蔬菜种植并对其进行深加工，适当降低粮食生产并积极参与国际分工，是转移农业剩余劳动力的有效途径和理性选择。当然，粮食生产对我国而言有着特殊的重要性，因而调整农业生产结构必须以保障国家的粮食安全为前提，要不断改善农业生产的基础条件，凭借技术进步来提高粮食单产和总产量。基于我国国情和市场导向的农业生产结构调整，不仅不会威胁我国的粮食安全，而且能够为农业剩余劳动力的合理安排和有效转移提供更为广阔的空间。

（2）加强对农民的教育培训，培养新型农民和现代产业工人。

农业劳动力的综合素质低，不仅会影响到农业劳动生产率的提高，还会限制农业劳动力的非农化转移及身份转变，并在一定程度上加剧农业劳动力供需失衡的矛盾。因此，要实现农业剩余劳动力在非农产业的稳定就业，就必须加强对农民的教育培训，提升农民的职业技能和对非农就业岗位的适应能力，将留在农村继续务农的农业劳动力培养成"有文化、懂技术、善经营"的新型农民，将转移到城镇和非农产业的农业剩余劳动力培养成高素质的现代产业工人，这是促进农业劳动力合理利用和农业剩余劳动力有序转移的治本之策。

（3）加快农村小城镇建设，形成有利于农业剩余劳动力就业的块状经济和产业集群。

我国现有的农村乡镇企业中约有 80% 分布在零散的自然村，布局的分散使其丧失了应有的聚集效应和扩散功能，对农业剩余劳动力的吸纳能力受到限制，就业容量不断下降。根据研究，如果能使目前分布比较分散的农村乡镇企业向小城镇适度集中，通过关联产业的带动和聚集效应，可以使现有农村乡镇企业和小城镇的就业容量扩大 30%~50%，这大大增强对农业剩余劳动力的吸纳能力。因此，加快农村小城镇建设，依托这些小城镇吸收社会资金，引导农村乡镇企业不断聚集，形成块状经济和产业集群，并进行产权制度、户籍制度、投资制度、社会保障制度等方面的配套改革，就可以为农业剩余劳动力的转移创造更多的就业岗位。

（4）发展城乡服务业，提升第三产业对农业剩余劳动力的吸纳能力。

改革开放 40 余年来，我国经济发展迅速，经济总量显著增加，但与此同时，产业结构不平衡的矛盾也日益突出。目前我国的产业结构中，在第一产业占国民经济的比重逐渐降低的情况下，第二产业所占比重过大，第三产业比重相对较小，尤其是服务业的发展水平和在国民经济中所占的比重远低于发达国家和地区，限制了其对农业剩余劳动力的吸纳能力。最新统计数据显示，我国三大产业占国民生产总值的比重，第一产业为 7.7%，第二产业为 34.8%，第三产业为 54.5%。我国的第三产业虽然已经占国民经济的比重最大，但与发达国家 70% 左右的水平相比，仍处于较低水平。因此，大力发展劳动密集型的第三产业，尤其是城乡服务业，是我国未来增加农民就业、转移农业剩余劳动力的有效途径。

三、农业劳动力资源开发与利用

我国是一个农业大国，也是一个人口大国，合理开发和利用农业劳动力资源，提高我国农业生产的效率和质量，对我国经济和社会发展有极其重要的意义。为此，需要对农业劳动力资源的利用进行评价，据以加强对农业劳动力资源的开发和利用管理。

（一）农业劳动力资源的利用评价

为了充分合理地利用农业劳动力资源，首先需要对农业劳动力资源的利用状况和使用效率进行评价，其评价标准主要是农业劳动力利用率和农业劳动生产率两个指标。

1.农业劳动力利用率

（1）农业劳动力利用率的概念。

农业劳动力利用率是反映农业劳动力资源利用程度的指标，一般是指一定时间内（通常为1年），有劳动能力的农业劳动者参加农业生产劳动的程度。农业劳动力利用率是衡量农业生产水平和经济效益的重要标准，在一定的农业劳动力资源和农业劳动生产率条件下，农业劳动力利用率越高，生产出农产品也就越多。衡量农业劳动力利用率的具体指标包括：①实际参加农业生产的农业劳动力数量与农业劳动力总量的比率；②在一定时间内，平均每个农业劳动力实际参加农业生产劳动的天数与应该参加农业生产劳动的天数的比率；③每天纯劳动时间占每天标准劳动时间的比重。

在农业劳动生产率不变的条件下，提高农业劳动力的利用率，意味着在农业生产中投入更多的劳动量。在我国目前农业生产的资金投入相对不足、物质技术装备条件比较落后的情况下，增加劳动量的投入，提高农业劳动力的利用率，对于促进农业生产的发展具有十分重要的意义，也是合理利用农业劳动力资源的重要途径和客观要求。

（2）影响农业劳动力利用率的因素。

在农业生产实践中，影响农业劳动力利用率的因素很多，概括来说主要可以分为两个方面：一是农业劳动力的自然状况和觉悟程度，如人口数量、年龄、身体状况、技术能力、思想觉悟水平、生产积极性和主动性等；二是自然条件和社会经济条件，如土地结构、气候条件、耕作制度、农业生产结构、多种经营的开展状况、农业生产集约化水平、劳动组织和劳动报酬、责任制状况、家务劳动的社会化程度等。在这些影响因素当中，有的因素是比较固定的，或者要经过较长的时间才会起变化，而有的因素则可以在短期内发生变化。因此，为了提高农业劳动力利用率，既要从长计议，如控制农村人口的增长、逐步改善自然条件等；又要着眼当前，如合理调整农业生产结构、改善农业劳动组织、贯彻按劳分配原则、采用合理的技术和经济政策等。

（3）提高农业劳动力利用率的基本途径。

①运用积极的宏观调控政策，充分调动农业劳动者的生产积极性。劳动力资源的利用程度与劳动者的生产积极性紧密相关，在农业生产劳动过程中也同样如此。因此，要提高农业劳动力的利用率，就要运用积极的宏观调控政策调动农业劳动者的生产积极性，充分尊重农业劳动者的经营自主权，发挥他们在农业生产中的主观能动性，使农业劳动力及其劳动时间都能得到更加合理的利用。

②向农业生产的广度和深度进军，大力发展农业多种经营。虽然我国按人口平均计算的耕地资源非常有限，但其他农业生产资源相对比较丰富，有大量的草地、林地、海域和淡水养殖面积可供利用。因此，在安排农业生产经营的过程中，不能只把注意力集中在单一的农业生产项目上，或者只进行简耕粗作的农业生产经营，而应开阔视野，树立大农业经营观念，走农、林、牧、副、渔全面发展，农、工、商一体化的发展道路，这样才能为农业劳动力的充分利用提供更多的就业门路。

③合理分配农业劳动力，积极探索适合我国国情的农业剩余劳动力转移之路。除了在农业内部努力提高农业劳动力的利用率之外，还应该对农业劳动力进行合理分配使用，加强对农业剩余劳动力的转移。为此，要在农、林、牧、渔之间，农业和农村其他产业之间，生产性用工和非生产性用工之间合理分配使用农业劳动力，把富余的农业劳动力千方百计地转移到工业、商业、服务业、交通运输业、建筑业等第二、三产业中去，避免农业劳动力配置不均造成的窝工浪费和转移受阻造成的闲置浪费。

④改善农业劳动组织，加强农业劳动管理。为了充分合理地利用农业劳动力资源，还应该在农业生产中采取科学的、与生产力水平相适应的农业劳动组织形式，加强和改善劳动管理，建立健全农业劳动绩效考评机制，实施合理的、有激励效果的劳动报酬制度，使农业劳动者从关心自己利益的角度

出发，积极主动地、负责任地参加农业生产劳动，进而提高农业劳动力的利用率。

2. 农业劳动生产率

（1）农业劳动生产率的概念。

农业劳动生产率即农业劳动者的生产效率，是指单位劳动时间内生产出来的农产品数量或生产单位农产品所支出的劳动时间。农业劳动生产率反映了农业劳动消耗与其所创造的劳动成果之间的数量比例关系，表明农业劳动力生产农产品的效率或消耗一定劳动时间创造某种农产品的能力，提高农业劳动生产率是发展农业生产的根本途径。

（2）农业劳动生产率的评价指标。

评价衡量农业劳动生产率的水平，有直接指标和间接指标两大类指标。

①直接指标。农业劳动生产率的直接指标是指单位劳动时间内所生产的农产品数量或生产单位农产品所消耗的劳动时间。用公式表示如下：

农业劳动生产率=农产品产量或产值/农业劳动时间

或

农业劳动生产率=农业劳动时间/农产品产量或产值

农产品数量可以用实物形式表示，如粮食、棉花的一定数量单位等；也可以用价值形式表示，如农业总产值、净产值等。由于价格是价值的外在表现，而价格又在不断发生变化，因此采用价值形式来比较不同时期的农业劳动生产率时，要采用不变价格计算。农业劳动时间应该包括活劳动时间和物化劳动时间，这样计算出来的农业劳动生产率被称为完全劳动生产率。但由于物化劳动时间资料的取得比较困难，因此一般只用活劳动时间来计算农业劳动生产率，被称为活劳动生产率。在实际工作中，为了使活劳动生产率尽量接近完全劳动生产率，在用价值表示农产品数量时可以减去已消耗的生产资料价值部分，直接用农业净产值表示。活劳动时间的计算单位通常采用人年、人工日、人工时等指标。

②间接指标。为了及时考察农业生产过程中各项作业的劳动生产率，还可以采用单位劳动时间所完成的工作量来表示农业劳动生产率，即劳动效率。

这就是衡量农业劳动生产率的间接指标，如一个"人工日"或"人工时"完成多少工作量等，用公式表示如下：

$$农业劳动效率=完成的农业工作量/农业劳动时间$$

在运用农业劳动效率指标时要注意和农业劳动生产率指标结合应用，因为两者之间有时一致，有时可能不一致，如出现技术措施不当、劳动质量不高、违反农时以及自然灾害等多种原因时常造成两者不一致。因此，不能单纯强调农业劳动效率，必须在采用正确技术措施的条件下，在保证质量和不误农时的前提下，积极提高农业劳动生产率。

（3）提高农业劳动生产率的意义。

农业劳动生产率的提高，意味着包含在单位农产品中劳动总量的减少，这是农业生产力发展的结果，也是发展农业生产力的源泉，是衡量社会生产力发展水平的重要标志。因此，不断提高农业劳动生产率是农业发展的主要目标，也是加速社会向前发展的坚实基础，不仅具有重大的经济意义，而且具有重大的社会意义。具体表现在：

①提高农业劳动生产率和农产品质量，以较少的农业劳动力生产出更多的高质量农产品，从而能够更好地满足国民经济发展和人民生活的需要。

②提高农业劳动生产率，促进农业和国民经济的综合发展，减少单位农产品的劳动消耗，为国民经济其他部门准备了大量劳动力。

③提高农业劳动生产率，能够增加农民的收入，为农民进军国民经济的其他部门提供了条件。

④提高农业劳动生产率，能够提高农业劳动力的综合素质，使农民学习科学文化知识和专业技能，进一步促进农业生产力的发展。

（二）农业劳动力资源的开发

1.农业劳动力资源开发的含义

农业劳动力资源开发，指的是为充分、合理、科学地发挥农业劳动力资源对农业和农村经济发展的积极作用，对农业劳动力资源进行的将数量控制、素质提高、资源配置等一系列活动相结合的有机整体。农业劳动力资源的开发包括数量开发和质量开发两个层次的含义。

（1）农业劳动力资源的数量开发，是指用于农业劳动力资源控制而展开的各项经济活动及由此产生的耗费。不同类型的国家或地区的农业劳动力资源数量控制的目标也各不相同，既有为增加农业劳动力资源数量进行努力而付出费用的，也包括为减少农业劳动力资源数量而做出各种努力的。前者通常存在于经济高度发达、人口高龄化尤其是农村人口高龄化的国家；后者则存在于包括我国在内的大量农业劳动力过剩的发展中国家。

（2）农业劳动力资源的质量开发，是指为了提高农业劳动力资源的质量和利用效率而付出的费用，包括用于农业劳动力资源的教育、培训、医疗保健和就业等方面的费用。目前，我国的农业劳动力资源开发主要是指对农业劳动力资源的质量开发，尤其是对农业劳动力在智力和技能方面的开发。

2.农业劳动力资源开发的意义

随着农业现代化的发展，农业生产对科学技术人才和科学管理人才的需求越来越大，因而开发农业劳动力资源质量，提高农业劳动者的素质显得越来越重要。其重要意义主要体现在以下几个方面：

（1）农业现代化要求农业劳动力具有较高的素质。

在国外一些实现了农业现代化的国家中，农业有机构成与工业有机构成之间的差距在逐步缩小，甚至出现了农业有机构成高于工业有机构成的情况，因而对农业劳动力资源数量的要求越来越少，对农业劳动力资源质量的要求却越来越高。这就要求提高农业劳动者的科学文化水平和专业技能，以便在农业生产中掌握新设备和新农艺。

（2）科技投入在农业生产中的重要性日益提高，对农业劳动力素质提出更高的要求。

农业生产的发展规律表明，农产品增产到一定程度后，再提高产量、提高投入产出的经济效益，就不能只依靠原有的技术，而是要采取新的科技手段。因此，要繁育农业新品种，改革耕作及饲养方法，提升控制生物与外界环境的能力，就必须对农业劳动力资源进行开发，以利于将现有农业生产力各个要素进行合理组合，选择最佳方案。

（3）农业生产模式的变革要求农业劳动力掌握更多的知识和技能。

农业生产正在由自然经济向商品经济转变，并逐步走向专业化、社会化。在这一过程中，需要掌握市场信息，加强农产品生产、交换和消费各个环节的相互配合，没有科学文化、缺乏经营能力是做不到的，这客观上要求对农业劳动者进行教育培训，提升他们的科学文化水平和经营管理能力。

（4）开发农业劳动力资源是拉动内需，促进国民经济进一步发展和农业可持续发展的需要。

随着对农业劳动力资源开发步伐的加快，农民对教育的需求将会不断增加。为此，必须采取积极措施，发展面向农业劳动力资源开发的教育产业，增加农村人口接受各类教育和培训的机会，为农村经济的进一步发展培养出更多合格的有用人才。同时，大力开发农业劳动力资源，增加农业人力资本的积累，可以使教育成为农村新的消费热点，拉动内需，促进国民经济的发展。

3. 农业劳动力资源开发的基本对策

（1）着眼于"三农"问题的解决，加强对农业劳动力资源开发的组织领导与管理协调。

随着农村工业化、城镇化进程的加快，我国的农民正在发生着职业分化，有着更多的发展要求和发展空间。除一部分农民继续留在农村务农之外，大部分农民正由农业向城镇非农产业流动，由传统农民向现代产业工人转化。而转移的大多数农民不具备非农就业所必需的知识、技能和素质，这就要求从客观上加大对农村人力资源的开发力度，以此提高农民的科技文化素质。为此，必须做好组织领导和管理协调方面的工作，建议成立由中央有关部门牵头的专门领导小组，作为农民教育培训的领导、协调机构；增加农村职业教育和成人教育的经费投入，把农村职业教育和农民培训工作列入地方政府的任期目标和考核内容；下大力气实施农民培训工程，用5~10年的时间对16~45岁的农业劳动力群体进行一次全面的技能轮训；继续坚持农村"三教统筹"和"农科教结合"，并进一步探索在新形势下的实现方式。

（2）加快体制创新，积极构建政府主导、面向市场、多元投资的农民教育培训体系。

农民教育培训作为一项重要的民生工程，理应得到各级政府、各相关部门乃至全社会的共同关注和积极支持。政府部门作为教育的实施主体，应当从促进教育公平，关心弱势群体，构建和谐社会的战略高度出发，充分认识加强农民教育培训的重要性。在解决农民教育培训资金经费的问题上，各级政府应处于主导地位，广开渠道，实行投资主体的多元化。首先是中央和地方财政要加大对农业劳动力资源开发的投入，提高教育经费的财政投入占的比重，同时在分配教育经费时，应向农民教育培训投入适当倾斜。其次是国内、国外并重，吸引各方投入资金。国内要鼓励城市支持农村，东部支援西部，鼓励企业、投资者到农村和西部地区进行教育投资。国外则要通过优惠政策，吸引国外政府、国际组织、企业家、华人华侨到我国农村开发劳动力资源，同时积极争取无偿援助、捐赠、低息贷款等，通过吸引多元投资方式推动我国农业劳动力资源开发水平的全面提高。与此同时，还要加快体制创新，完善培训体系，尽快建立与现代农业和农村经济发展相适应，以农民科技教育培训中心为骨干，以中高等农业院校、科研院所和技术推广机构为依托，以企业和民间科技服务组织为补充，以乡镇培训基地为基础的功能强大、手段先进、运转灵活的开放型、协同型的农民教育培训体系，按照新农村建设的要求，卓有成效地开展对农民的教育培训。

（3）在普及义务教育的基础上大力发展农村职业教育，重视技能型、应用型人才的培养。

农业劳动力资源开发的首要任务是在农村普及九年制义务教育，消灭农村青壮年文盲。农村要把普及九年制义务教育作为当前劳动力资源开发的基础工程，力争在最短的时间内完成"两基"达标任务。在此基础上大力发展农村职业教育，加速培养留得住、用得上的技能型、应用型人才，这是符合我国农村实际的明智之举，也是在目前教育经费不足的情况下低成本、高效率开发农业劳动力资源，解决农村人才瓶颈的有效措施。因此，要根据农村经济社会发展、农民脱贫致富的实际需要，有针对性地开发农业劳动力资源，合理引导农村初中毕业生到农业职业学校学习，并通过实施助学贷款、创业扶持计划，对报考农业职业学校的农村青年或毕业后愿意扎根农村创业发展的毕业生给予适当的资金支持和相应的政策优待，以鼓励引导农村初中毕业生选择职业教育。农村职业教育的专业设置、课程体系、教学模式要有针对性，要立足学生生存本领、职业技能和致富能力的培养，通过与企业积极"联姻"，了解用人单位的需求，按照就业岗位所需要的人才规格和能力素质进行订单式培养，防止教育资源的浪费。

（4）规范劳动就业准入制度，建立完善促进教育需求的动力机制，督促农民主动参与培训。

为了提升农民的就业竞争能力，实现农业剩余劳动力的高质量转移，必须推行规范的劳动就业准入制度。一是严格职业准入：要在确定的职业准入范围内，积极推行职业准入制度，逐步做到凡已公布实行职业准入的行业，农村青壮年劳动力如果没接受职业教育或培训，没有取得相应的毕业证或职业资格证，就不能参加就业。二是严格年龄准入：我国目前每年新增 500 万 ~600 万农业剩余劳动力，其中大多数是初中毕业生，这些初中毕业生没有经过基本的职业培训就直接进入劳动力市场，给本已过剩的劳动力市场造成了更大压力，也造成了人力资源的巨大浪费。对此，各级劳动部门、用人单位必须严格执行《中华人民共和国民法典》，对未成年的农村初中毕业生实行就业年龄限制，通过规范劳动准入制度，督促年轻农民主动参与职业教育和技能培训。

（5）加快农村社会保障制度建设，切实提高农业劳动力资源的保障水平。

由于中国还存在城乡二元结构的制度性障碍，广大农民尚无法获得与城镇居民一样的社会保障，社会保障制度也未全面覆盖广大农村。农民仍然依赖于土地保障和传统的子女养老，这对于农村实现跨越式发展是一种巨大的障碍。因此，在国家层面必须加强规划，收入再分配方面向农村社会保险制度改革倾斜，尽快将农村社会保险制度建立起来。当前，农民迫切需要的是养老保险和医疗保险两大社会保险制度，对此可以根据我国的基本国情和农村实际，进行统一规划、分步实施，并使其逐步纳入国家社保体系，使农村人力资源的社会保障水平切实得到提高。具体来说，在养老保险方面，可以先实现较低水平的保障，争取用 15~20 年的时间分阶段纳入全国社会保障体系；在医疗保险方面，应首先解决大病医疗保险，其次在条件允许的情况下实行普通医疗保险，也争取用 15~20 年的时间，分阶段纳入全国社会保障体系。在条件许可的时候，再逐步建立其他社会保险制度，如生育保险、工伤保险、失业保险等，最终使社会保障制度覆盖包括农民在内的全国所有人口。

（三）农业劳动力资源的利用管理

为了充分合理地利用农业劳动力资源，需要积极促进农民的充分就业，提高农业劳动力的使用效率和经济效益，主要采取提高农业劳动力资源的利用率和农业劳动生产率两个指标。

1. 发展农业集约化和产业化经营，提高农业劳动力资源的利用率

我国的农业劳动力资源丰富，而农业自然资源尤其是土地资源相对稀缺，同时对农业的资金投入不足，导致农业劳动力资源大量闲置，农业劳动力资源的利用率较低。从当前我国农业生产的情况来看，要提高我国农业劳动力利用率，主要应该依靠农业的集约化经营，增强农业生产对农业劳动力的吸纳能力。具体途径主要有以下几点：

（1）增加对农业的资金和其他要素投入，加强农业基础设施建设，为农业生产创造更好的物质条件。同时改变原有单纯依靠增加要素投入量的粗放型农业生产经营模式，促进农业劳动力资源和农业生产资料的更好结合，通过实现农业生产的集约化经营来增加农业生产的用工量，使农业劳动力资源得到充分利用。

（2）发挥资源优势，依靠农业科技，加快发展农业产业化经营，增加农业生产的经营项目，拉长农业生产的产业链条，吸纳农业劳动力就业。尤其是要发展劳动密集型农产品的生产，创造更多的农业就业岗位，使农业劳动者有更多的就业选择，增加对农业劳动力的使用。

（3）合理安排农业劳动力的使用，组织好农业劳动协作与分工，努力做到农业劳动力资源与各类需求量的平衡。要根据各项农业生产劳动任务的要求，考虑农业劳动者的性别、年龄、体力、技术等情况，合理使用农业劳动力资源，做到各尽所能、人尽其才，充分发挥劳动者的特长，提高劳动效率。另外，要尊重农业劳动者的主人翁地位，充分发挥他们在农业生产中的主动

性、积极性和创造性。

（4）对农业剩余劳动力进行有效转移，合理组织劳务输出。一方面，发展农村非农产业，实现农业剩余劳动力的就地转移，同时把农业剩余劳动力转移与城镇化发展结合起来，积极推动农业剩余劳动力向城市转移；另一方面，积极推动农业剩余劳动力的对外输出，利用国际市场合理消化国内农业剩余劳动力，这也是我国解决农业劳动力供求矛盾、提高农业劳动力资源利用率的一个重要途径。

2. 促进农业现代化，提高农业劳动生产率

充分合理地利用农业劳动力资源，还要提高对农业劳动力的使用效率，增加农业生产中劳动力资源投入的产出，即提高农业劳动生产率。影响农业劳动生产率的因素主要包括生产技术因素，即农业现代化水平，以及自然因素和社会因素。这些影响因素决定了提高农业劳动生产率主要有以下途径：

（1）充分合理地利用自然条件。

所谓自然条件，是指地质状况、资源分布、气候条件、土壤条件等，这些是影响农业劳动生产率的重要因素。自然条件对农业生产有着至关重要的影响，自然条件不同，适宜发展的农业生产项目也就不同。以种植业为例，同一农作物在不同的自然条件下，投入等量的劳动会有不同的产出，也就是会有不同的劳动生产率。因此，因地制宜地配置农业生产要素，利用自然条件，发挥区域优势，投入同样的农业劳动力就可以获得更多的农产品，提高农业劳动的自然生产率，实现对农业劳动力资源的优化利用。

（2）提高农业劳动者的科技文化水平和技术熟练程度。

劳动者的平均技术熟练程度是劳动生产率诸多因素中的首要因素，在农业生产中也是如此。由于农业生产中的生产力提高和科技进步是以新的劳动工具、新的劳动对象、新的能源和新的生产技术方法等形式进入农业物质生产领域的，因而要求农业劳动者具备较高的科技文化水平、丰富的生产经验和先进的农业劳动技能。另外，农业劳动者技术熟练程度越高，农业劳动生产率也就越高。为了提高农业劳动者的科技文化水平和技术熟练程度，必须大力发展农业和农村的文化教育事业、科学研究事业以及推广工作。

（3）提高农业经济管理水平，合理组织农业生产劳动。

要按照自然规律和经济规律的要求，加强农业经济管理，提高农业经济管理水平，使农业生产中的各种自然资源、生产工具和农业劳动力资源在现有条件下得到最有效的组合和最节约的使用，从而达到增加农产品产量、节约农业活劳动和物化劳动的目的，这对于提高农业劳动生产率、合理有效利用农业劳动力资源具有非常重要的作用。

（4）改善农业生产条件，提高农业劳动者的物质技术装备水平。

农业劳动者的物质技术装备水平是衡量一个国家农业生产力发展水平的重要标志，也是提高农业劳动生产率最重要的物质条件。农业劳动者的技术装备水平越高，农业劳动的生产效能也就越高，而要提高农业劳动者的技术装备水平，就要发展农业科技。只有农业科学技术不断发展，才能不断革新农业生产工具，不断扩大农业劳动对象的范围和数量，从而提高农业劳动生产率。

（5）正确贯彻农业生产中的物质利益原则。

在一定的物质技术条件下，农业劳动者的生产积极性和能动性是关系农业劳动生产率的决定性因素。在我国目前的社会主义市场经济条件下，人们劳动和争取的一切都与他们自身的物质利益直接相关，因此必须用物质利益来增强农业劳动者的积极性、主动性和责任心，这样才能更好地组织农业生产劳动，提高农业劳动生产率。

此外，建立健全完善的农业经济社会化服务体系，解决好农业生产过程中的系列化服务等，对提高农业劳动生产率也有重要的作用。

第三章　农产品仓储及配送运输

目前，仓储配送物资的充分利用也日益受到人们的密切关注，同时随着农业规模的不断扩大，人们对农业物资的需求量也在不断增加，这就对农产品仓储配送物资的管理工作也提出了新的要求，进而提高了仓储配送物资周转率。基于此，本章对农产品仓储以及配送展开讲述。

第一节　农产品仓储概述

一、农产品仓储的概念

仓库是指保管、储存物品的建筑物和场所的总称，可以是房屋建筑物、大型容器、洞穴或者特定的场所等，其功能是存放和保护物品；库房指有屋顶和围护结构，供储存各种物品的封闭式建筑物。储存是指保护、管理、储藏物品。农产品仓储就是指通过仓库对农产品进行储存和保管的过程。

二、农产品仓储的性质和作用

农产品仓储是农业生产的延续，同农业生产一样创造社会价值，农产品由生产地向消费地转移，是依靠仓储活动来实现的。农产品仓储具有专业性、特殊性、难度大等特点。其性质体现在农产品仓储是社会再生产过程中不可缺少的一环，在物流活动中发挥着不可替代的作用，是农产品物流三大支柱之一。其主要作用体现在以下几个方面。

1. 空间效用

农产品生产与消费的矛盾主要表现在生产与消费地理上的分离。农产品生产主要在农村区域，而消费农产品的人则遍及整体市场。农产品仓储通过选择靠近人们生活区的位置建立仓库，防止人们在购买农产品时出现短缺现象，拉近农产品产地与市场的距离，为人们提供满意的仓储服务，体现明显的空间效用。

2. 时间效用

受自然条件、作物生长规律等因素的制约，农产品的生产往往具有季节性，而作为生活必需品，人们的需求是常年的、持续的。为了使农产品能够满足消费者的需求，生产经营者利用仓库储存农产品进行调节，以确保在生产淡季也能满足人们的日常需求，创造了明显的时间效用。

3. 调节供需矛盾

生产与消费的矛盾还表现在品种与数量方面。随着社会分工的进一步发展，专业化生产越来越广，人们都把自己的资源集中到生产效率最高的项目上，产品品种越来越集中，农产品生产者必须把农产品放到市场上进行交换来满足自己其他方面的需求，这就要求通过农产品仓储来调节生产与消费方式上的差别，解决供需矛盾。

4. 规避风险

市场经济条件下的农产品价格变幻莫测，经常给农产品生产经营者带来价格风险。为了对市场需求做出有效反应，生产经营者需保持一定的存货来避免缺货损失。另外，为了有效应对战争、灾荒等意外引起的农产品匮乏，国家也要储备一些生活物资、救灾物资及设备。

5. 实现农产品增值

农产品仓储活动是农产品在社会再生产过程中必然出现的一种状态，是加快资金周转、节约流通费用、降低物流成本、提高经济效益的有效途径。搞好农产品仓储可以减少仓储过程中的农产品损耗和劳动消耗，从而降低物流成本，挖掘"第三利润"，实现农产品增值。

6.流通配送加工功能

农产品仓库从储存、保管货物的中心向流通、销售的中心转变。仓库不仅要有储存、保管货物的设备，还要增加分拣、配套、捆装、流通加工、信息处理等设施。这样既扩大了仓库的经营范围，提高了物资的综合利用率，又有利于销售和提高服务质量。

7.信息传递（适用于现代化仓储管理）

在处理仓储活动各项有关事务时，需要依靠计算机和互联网，通过电子数据交换和条形码等技术来提高仓储物品信息的传递速度，及时又准确地了解仓储信息。

三、农产品仓储的分类

（一）按农产品仓储经营主体划分

1.农产品自营仓储

农产品自营仓储包括生产者自营仓储和流通企业自营仓储两种。生产者自营仓储是指生产者使用自有的仓库设施，对生产的农产品实施储存保管的行为，一般品种较少，基本上以满足生产需要为原则。流通企业自营仓储则是流通企业自身通过其拥有的仓储设施对其经营的农产品进行仓储保管的行为。

2.农产品营业仓储

农产品营业仓储是仓库所有者以其拥有的仓储设施，向社会提供商业性仓储服务的仓储行为。仓储经营者与存货人通过订立仓储合同的方式建立仓储关系，并且依据合同约定提供服务和收取仓储费。

3.农产品公共仓储

农产品公共仓储是公用事业的配套服务设施，为车站、码头提供农产品仓储配套服务。其主要目的是对车站和码头的农产品作业和运输的流畅起支撑和保证作用，具有内部服务的性质，处于从属地位。

4. 农产品战略储备仓储

农产品战略储备仓储是国家根据国防安全、社会稳定的需要，对战略物资实行战略储备而形成的仓储。由国家政府进行控制，通过立法、行政命令等方式进行，由执行战略物资储备的政府部门或机构进行运作。战略储备特别重视储备农产品的安全性，且储备时间较长，主要储存粮食、油料等。

（二）按农产品仓储功能划分

1. 农产品储存仓储

农产品储存仓储是指农产品较长时期存放的仓储。储存仓储一般设在较为偏远但交通运输条件较好的地区，存储费用低廉。农产品储存仓储的农产品品种少，存量大。储存仓储特别要注重两个方面：一是仓储费用尽可能地少；二是加强对农产品的质量保管和养护。

2. 农产品物流中心仓储

农产品物流中心仓储是指以物流管理为目的的仓储活动，是为了实现物流的空间与时间价值，对物流的过程、数量、方向进行调节和控制的重要环节。一般设置在位于一定经济地区中心，交通便利、储存成本较低的口岸。基本上是较大批量进货和进库，一定批量分批出库，整体吞吐能力强，所以要求机械化、信息化、自动化水平高。

3. 农产品配送仓储

农产品配送仓储也被称为农产品配送中心仓储，是指农产品在配送交付消费者之前所进行的短期仓储，是农产品在销售或供生产使用前的最后储存，并进行简单加工与包装等。一般通过选点，设置在商品的消费经济区间内，进库批量不大，但批次多而且需要进货、验货、制单、分批少量拣货出库等操作，其主要目的是支持销售和消费。特别注重配送作业的时效性、经济合理性和对农产品存量的有效控制。因此，农产品配送仓储十分强调物流管理信息系统的建设与完善。

4. 农产品运输转换仓储

农产品运输转换仓储是指衔接铁路、公路、水路等不同运输方式的仓储，一般设置在不同运输方式的相接处，如港口、车站等场所。它的目的是保证不同运输方式的高效衔接，减少运输工具的装卸和缩短停留时间，具有大进大出以及农产品存期短的特性，十分注重作业效率和农产品周转率，所以需要以高度机械化作业为支撑。

5. 农产品保税仓储

农产品保税仓储是指使用海关核准的保税仓库存放保税农产品的仓储行为，主要是对出口农产品或来料加工农产品进行存储的仓库。一般设置在进出境口岸附近，受到海关的直接监控，保管人要对海关负责，入库或者出库单据均需要由海关签署。

四、农产品仓储的管理

农产品仓储管理就是对仓库及仓库内储存的农产品进行的管理，是仓储机构为了充分利用其所具有的仓储资源，提供高效的仓储服务所进行的计划、组织、控制和协调的过程。

（一）农产品仓储管理的目标

1. 合理的资源配置

根据市场供求关系确定农产品仓储建设，依据竞争优势选择农产品仓储地址，以生产差别产品决定农产品仓储专业化分工并确定仓储功能，进而决定农产品仓储布局，根据设备利用率决定设备配置等。

2. 高效的组织结构

仓储组织机构的确定需要围绕仓储经营的目标，以实现仓储经营的最终目标为原则。依据管理幅度和因事设岗、责权对等的原则，建立结构简单、分工明确、互相合作的管理机构与管理队伍。

3. 低成本的运作模式

农产品仓储管理包括农产品入仓、堆存、出仓等作业，仓储物验收、理货交接、保管照料、质量维护、安全防护等。应充分利用机械设备、有效的管理手段，实现仓储快进、快出，提高仓储利用率，最终实现农产品仓储效率高、成本低的目标。

4. 高品质的质量保证

农产品仓储管理的主要目的是提供高品质的产品，是仓储管理的根本要求和最终目的。应利用先进的保管技术，增强仓储管理，减少差、损、错事故，提供高品质的质量保证。

5. 高水平的经营管理

仓储管理要根据仓储企业的经营目的以及社会需求的变化而改变。仓储管理要从简单管理到复杂管理、从直观管理到系统管理，在管理实践中不断补充、修正、完善、提高，实行动态的仓储管理。

6. 高素质的员工队伍

仓储管理的一项重要工作就是不断提高员工的素质，根据企业形象建设的需要加强对员工的约束和激励。员工的素质包括技术素质和精神素质，通过定期的系统培训和严格考核，保证每个员工熟练掌握其从事劳动岗位应知和应会的操作以及管理技术和理论知识。

7. 最大限度地满足社会需求

农产品仓储管理要遵循市场经济的原则，按市场需要提供农产品仓储产品，满足农产品品种在规格、数量和质量上的需要，仓储管理者还要不断把握市场的变化情况，不断创新，提供适合经济发展的农产品仓储服务。

（二）农产品仓储管理的原则

农产品仓储管理的原则是保证质量、保证安全、低成本和规范作业。其中规范作业原则，是指在农产品仓储业务中，按一定的规范对农产品进行保管，以提高作业绩效，方便保管运作。具体作业规范要求如下：

1. 面向通道

为使农产品方便搬运，容易在仓库内移动，应将农产品面向通道保管，同时也便于观察和识别物品。

2. 先进先出

仓储管理要体现存新推陈，对于易破损和易腐烂的农产品，应尽可能按"先进先出"的原则保证储存农产品的使用价值。

3. 对应出库频率

出货和进货频率高的农产品，即搬运次数高的农产品应放在靠近出入口和易于作业的地方，流动性差的农产品放在距离出入口稍远的地方，季节性农产品根据其季节特性选择放置的场所。

4. 同类归一

同种类、运送至同一区域的农产品，储存要求、物品性质及保管要求相似的农产品应在同一区域储存保管，以保证农产品的质量和管理效率。

5. 重量对应

应根据农产品重量和形状等因素来安排农产品的保管位置，一般应将比较重且抗压的农产品放在货架的下层，将比较轻且容易碎的农产品放在货架的上层。

6. 形状对应

根据农产品的包装形状确定存放的位置和保管方法，包装标准化的农产品放在货架上进行保管，非标准化的货物按对应形状进行保管。

7. 标记明确

对所保管农产品的品种、数量及保管位置做明确详细的标记，以便提高农产品存放、拣出的物流作业效率。

五、农业科技创新与推广

农业科技是确保国家粮食安全的基础支撑，是突破资源环境约束的必然选择，是加快现代农业建设的决定性力量，具有显著的公共性、基础性、社会性。必须紧紧抓住世界科技革命方兴未艾的历史机遇，坚持科教兴农战略，把农业科技摆在更加突出的位置，突破体制机制障碍，大幅度增加农业科技投入，推动农业科技跨越发展，为农业增产、农民增收、农村繁荣注入强劲动力。

（一）农业科技简论

中央文件还指出"科技兴农，良种先行"，种子是农业生产的基础，更是农业中最具科技含量的领域。世界各国无不重视种子工作，种子已经成为国际农业竞争的焦点。国内外大量实践表明，优良品种的作用占40%~50%。农作物种子生产是连接品种改良和农业生产的桥梁，是把优良品种的增产增效潜力转化为现实生产力的重要措施。特别是近年来种子产业化发展十分迅速，同时大量有关种子生产的新理论与新技术研究成果不断涌现。从某种意义上讲："一粒种子可以改变世界。"人们已经充分认识到种子在农业生产中的巨大作用是其他任何生产要素都无可取代的。抓种子，成本低，效益好，回报率高，抓住了种子就是抓住了农业关键的关键。

除了要进行种子科技创新以外，还要在农业生物技术、信息技术、新材料技术、先进制造技术、精准农业技术、农业新型人才培养等方面进行科技创新，本节由于篇幅所限，仅以种子为例进行科技创新论述。

（二）种子繁育概述

种子生产又叫良种繁育。大田上应用的良种，一是指优良品种，二是指高质量的种子，也就是优良品种的优质种子。种子生产就是依据品种的繁殖方式，按照科学的种子生产技术方法，生产出数量和质量均符合要求的种子。在种子生产中，要求所生产的种子遗传特性稳定，产量潜力不会降低，种子活力能够得到保证，并要求繁殖系数高。所以它和一般的粮食生产不同。种子生产需要在特定的生态环境、特殊的生产条件下，由懂技术的人员直接进行或在专业技术人员指导下进行。

种子生产是一项极其严格而复杂的工作，其主要内容包括：通过在当地进行品种比较试验和示范，或根据专家介绍、推荐，确定种子生产的对象，即生产哪些品种的种子，采取防杂保纯措施，保持种子的纯度和优良种性；有计划地建立种子生产基地，按照技术质量标准操作规程，实行专业化生产；做好田间检验和室内检验，保证种子的质量；做好种子加工、贮藏与包装，提高商品种子的质量；依法进行种子经营和销售，把合格种子送到农民手中。

目前中国推广应用的种子分杂交种子和常规种子，杂交种子主要有玉米、棉花、水稻、高粱、油菜和部分蔬菜种子，其他作物的杂交种子也有少量推广。杂交种子利用的是杂交一代，下一年及其后不能在大田种植，繁殖生产技术要求较高，需要有一定条件的专业种子经营机构按照大田需要进行生产、包装、销售。目前这些杂交种子主要在甘肃、新疆、内蒙古、海南等省区繁殖。而大田应用的常规种子主要是小麦、大豆、花生等作物，它们可以在大田生产上利用多年。所以农民专业合作社一般可以生产常规种子。常规种子生产是在保证品种优良种性的前提下，按市场要求生产符合质量标准的优质种子。其主要工作有两项：一是加速生产新育成、新引进的优良新品种，以替换原有的老品种，实行品种更换；二是对于生产上已经大量应用推广并且占有市场的品种，有计划地安排生产良种或原种，防止种子混杂退化，及时更新生产用种，实现品种更新。这样有利于尽快扩大优良品种的推广面积，充分发挥优良品种的增产增效作用。在种子生产过程中，应采取科学有效的防杂保纯措施，以保持或提高品种的纯度和优良种性，尽可能延长优良品种的使用年限。在种子生产过程中，要根据当地的条件和实际情况，不断总结成功经验和失败教训，并及时适当进行试验研究，从理论和实践的结合上探索种子生产的新理论、新技术、新途径，以提高技术水平，提高生产应用效果。

（三）优良品种在促进农业生产发展中的作用

1. 提高单位面积产量

在增产的诸多因素中，优良品种的作用占很高的比例，施肥、灌溉、病虫害防治和除草等其他生产要素只有与优良品种相结合，才能充分发挥其最大的增产作用。

2. 增强抗灾能力和保持稳产性

选育推广抗病虫害和抗逆性强的品种与化学药剂防治相比，不需要增加任何生产投资；同时也不会污染环境，是保证农作物高产、稳产的最经济有效的途径。

3. 改善和保持优良品质

随着国民经济的发展和人民生活水平的不断提高，对农作物品质的要求越来越高，尤其是在中国加入 WTO 后，为了提高我国农作物商品在国内外市场的竞争力，迫切需要培育推广优质品种。品质改良的特点是品质与产量并重，实现优质高产。这样才能使种子行业在国际、国内市场上不断提高竞争力，推动发展农村经济，提高农民收入。

随着优质、专用品种的育成，优质农作物品种基地的规模化生产及科研—生产—加工企业产业化经营模式的建立，中国农作物的商品率将大大提高。

4. 有利于节约水资源

中国是一个水资源严重不足的国家，人均水资源仅为世界平均水平的 1/4，是世界上缺水严重的国家之一。尤其是中国小麦主产区北方冬麦区，春季干旱少雨，历来是小麦生产的最大制约因素。近年来，缺水形势更加严峻，冬春雨雪偏少，为了实现小麦丰产，过度开采地下水，使地下水位连年下降。因此，选育和推广抗旱品种，推广节水栽培技术已成为当务之急。随着小麦产业结构调整和生产条件的改变，适宜旱肥地的耐旱品种已成为抗旱育种的主要目标。

5. 有利于保护生态环境

选育和推广抗病虫品种及抗旱节水品种，有利于保护生态环境。同时，为了控制环境污染，保持生态平衡，促进农业生产的可持续发展，应避免滥施化肥对生态环境的威胁。目前中国约有 14 个省份的单位面积平均施氮量超过了国际上公认的上限 225 千克 / 公顷，且氮肥的利用率平均只有 35% 左右，有些城郊蔬菜区和高产区则更低，仅为 10%~20%，氮肥损失率在 45% 以上。因此，如何减少氮肥损失、降低成本、缓解环境压力，成为当前十分迫切的问题。

当然，优良品种的表现和效益还取决于相应的耕作栽培措施。品种的优良表现是相对的，而不是万能的。

（四）注重品种的合理利用

1.品种的合理布局

不同品种适应不同的自然、栽培条件和耕作制度，必须在适应其生产发育的地区种植。所谓品种合理布局，是指在一个较大的区域范围内，根据土、肥、水、温等环境条件和品种特性，合理安排和配置优良品种，使生态条件得到充分的利用，使品种的增产潜力充分发挥出来，达到在大范围内稳定增产的目的。

2.品种的合理搭配

在一个较大的地区范围内，在品种区域化的基础上，还要合理选用若干适应不同环境条件的优良品种，因地制宜地合理搭配，做到地尽其力、种尽其能，达到不同地区、不同地块都增产的目的。既要避免品种的"单一化"，又要避免品种的"多、乱、杂"。

3.良种生产和推广

在推广过程中必须做到良种、良法相结合。因为良种所表现出的高产、稳产、抗病、优质和生育期适宜等优良性状，是在一定的栽培条件下表现出来的，如果不具备相应的栽培条件，品种的优良性状就不能得到充分发挥。也就是说，良种是增产的内因，但也离不开与之相适应的外因，即适宜的生态环境条件和科学的栽培管理措施。所谓良种、良法配套就是因种施管、看苗促控，应用科学的栽培技术，使良种的优点得到充分发挥，缺点得到克服或弥补，把不利因素的影响降到最低，最大限度地发挥良种的增产作用。

4.做好品种更新和更换工作

品种更新是指用提纯复壮或选优保纯的原种，替换生产上种植的已经混杂退化的相同品种的种子。如果在大田生产中种植混杂退化的多代种子，比种植经过去杂选优的原种将会减产5%~10%。因此，应有计划地进行提纯复壮，保证大田用种良种化或原种化，尽可能延长优良品种的使用年限。

防止品种发生混杂退化，及时进行种子更新，要坚持以预防为主。对于一个新品种，在刚开始推广时，育种单位一定要提供高纯度的繁殖种子，以供各用种单位和繁种单位进行保纯繁殖，来适应品种更换速度不断加快的需要。品种更换是指新育成或引进的优良品种替换生产上大面积应用的已经退化过时的老品种。

优良品种在推广应用过程中会发生混杂退化，这是由自然变异、机械混杂和人工选择等引起的，为了延长优良品种的使用寿命，需要对其不断地提纯复壮，以确保种子的纯度和质量。

（五）搞好种子生产基地建设

繁育好的种子需要建立种子生产基地。因为它是在优良的环境和安全的隔离条件下进行的。随着农业种植结构调整，针对种子生产基地的建设与管理出现的新情况、新问题，及时做出相应的调整和改革，使种子生产基地的建设适应市场经济的潮流，从而建设好和管理好种子生产基地。

随着农民专业合作社的发展，专业合作社可以根据自身的需求繁育种子。也可以为其他单位繁育种子。这就需要推行合同制，预约生产、收购和供种。农民专业合作社建立种子繁育基地，其种子繁育的方法不应固守原来的"三圃制"，应采用"二圃制"或"一圃制"为宜。

传统采用的"三圃制"生产原种其周期长、生产成本高、技术要求严格。今后应把三圃制简化为"二圃制"，它比三年三圃制少一个株（系）圃，故又称其为二年二圃制。该方法是把株（穗）行圃中当选的株（穗）行种子混合，进入原种圃，生产原种，简单易行，节省时间。特别是对于种源纯度较高的品种，可以采取这种方法生产原种。

对于自花授粉的常规种子也可以采用"一圃制"的繁种方法。采用一圃制生产原种具有多个优点：一是生产周期短，可加快繁种进程，能跟上时代的步伐；二是确保种性和纯度，达到种子标准，充分发挥其增产潜能；三是操作简便，省工、省时、成本低；四是节省种源，繁育系数高；五是减少繁种代数，延长品种使用年限。

（六）"一圃制"的技术方法

"一圃制"生产原种的技术程序可概括为"单粒点播、分株鉴定，整株去杂，混合收获"16个字。

采用一圃制生产原种时，应注意以下几点。

1. 选择种源

点播田用种必须是育种专家培育的遗传性稳定的种子或原种，质量达到国家规定的相应标准。不能使用严重混杂退化的种子，并经过精选或粒选，最好使用包衣种子，以确保一播全苗。

2. 精细整地

点播田要选择土壤肥沃、地力均匀、排灌方便、栽培条件较好的旱涝保收田，并精细整地，施足底肥，防治地下害虫。

3. 播种规格

播种规格应根据不同作物、不同品种特征特性来决定。例如：繁育小麦品种，行距可以为25厘米，株距7~10厘米，特别是株距不能太小，否则不便单株选择、去杂去劣。在大面积应用时，最好使用穴播机播种。点播不宜过深，以3~4厘米为宜。要适时早播，足墒下种。若点播时墒情不好，播后要及时浇蒙头水。

4. 加强田间管理

在生育期间要根据苗情合理采取"促、控"措施，并及时防治病虫害。既要保证高产、优质，又要严防倒伏，并确保后期去杂。

5. 去杂去劣

在幼苗期和黄熟期，根据品种的特征特性进行分株鉴定。幼苗期鉴定幼苗习性、叶色、抗寒性等性状。黄熟期鉴定株型、穗部性状、株高、叶型、抗病性等。每个时期若发现有不符合本品种典型性的植株都要整株拔除，携出至田外处理。去杂去劣工作要反复进行，绝不能留一株杂株。成熟后混合收获即为原种。

6. 严防混杂

原种生产必须实行专业化，要有专人负责，严把质量关。在收获、脱粒、晾晒、运输和贮藏等过程中，要严防机械混杂，确保原种质量。

7. 繁育系数

点播田与种子繁育田的比例一般为 1 ∶ 60，繁种田与大田生产的比例为 1 ∶ 40。必要时原种也可直接用于大田。

（七）农业科技推广

提高农业科技水平与应用是发展绿色循环现代农业的战略措施，积极稳妥地将农业的二维结构（种植业、畜牧业）转变为三维结构（种植业、畜牧业、生物产业），这是农业发展的方向。充分发挥各级农技推广机构的作用，着力增强基层农技推广服务能力，推动家庭经营向采用先进科技和生产手段的方向转变；引导高等学校、科研院所成为公益性农技推广的重要力量，强化服务"三农"职责，完善激励机制，鼓励科研教学人员深入基层从事农技推广服务；通过政府订购、定向委托、招投标等方式，扶持农民专业合作社、供销合作社、专业技术协会、农民用水合作组织、涉农企业等社会力量广泛参与农业产前、产中、产后服务。根据国家要求积极推广农业科学技术，实现传统农业向现代农业的跨越发展，促进农业增产增效，最终实现农业既全程绿色生产，又全程绿色循环。

第二节　农产品仓储保管的方法

一、常温储藏

常温储藏一般是指在构造较为简单的储藏场所，利用自然温度随季节和昼夜变化的特点，通过人为措施，引入自然界的低温资源，使储藏场所的温度达到或接近产品储藏所要求温度的一类储藏方式。常温储藏一般分为简易储藏和通风储藏库储藏。

（一）简易储藏

简易储藏是传统的储藏设施，包括沟藏、堆藏和窖窑藏三种基本形式，它们的共同特点是利用气候的自然低温冷源。简易储藏作为农产品储藏方式，有着悠久的历史，虽然受季节、地区、储藏产品等因素的限制，但其结构设施简单、操作方便、成本低，若应用时注意选择适宜的季节、方式，也可取得良好的储藏保鲜效果。此法常见于华中、西北、华北等地区。

1. 沟藏

沟藏又称埋藏，是一种地下封闭式储藏方式，根据储藏量的大小在地表按一定的长、宽、深度要求挖成条状沟、一般横截面是上宽下窄的倒梯形，将产品按一定的方式堆放后，露地的顶部用聚乙烯塑料薄膜袋或秸秆等覆盖。沟藏主要是利用土壤的保湿性能维持储藏环境中相对稳定的温度，同时封闭式储藏环境具有一定的保湿和自发气调的作用，从而获得适宜的控制农产品质量的综合环境。

沟藏在晚秋至翌年早春低湿季节易取得接近储藏要求的温度。沟藏的不足之处是不易通风散热，也不便于检查。南方地区气候湿润，冬季暖和，不易出现果蔬的冻害，用沟藏法易出现温度过高、湿度过大的情况，从而加重腐烂，因此不宜用沟藏法进行果蔬的储藏保鲜。

2. 堆藏

堆藏是将采收的农产品堆放在室内、室外平地上或浅坑中的储藏方式。堆藏比沟藏更加简便易行，但受外界温度的影响也更大，因此主要用于耐储性较强的农产品，如大白菜、板栗等。

堆藏的堆高一般为1~2米，宽度为1.5~3.0米，过高或过宽则不易通风散热，易造成中心温度过高，而引起腐烂。这种储藏方式一般只适用于温暖地区的晚秋储藏和越冬储藏，在北方寒冷地区，一般只做预储或短期储藏。

3. 窖窑藏

窖窑藏是地下或丘陵中挖掘地窖或窑洞作为农产品储藏保鲜库的一种储藏方式。窖窑藏具有操作较方便、温度变化小、储藏期长和效果好的特点，是我国西北、华中地区常见的储藏方式，如四川南充储藏柑橘用的地窖，陕西、河南、山西储藏苹果、梨用的土窑洞。

与沟藏、堆藏相比较，窖窑藏的优点是明显的，但挖掘不方便、造价高，而且要具备土质坚实的条件方可挖建。华南地区土质疏松，挖掘的窖窑不结实，一般不做储藏保鲜用。

（二）通风储藏库储藏

通风储藏库是在有隔热的建筑条件下，利用库内外温度的差异和昼夜温度的变化，以通风换气的方式，来保持比较稳定和适宜的储藏温度的一种储藏场所。与简易储藏库相比，通风储藏库通气条件比较好，而且容量大，储期管理也比较方便，与低温储藏库和气调储藏库相比，更具有造价低的优点。

1. 通风储藏库设计要求

（1）库址选择。

①地下水位。库址的地下水位不宜太高，最好选择一些高地建库，平地建库要求最高水位应距库底1米以上。

②通风条件。通风储藏库要求通风条件良好，调节温度的过程要迅速。应选择地势开阔、通风好的小环境建库。

（2）保温要求。

①库的走向。北方地区主要考虑抵御寒潮，库的走向以南北向为宜，这样可以减少北方寒流的侵袭，防止产品受冻；而南方地区则以东西走向为宜，可以减少阳光直接照射，避免库温过高而影响储藏效果。

②库的表面积。在定库的容积范围内，库的表面积越大，与库外大气温的接触面积越多，对库温的影响也越大，因此储藏库建筑应尽量争取大的宽度。目前我国通风储藏库的宽度为9~12米，库内高度在4米以上。大型的储藏库，应尽可能采用连接式的建筑，以减少库的表面积。

（3）建筑材料。

建筑材料要求具有良好的隔热性能，以利于保温，同时要求建筑材料多孔、组织疏松、不易吸水、质轻价廉等。

2. 通风储藏库的管理使用

（1）储藏前应对储藏库进行清扫、通风、消毒及设备检查等。库内消毒可每立方米容积用硫碳粉 10 克进行燃烧熏蒸，关闭门窗 48 小时后开门窗通风，也可用 1% 的福尔马林溶液喷布墙面和地面，密闭 24 小时后通风。消毒处理后通风 2~3 天，方可入库储藏。

（2）通风储藏库的管理主要是根据库内外温度的差异进行必要的通风换气。通风换气多在库内外温差大时进行，并掌握好通风时间和通风量，以调节库内的温度和湿度。春秋季气温较高时，可在夜间进行通风降低库温；冬季寒冷季节则以保温为主，并适当做好换气排湿工作。

二、机械冷藏库储藏

机械冷藏是冷藏储存的一种，是在一个适当设计的绝缘建筑或设备中借机械冷凝系统的作用，将库内的热传到库外，使库内温度降低并保持在有利于延长农产品的储存时间之内。其特点是效果好，但费用较高。常见的机械冷藏设备有冷库、冷藏车、冷藏柜和电冰箱，一般多用于储存肉类农产品和鲜果类农产品。

机械冷藏库的使用效果与管理密切相关，具体管理如下：

（一）消毒

农产品腐烂的主要原因是有害微生物的污染，冷藏库在使用前须将库内打扫干净，处理所有用具，再进行全面消毒。

（二）入库

农产品进入冷藏库之前要先预冷。由于果蔬产品收获时田间温度较高，增加冷凝系统负荷，若较长时间达不到储藏低温，则会引起严重的腐烂。对已进行预冷的产品，可一次性入库，对未进行预冷的产品，则应分批次入库。对入库的农产品应用适当的容器包装，在库内按一定方式堆放，货与货之间留出适当空隙。

（三）温度管理

温度对保鲜产品的保鲜效果往往起决定作用，农产品入库后应尽快达到储藏的适宜温度，并尽量避免库内温度波动。产品种类和品种不同，对储藏环境的温度要求也不同，如黄瓜、四季豆、甜辣椒等蔬菜在 0~7℃就会发生伤害。冷藏库的温度要求分布均匀，可在库内不同的位置安放温度表，以便观察和记录，避免局部产品受害。另外必须及时除霜。

（四）湿度管理

绝大多数果蔬产品储藏的相对湿度要求在 80%~95%，保持较高的空气相对湿度可以减少产品水分的散失，保持新鲜度，提高储藏保鲜效果。在冷藏库中要经常检查库内相对湿度，采取地面洒水、安装喷雾设备或自动湿度调节器的措施来达到储藏湿度的要求。

（五）通风换气管理

农产品储藏过程中会放出 CO_2 和乙烯等气体，若这些气体的浓度过高则不利于储藏。冷藏库必须要适度通风换气，保证库内温度均匀分布，降低 CO_2 和乙烯等气体浓度，达到储藏保鲜的目的。通风换气的频率要根据产品种类及储藏时间而定，时间通常选择在每天温度相对较低的晚上到凌晨进行，雨天、雾天等外界湿度过大时暂缓通风，在通风换气的同时开动制冷机以减缓库内温湿度的变化。

（六）冷库安全管理

随着人们对冷藏食品需求的日益增加，冷藏容量也逐年递增，与此同时，我国冷库存在的安全事故也频频发生。特别是火灾、氨泄漏事故等已成为当前冷库安全管理工作中亟须解决的主要问题，造成这些问题的主要原因是专职管理部门不明确、缺乏系统指导、企业对冷库安全管理不重视、制冷系统带病运转等。因此，必须重新认识冷库安全管理的重要性；建立符合现代企业要求的安全管理制度；定期进行安全管理的自我检查；制定氨泄漏应急预案，并定期开展安全演习等工作，努力提高冷库行业安全管理工作的水平。

三、气调储藏

气调储藏是现代储藏新鲜果蔬产品最有效最先进的储藏方式。自 20 世纪四五十年代在美国、英国等国家开始商业运行以来，已在许多发达国家得到广泛运用。我国的气调储藏始于 20 世纪 70 年代，经过 50 多年的不断研究探索，气调储藏技术也有了很大发展，现已具备自行设计、建造各种规格气调库的能力，气调储藏新鲜果蔬的数量不断增加，取得了良好效果。

气调储藏是调节气体成分储藏的简称，是以改变储藏环境中的气体成分来实现长期储藏新鲜果蔬的一种方式。一般来说，在一定范围内，高浓度的 CO_2 和低浓度的 O_2 可以抑制乙烯的生物合成，降低果蔬产品的呼吸强度，从而延长果蔬产品的储藏寿命。因此调节气体成分通常是增加 CO_2 浓度和降低 O_2 浓度。此外，还要根据储藏产品的特点和要求，对其他气体成分进行必要的调控，如乙烯等。

气调储藏是在机械冷藏基础上发展起来的一种储藏方法，与常温储藏和冷藏相比较，具有保鲜效果好、储藏损耗低、货架期长、保绿效果显著、产品安全性高等特点。实践证明，对气调环境反应良好的新鲜果蔬产品，运用气调技术储藏时其寿命可比机械冷藏增加 1 倍甚至更多。正因为如此，近年来气调储藏发展迅速，储藏规模不断增加。

气调储藏可分为自发气调储藏和人工气调储藏两种，通常所说的气调储藏主要指人工气调储藏。

（一）自发气调储藏

自发气调储藏是利用新鲜果蔬产品本身的呼吸作用降低储藏环境中 O_2 浓度，提高 CO_2 浓度的一种气调储藏方法。自发气调储藏方法简便，但要达到适宜的 O_2、CO_2 浓度水平的时间较长，运用时保持相对稳定的比例也比较困难，所以自发气调储藏的效果远不如人工气调储藏。

自发气调储藏在生产中的应用，如利用塑料袋或在塑料帐篷上嵌入具有特殊透气性的硅胶窗，入储一定时间后，随着产品的自身呼吸，不断消耗 O_2，释放出 CO_2，从而取得高浓度的 CO_2、低浓度的 O_2 的气调储藏条件，达到降低呼吸、延缓衰老的目的。

（二）人工气调储藏

人工气调储藏首先具备机械冷藏库设备，其次是调节气体的设备及密封条件。气体调节设备包括：一是气体发生器。主要是产生 CO_2，消耗 O_2，达到高浓度 CO_2 和低浓度 O_2 的目的。二是 CO_2 吸附器。主要是除去产品呼吸所产生的 CO_2 及气体发生器产品的 CO_2，调节储藏环境中 O_2 的浓度。比较先进的气调设备还装备有乙烯脱除机、制氮机，以更迅速、更高效地降低 O_2 浓度、提高 CO_2 浓度，脱除乙烯，把储藏库内的各种气体组成控制在被储藏的果蔬产品所要求的范围内，充分发挥气调储藏的作用。

（三）气调储藏的管理

气调储藏的设计和建造遵循机械冷藏库的原则，其管理与操作在许多方面与机械冷藏相似，包括库房的消毒，入库后的堆码方式，温度与相对湿度的调节和控制等，但气调储藏系统更复杂，除具备隔热、控温、增湿功能外，还要求气密性好、方便取样检查和观察、具有对各种相关气体的强大的调控能力，重点加强空气洗涤、气体调节、封库和安全保障等关键环节的管理。

新鲜果蔬气调储藏时选择适宜的 O_2 和 CO_2 及其他气体的浓度与配比是气调储藏成功的关键。气体配比的差异主要取决于产品自身的生物学特性。

根据对气调环境反应的不同，新鲜果蔬可分为三类：一是对气调反应良好的种类，如苹果、猕猴桃、香蕉、绿叶菜类等；二是对气调反应不明显的种类，如葡萄、柑橘、土豆、萝卜等；三是介于两者之间，对气调反应一般的种类，如核果类等。只有对气调环境反应良好和一般的果蔬种类才有进行气调储藏的必要和潜力。

四、农业经济发展趋势

（一）发展农业循环经济

农业循环经济实质上是一种生态经济，是对传统农业发展观念、发展模式的一场革命。发展农业循环经济，从本质上说，是由农业大产业自身的特点和发展规律所决定的。宏观层面，农业循环经济是遏制农业污染，发展农业的一种机制创新，是提高农业资源利用效率的机制创新。从农业生态文明角度看，有学者认为发展农业循环经济是确保农产品安全、建设农业生态文明最有效的路径，是实现农业生态环境友好、建设农业生态文明的最佳载体。农业循环经济是建设社会主义新农村的需要，中央在建设社会主义新农村规划中提出的生产发展、生活宽裕、乡风文明、村容整洁、管理民主的社会形态，是指必须营造良好的农村生态环境，农业循环经济中的原则，则是保护农村生态环境的必要条件，因此离不开农业循环经济的发展。农业循环经济是在循环经济理念和可持续发展思想指导下出现的新型农业经济发展模式，它摒弃了传统农业的掠夺性经营方式，把农业经济发展与环境保护有机结合起来，从而成为农业经济和国民经济可持续发展的重要形式。

1. 政府引导农业循环经济的必要性分析

可持续发展始终是一个动态的过程，必须不断积极探索新的实现形式以适应经济社会的发展。正是在这样的背景下，近年来各地方政府和国家有关部委都将目光聚焦在了农业循环经济，认为努力赶上发展循环经济的时代大潮是农业可持续发展的迫切需要。

（1）农业循环经济是保持农业可持续发展的有效途径。

①以现代化为目标的农业可持续性要求，将循环经济与农业相结合以改造传统农业。

可持续发展既是现代农业的出发点，又是其最终的目标，未来农业发展的趋势就是建立在可持续性基础上的现代化农业，农业发展的可持续性是一个内涵丰富的概念。高旺盛教授指出，其主要体现为"三个可持续性"的协调发展，即生产持续性，保持农产品稳定供给，以满足人类社会发展对农产品的需求的能力经济持续性，不断增加农民经济收入，改善他们生活质量的能力，这主要体现为农村产业结构、农村工业化程度以及农民生活水平等方面生态可持续性，人类抵御自然灾害的能力以及开发、保护、改善资源环境的能力。这种能力是整个农业发展与经济增长的前提，没有良好的资源基础和环境条件，常规式的现代农业就会陷入不可持续的困境之中。

然而，传统农业已不能同时满足生产持续性、经济持续性和生态持续性，尤其是在保护农业资源和环境方面显得无能为力，甚至产生负面影响。在我国，传统农业生产的初级产品经过加工后，作为商品开始流通，在完成使用和服务价值后，部分商品变成垃圾，加剧了农业面源污染。循环经济源于可持续发展，它是人类发展到一定阶段并受自然"胁迫"后反思的结果，发展循环经济就是对可持续发展道路的探索。而针对传统农业所进行的现代化改造，正是循环经济在农业领域展开探索的时代背景和阶段特征。只有在这个特定的阶段，农业循环经济的一系列思路和理念才能在保持农业可持续性和发展现代化农业的目标中发挥最大效用。

②循环经济适应农业可持续发展的内在要求，是积极、和谐地实现资源、环境与社会经济的可持续发展。

农业作为直接利用自然资源进行生产的基础产业，是人类对自然资源与生态环境影响最大、依赖性最强的产业。农业可持续发展的核心是保护农业资源与环境，农业要实现可持续发展很重要的一点就是实现资源的可持续利用，这也是本质所在。农业循环经济以资源的高效利用和生态环境保护为核心，以"减量化，再利用，资源化"为原则，如畜禽养殖冲洗用水可用于灌溉农田。也就是说，农业循环经济在资源利用方面强调利用自然生态系统中各要素的特性，形成空间上多层次和时间上多序列的立体多维的资源利用系统。

（2）发展农业循环经济有利于促进农民增收。

农民收入是衡量农村经济发展水平的综合指标，是检验农村工作成效的重要尺度。农民收入增长缓慢，不仅影响农村经济的发展而且制约着工业品市场容量的扩大，不利于整个国民经济的发展。解决农民增收问题的思路不创新，不下大力气缩小城乡贫富差距，就不可能为我国的加工业和服务业提供大的市场，国内巨大的潜在消费能力就难以真正释放，平稳或较快的经济增长就难以保持。

①有利于大大提高农业资源利用率，节约农民生产性开支，变废为宝。

稀缺性、有限性是农业资源的特点，它在客观上要求农业各项生产活动都必须十分珍惜利用农业资源，充分开发利用农业有机资源，尽可能提高农业资源的利用率。农业循环经济通过生物之间在生态链中的各个营养能级关系，相应地使剩余农业有机资源转化为经济产品，投入农业生产过程，替代或增加新的生产要素，使农民获得经济效益增加农民收入。

②有利于适度规模化生产经营的形成，变"粗放型"为"集约型"农业生产方式。

尽管生态效益和经济效益同为政府和包括农民在内的社会公众所关心，但是在市场经济条件下，一种农业模式能否得到推广关键在于它能否带来经济效益。农业循环经济要求根据区域农业资源优势、产业结构特征以及废弃物特征和分布状况，实现区域范围的大循环，这无疑将加快由家庭小生产经营向集约化、规模化大生产经营方式的转变，"集体化"可以提高农作物的单位产量，增加农民的生产性收入，并可以解放大量劳动力，使其向城市和农村非农产业转移，增加农民收入。例如在各地蓬勃发展的生态农业旅游、农家乐等都为农民致富开辟了广阔天地。促进农业生产规模化经营不仅可以降低农业生产成本，增强农业抗风险能力，提高农业生产经营效益，同时还可以将市场竞争中长期处于弱势地位的单个农民变为真正具有市场竞争和博弈能力的市场主体，增强农民的市场谈判能力，有效地保护农民权益，降低农民的交易成本，增加农民收入。

③有利于促进农民就业，带动人力资源开发。

笔者依据循环经济原理来分析农业循环经济促进农村人口就业的运行机制，认为循环经济要求各类产业或企业间具有产业关联度或潜在关联度，能够在各产业间建立起多通道的产业链接，实现产业或企业间的能源共享；提高供应链管理的水平，通过核心业务的选择和调整，进行有效的产业链整合，从根本上提高生产和服务的效率，减少能耗，提高产品和服务质量，提升核心竞争力。产业链的整合会促进产业的延伸和产业间的融合，促使第三产业向第一产业和第二产业的延伸和渗透，以及工业、农业、服务业内部相关联的产业融合提高竞争力，适应市场新需要。

因此，发展循环农业，通过产业链整合促进产业间的延伸整合，可以使内生就业机会增加，有效解决农民就业问题。农业循环经济要求农业生产是产业化的生产，形成一个良性运转的"产业链"或"产业网"，可以提高农业生产效率和人才资源配置效率，增加农业就业机会。农业循环经济的发展还扩大了劳动密集型的园艺、畜牧、农产品加工等优势产业的规模，可以吸纳更多农村劳动力就业。

2. 政府推动农业循环经济发展的对策措施

（1）制度建设是发展农业循环经济的基础。

①推进农业循环经济法治建设。

实践证明，发展循环经济的主要杠杆一要靠经济、价格政策，二要靠法律法规，即法律规范机制，就是说要用立法方式加以推进，才能事半功倍。循环经济无论作为一种经济理论还是一种经济模式，要在全社会范围内深入人心，要建立农业循环经济体系，实现农业可持续发展，必须建立一个强有力的法律支撑系统、一个规范的行为准则、一个明确的导向系统。发展农业循环经济是一场变革传统生产方式、生活方式的社会经济活动，需要明确的导向。没有明确是思想和价值观念为其指明方向，没有可靠的行为规范、行为准则来统一其行动，发展循环经济就会陷入混乱。因此，必须加强农业循环经济立法。也只有通过立法，才能把循环经济从一种经济理论转变为人人都能遵守的行为规范。目前，在农业循环经济发展方面，相关的法规制度还比较薄弱，因此，加快有关农业循环经济法治建设工作是当务之急。应建立和完善农业生态环境保护法、农业废弃物无害化处理与利用标准、绿色农产品认证制度、市场准入制度、生态农业补偿制度以及生态农业发展的激励政策与机制。

法律具有强制和教育、引导的功能。加强农业循环经济立法，可通过发挥法律的强制作用，扭转农民陈旧落后的思想观念，提高其环保意识，使其逐渐抛弃自私自利的小农思想，用长远的眼光看问题，杜绝短期行为。同时，农业循环经济立法还可以充分发挥法律的引导功能，通过规定经济激励制度、技术支撑制度、信息服务制度及政府的指责等内容，帮助农民解决发展循环经济过程中遇到的资金、技术、信息等问题，化解发展农业循环经济可能给农民带来的风险，消除他们对发展农业循环经济的顾虑。

坚持循序渐进和因地制宜原则。全国性农业循环经济立法要兼顾我国区域发展差异条件下的不平衡性，地方性的农业循环经济立法要因地制宜，结合法律的前瞻性和可操作性，结合本地区的农业资源和生态资源情况、农业生产力发展水平，做到科学立法，增强立法的质量与效益。坚持政府引导和市场推进相结合。农业循环经济的发展要遵循市场经济规律，充分发挥市场经济所具有的市场联系、产品选择、收入分配、信息传递、经济引导与刺激、促进技术研发、供求总量平衡、促进政府执法方式转变和提高执法效能、促进贸易与经济发展等功能。但市场经济的这些功能具有互动性和自发性，互动性和自发性如不受政府的合理干预就会产生市场失灵的问题。因此发展农业循环经济，必须强调政府适度的服务性、技术性和政策性引导甚至强制干预功能。在农业循环经济立法中，要把市场推进与政府引导结合起来，既要解决农业循环经济发展过程中市场失灵的问题，还要解决历史上形成的政府干预过度问题，不能越俎代庖，做一些本应由市场机制就能解决问题的事情。

坚持农业自然资源的开发利用和保护相结合的原则。自然资源是农业生产赖以发展的物质基础，丧失了自然资源，就丧失了农业的劳动对象，也就无法进行农业生产；农业自然资源受到破坏，就会影响农业生产的持续稳定发展。因此，必须合理利用并注意保护农业资源以保障农业的发展，对于开发利用农业自然资源的各种活动，必须加强监督管理。按照生态经济规律的要求，合理开发利用自然资源，并在开发利用过程中，保护好农业自然资源和农业环境，是促进农业生态系统良性循环、实现资源永续利用的关键所在。

②建立政府经济激励机制。

法律法规体系的建立和完善能够为农业循环经济的发展提供坚强有力的后盾支持，做到有法可依，有据可循；能够规范各行为主体之间的关系。"但法律法规并非循环制度安排的唯一内容，西方国家的循环经济实践表明，经济手段同样具有十分重要的作用。"农业循环经济必须遵循市场经济一般法则，其主体是企业和农户。"经济人"的天然属性要求经济行为必须有利可图，"事实上，无论是传统经济中企业的逐利行为造成的负外部性，还是实施循环经济后所形成的正外部性（生态环境效益），都可通过经济手段予以内部化。由于企业具有天然的'经济人'特性，使用经济激励可能比强制性制度获得更低的交易成本和更高的效率"。

（2）政府生态服务职能是引导农业循环经济的保障。

在我国现代政府范式系统中，生态服务型政府范式被视作服务型政府观念范式的具体表现形式，它是作为观念范式的"服务型政府"和作为操作范式的"生态型政府"相互嵌套和相互契合的产物。"而所谓生态型政府就是指以实现人与自然的自然性和谐为基本目标，将遵循自然生态规律和促进自然生态系统平衡作为其基本职能，并能够将这种目标与职能渗透与贯穿到政府制度、政府行为、政府能力和政府文化等诸方面之中去的政府。"因此，政府引导农业循环经济发展，政府本身应积极构建包括"生态服务型政府"内涵在内的服务型政府，完善政府生态服务职能。换句话说，政府生态服务的价值观念是政府生态服务实现的首要前提，也是政府生态服务实现的规则制度和操作理念及行为的内在灵魂。

换个角度来看，市场机制是农业循环经济运行的基础性制度机制，但农业循环经济并不是为经济而经济，它之所以优越于传统的农业经济发展方式，就在于其内含的生态价值导向。一方面是遵循市场经济的价值规律以使农业循环经济获得强大的生命力，而不至于仅仅停留在对改善环境的美好的想象方面；另一方面，存在于社会认可的经济价值背后的生态价值是农业循环经济发展模式的真正根基。正是如此才使得农业循环经济从短期的经济利益出发，又超越经济利益而兼顾子孙后代赖以生存的生态环境。这样，政府的生态服务职能在农业循环经济生态价值发挥过程中起到关键的主导作用：一是农业生态环境作为比较典型的公共物品，具有广泛的公共意义，明显体现出社会的整体利益、公共利益和长期利益，而作为其他个人与组织都不具比较性的公共代表性的政府就必须承担相应责任；二是农业生态环境问题本身存在一定的跨区域性，其他组织和个人的合法性与强制性以及宏观调控能力都无法和政府相比拟；三是生态公民社会的成长、企业生态责任感的增强还不足以取代政府在生态环境治理中的主导地位。相反，农业循环经济相关企业的生存成长、非政府生态组织的发育发展、公民的生态治理与意识、教育熏陶还需要现代政府发挥特有的培育、倡导和组织作用；四是我国大多数公民视政府为自己依靠的依赖性政治文化环境，更是需要政府在生态环境治理中居于主导地位和发挥主要作用。

（3）引导农民积极参与发展农业循环经济。

马克思主义认为，人是一切经济社会发展的主体。人的自由而全面发展，是人类社会发展的终极目标。建设社会主义新农村，人是第一资源，没有农民素质的现代化，就不可能有农业和农村的现代化。

①转变农民的思想观念，促进农业循环经济理念扩散，推广观念更新是发展农业循环经济的重要前提。

农民的思想意识和价值观直接影响着农业经济的发展。要转变农民传统、保守的思想观念，树立循环农业发展观念，增强广大农民实施循环农业的积极性和自觉性，为循环农业的实施提供强大的社会基础。因此，在农业教育、宣传中，要将转变其思想观念放在首位，应适时引导他们摒弃传统的小农意识，走出安于现状、不思进取的误区，自己融入发展市场经济和建设现代农业的大潮，使之感到只是经济时代已经到来，生产劳动不再是单纯的体力消耗，而是"技能＋体能""知识＋勤劳"的复合性支出。同时，使他们明白，随着日新月异的科技进步、突飞猛进的世界经济发展，唯有不断接受教育，积极学习，运用现代科技，才能跟得上社会发展的脚步。要加强对农民的宣传教育，增强农民的资源忧患意识和环保意识，普及循环经济知识，逐步培养起节约资源、保护环境的生产方式和生活方式。

发展循环农业，需要农业劳动者不断学习新知识、掌握新技能，这就要求农民群众树立"终身学习"的理念。当前，农村人力资源开发的一个重要任务是培养农民的学习习惯、再学习能力，培养学习型的农村社会、学习型家庭，让农民经常学习、科学劳作，增大劳动中的知识含量，通过学习指导日常工作，从而减少各种损失，提高效益。

农业循环经济是知识经济。农民群众要树立"知识致富"的理念。21世纪知识就是经济，谁拥有了知识，谁就拥有了财富。没有知识的土地是贫瘠的，农业人类资源开发，就是要让农民掌握知识、运用知识，耕耘土地、创造财富。开发农民的潜能，在生产中，变"体力劳动为主"为"脑力劳动为主"，运用各种工具辅助劳动，运用各种知识指导劳动，知识致富。

直接面向农民群众的基础领导干部在转变农民思想观念上具有表率作用。在农村现实生活中，一旦正确的政策路线确立后，干部队伍便起着关键性作用。他们直接影响着政策路线的正确实施。因此，转变落后的思想观念，首先要转变农村干部的思想观念。各级干部要以科学发展观为指导，辩证地认识知识经济增长与环境保护的关系，转变把增长简单等同于发展的观念。在发展思路上要彻底改变片面追求GDP增长而忽视资源和环境问题的倾向，树立资源意识和环保意识。要深刻认识发展农业循环经济对于落实科学发展、实现经济和社会可持续发展、全面建成小康社会的重要性、必要性和紧迫性，牢固树立农业循环经济的发展理念。

②继续加大农村人力资源开发投入力度。

"在同等条件下，一个具有较高人力资本的农民与土地、自己结合便能够产生更多的产品，创造更多的财富，进而更多地增加农民的收入。人力资本低，产出效率必然低，从而影响农民收入。"政府要加大对农村人力资源建设的投入，在经费上给予大力支持。要增加教育投资力度，继续提高国家财政的教育经费支出比重，使教育费用支持增长率高于国家财政支出增长率。鼓励社会增加教育投入，尤其是鼓励和宣传一部分富裕农民集资捐助教育，为农村教育筹集大量资金。提高个人、家庭对教育的投入。同时，政府为农民提供入学贷款、为大学生到农村创业提供融资、信贷等优惠。此外，政府也应加大对农村营业、卫生、医疗、保健等方面的资金投入，努力改善广大农村地区的自然条件、医疗卫生条件等，为农民身体素质的提高提供资金保证。

农民提高认识、转变观念、参与农业循环经济发展，需要的是信息的充分供给。政府应对现有农业信息传播体系进行集成整合，完善农业循环经济信息网络建设，提高网站质量，扩充信息量，让农民与时俱进；要加强信息标准化建设，构建智能化农村社区信息平台，促进循环农业信息资源共享和开发利用，全面、高效、快捷地为农民提供信息咨询服务；促进农村信息化进程，加快信息进村入户，把政府上网工程的重点放在村组两级，不断提高农村基层适应市场，把握农业、科技发展前沿动态的能力，增强其参与农业循环经济发展的积极性和自觉性。

③建立农民群众投身循环农业发展的激励机制。

农村广大农民群众的经济参与，是循环农业健康发展的重要保证。我国自20世纪80年代初推行家庭联产承包责任制以来，一些农村地区长期处于无人管的松散状态，农民各自为政，农业生产无序，水利、机耕路长期失修，农田高度分散得不到有效整治，农业资源得不到充分有效利用，农业生产环境出现恶化的现象，尤其在集体经济完全瓦解的贫困乡村。发展循环农业，号召农民加入循环农业生产，除依靠农民自身的觉悟及个体积极性以外，还必须通过农村社区、乡村集体及农民自己的合作组织，建立一套激励机制与规章制度，把农民群众吸引到循环经济发展道路上来。

一是建立村规民约，实行环境保护责任制，规范村民的生产生活行为，增强广大农民群众的生态意识，引导他们积肥还田，对生产生活废旧物品进行分类收集和处置，使人人养成良好的生产生活习惯，推进农村循环型社会形成。二是设立乡村社会收旧利废中心或回收站，对乡村居民的废弃物进行有偿回收利用。三是设立乡村社区循环农业技术服务社，推进循环农业技术入户，为村民提供循环技术利用辅导。四是在物质和精神上，对努力实践资源循环利用的村民进行激励，给予他们一定的生产、生活、养老、医疗、设施建设投入等补助。五是投资乡村基础设施建设，资助村民兴建沼气池、地头水柜及太阳能、风能、水能、地热等节能设施，科学进行改舍、改水、改厨、改厕，促进广大乡村居民充分利用人、财、物力资源以及时间、空间，建设新村，改变旧貌。

（4）完善农业循环经济技术推广服务体系。

农业循环经济科技推广体系对于农业新技术的大面积推广应用所起的作用是无可替代的，进一步推动循环农业科技进步，必须对农业技术推广服务体系进行优化，完善其农业技术推广功能，促进农业科技成果向农业生产力的转化。循环农业科技推广体系具有不可替代的公益性职能，承担着农业科技成果转化、实用技术推广应用、组织农业标准化生产、推动无公害及绿色食品发展、加强农业质量检验监测，以及开展农民素质培训等重要职能，是实施科技兴农战略的主要载体和推进农业技术成果产业化的基本力量。由政府建立一支履行公益职能的推广队伍，是我国循环农业技术成果产业化的客观需求，也是各国农业发展的共同经验。因此应首先强化政府事业单位作为循环农业技术推广主体的作用，在此基础上建立健全由科研部门、高等院校、科技企业、农民合作组织、科技示范户等多个主体共同构筑的多元化农业科技推广网络体系。

（二）农业的产业化经营

农业产业化经营实质就是利用现代科技改造传统自给自足的小农业，用管理现代工业的办法组织现代农业的生产和经营。农业产业化经营必须是以家庭联产承包责任制为依据，以农户为基础；以国内外市场为指向标，运用市场自有机制调节农业生产；以经济效益为中心，不仅是提高农业产业化经营组织的经济效益，更要带动农户的经济增长，通过规模化经营，使双方都获得规模经济；依靠龙头企业或中介组织的带动作用，将农业再生产过程中的产前、产中、产后诸环节形成一条产业链，建立一个"利益共享，风险共担"的完整农业产业经营体系的农业产业组织形式和经营方式。

1. 农业产业化经营的兴起

（1）农业产业化经营是社会主义市场经济发展的必然产物。

第一，农业生产向广度、深度发展，必然要求优化农业资源配置，提高农业生产要素的利用率。优化资源配置，就是在工农业之间、地区之间、农业主体之间配置有限的资源。配置得好，农业生产效率就高，生产发展就快；反之，效率就低，发展就慢。农业产业化就是遵循市场经济规律，以国内外市场为导向，利用深层机制优化配置资源，最大限度地发挥农业资源的效力。

第二，农业产业化经营就是在经济价值规律的作用下，合理配置城乡资源，促进深层要素的优化组合，从而通过产业统筹，推进城乡经济社会统筹协调发展，推进农村城镇化进程。产业链各主体之间合理利用各种资源，节约人力、财力，是提高资源利用率和劳动生产率的有效途径。

第三，农业专业化分工需要进行农业产业结构调整，进而推进农业产业化经营的形成。在市场经济体制下，农业企业要对投资的最终效果负责，这就迫使决策者必须深入市场调查，密切注视市场动态，根据市场需要来决定投资的方向和规模。作为宏观管理者的政府，也是根据市场供求关系变化的信息来制定调控政策和措施，使调整的决策与实际市场相吻合，以有效地减少和避免产业发展的盲目性，使农业产业结构基本上能保持动态的协调平衡，从而推进农业内部专业化生产的提高，推进农业产业化经营的发展。

第四，农业向现代化迈进，呼吁组织制度创新。社会生产力的发展和进步客观上要求社会生产方式的不断调整和变化，农业产业化经营是适应市场经济发展要求的农业生产经营组织形式和制度的进步，是社会生产力和生产关系矛盾运动的必然结果。

（2）农业产业化经营是产业发展的必然趋势。

经济发展的重要前提是产业结构优化，而产业结构优化需要具备两个基础条件，一是产业结构优化设置应适应其自身演进规律，二是产业结构优化调整应以其自身变化趋势为基础。产业结构从低级到高级演化是特定条件下存在的一种必然趋势。

长期以来，农业之所以属于弱势产业，是因为农业仅限于从事初级产品生产；滞留隐患性失业即剩余劳动力过多。农业产业化经营通过发展集约高效的种养业、农产品加工业和运销业，延伸和扩展产业链，可以吸纳相当多的农村劳动力就业，创造价值，增大农产品附加值。同时，城市里的农产品加工业及其他劳动密集型产业向农村转移，为农村发展第二、第三产业提供更多机会。乡镇企业以着重发展农产品加工业和运销业为战略方向，适当集中，并与小城镇建设结合，从而形成众多强有力的经济增长点，转移更多的农业劳动力。在相同条件下，农业占用劳动力越少，农业劳动生产率就越高，这是现代农业发展的一般规律。现代科学技术广泛运用于一体化系统再生产的全过程，使农业生产率增长超过工业生产率的增长，大大提高了农业的比较效益，为农业由弱势产业向强势产业转变创造广阔的空间和前景。各地先行者取得的良好绩效证明，农业产业化经营是高效益的，农业可以转变为强势产业。产业发展理论给农业产业化经营发展提供的理论依据是：农业产业化经营是推进农业由低级向高级进步的重要手段，产业的发展规律要求农业产业化经营必须站在现代经济的角度发展农业。

（3）农业产业化经营是农村改革与发展中矛盾冲突的必然结果。

由于农业产业化经营发端于农产品"卖难"，根源在于农产品流通体制。所以，分析农业产业化经营要从农产品流通体制剖析入手。

自中华人民共和国成立以来，我国的农产品经过短短几年的自由购销形式之后，政府相继提出统购统销、合同派购、议价收购等政策。实际上，在中华人民共和国成立以后很长时间内，国家一直把统购、议购、派购作为农产品收购的基本形式，再加上国家统一销售、调配农产品，这就形成了传统农产品的产销形式。

这种高度集权的农产品购销政策是国家在特殊的历史背景下采取的特殊政策，对于国家掌握必要的物资、稳定市场物价，保证人民生活的基本需要和进行社会主义建设都发挥了重要的积极作用。但由于这种购销体制违反了自愿原则和等价交换原则，暴露出对农民和经营者统得过死等弊端，不利于发挥他们的主观能动性，严重剥夺了农民利益。

农村普遍推行家庭联产承包责任制，重建了农户经济，确立了农户作为农村市场经济主体的地位。这极大地解放了农村生产力，使中国农业实现了巨大的飞跃。同时，农产品统派购制度已缺乏存在的基础，成为约束农村经济发展的一个因素。购销体制改革成为国家的必然选择。但随之也发现了新的问题与农村经济市场化程度的提高、农产品消费市场的扩大及农户生产组织的日趋健全和稳定相对照，农产品流通主体结构的改革还是大大滞后于生产经营制度的变革和消费结构的转换，也滞后于商品流通体制中价格体制和购销体制等方面的改革。这种滞后性突出表现在两个方面：一是千家万户分散的小生产和越来越连通一气的大市场之间的矛盾，真正能代表农民利益，把农户和市场连接在一起的流通中介组织严重不足，在很大程度上是农民自己去销售自己的农产品。再者，由于传统农业以追求高产为目标，对农产品的市场需求及与此相联系的产品质量和经济效益考虑不够，再加上农作物集中产出与均衡消费的内在矛盾，随着农产品供给形势的好转和社会需求结构的变化，农产品的产销矛盾变得日益突出。农户面对瞬息万变的市场，始终无法摆脱"买难""卖难"的交替困扰。二是农业的生产率和比较效益都较低，使农业在整个市场竞争中处于弱势地位。集中表现在农业生产方式落后，对农业的资金、技术投入不足，农产品科技含量低，多数农产品还处于卖原料阶段，加工增值利润外溢，产业链条短，难以形成专业化生产，农业增产不增收，阻碍着我国农业和农村经济整体继续向前推进。

为有效解决上述滞后性问题，必须有一种符合社会主义市场经济要求的能够整体推进农业和农村经济改革与发展的思路。一方面，为了增强农户抵御自然和市场双重风险的能力，除对原有的流通系统进行改造重组、打破其封闭性、增强开放程度外，还必须培育新的流通组织，把分散的家庭经营与集中的市场需求有机联系起来，引导、组织和带动农户进入市场，帮助农户克服自然风险和市场风险，促进小生产向社会化生产转变。另一方面，还必须创造一种崭新的经营方式，把分散的小规模生产与健全的社会化服务结合起来，以形成不改变家庭经营格局的规模经营和规模效益；把传统的生产方式与现代的科学技术融合起来，以加速农业现代化进程；把农产品生产与农产品加工、运销联结起来，提高农业的综合效益，增加农民收入。在这样的背景下，农业产业化经营应运而生，它是我国农村的又一个伟大创举，在农业生产、流通、增产、增收等方面发挥了巨大的作用。

2. 农业产业化经营存在的主要问题

从总体上看，我国农业产业化经营还处于初期阶段，制约农业产业化发展的因素还不少，主要表现在以下五个方面：

（1）龙头组织整体竞争力不强。

一是规模小，竞争力不强。目前，我国农业产业化经营组织中销售收入500万元以下的占40%左右。全国7.2万个龙头企业年销售收入总额还不及世界前两家农产品加工企业菲利普·莫利斯公司和雀巢的年销售收入之和。二是加工率低，粗加工多，精深加工少，项目单一、趋同，低水平重复建设，农业产业链条短，农产品加工率不到发达国家的50%。三是农产品加工增值少。发达国家农产品加工业产值与农业产值比重为3∶1，我国为0.8∶1。四是装备落后。我国农产品加工企业的技术装备水平80%处于20世纪80年代的世界平均水平，15%左右处于20世纪90年代水平，只有5%达到了国际先进水平。五是龙头企业实力弱，牵引力不强，辐射带动面小，尚有63%的农户未参与农业产业化经营。

（2）参与农业产业化经营的程度低。

全国还有近三分之二的农户未能通过参与农业产业化经营增加收入。农民专业合作经济组织发展缓慢，聚合效应差，中介桥梁作用没有很好发挥。目前加入各类合作组织的农户不到全国农户总数的5%，且其中有50%以上的农民专业合作经济组织是没有产权关系的松散型自我技术服务性团体，难以适应市场经济发展的经济全球化趋势。

（3）运行机制不完善。

在农业产业化经营组织系统内，管理不规范，相当多的龙头企业产权关系不明晰，龙头企业中一股独大十分普遍。龙头企业与农户的利益机制不健全，利益分配不合理，多数农户仍只享有出售原料的收入，而未享受农产品加工增值的利润，背信弃义的毁约现象时有发生。企业直接面对小规模分散经营的众多农户力不从心，而千家万户农民与企业合作常常处于不利的交易地位。

（4）政府扶持力度不够。

农业产业化经营是关系到农村经济能否大发展的一场革命，它既是一个农村社会生产力配置和布局问题，又是一个农村经济的组织形式问题；既涉及生产力，又涉及生产关系。农业产业化经营组织是相对较小的产业组织，要求打破地域、行业、所有制界限，对农村生产力配置进行重新组合和优化配置，这样大的一个系统工程，没有政府的正确引导和有力扶持是难以壮大的。政府对农业产业化经营的支持力度不够，特别是财政、金融方面的支持不大，对农业产业化经营组织的指导方式不适应市场经济的要求，在工作指导和服务上还存在部门分割、地域分割、管理体制不顺等问题。有的地方仅仅把农业产业化经营作为一种时髦口号停留在口头上，没有切实制定出扶持措施。有的地方甚至还人为夸大业绩，采取"一条龙""拉郎配""一刀切"的方式进行改革。有的政府机构干预农业产业化经营组织的具体生产经营活动，为了政绩而盲目决策。这些做法严重损害了企业、农户的利益，使生产要素得不到优化配置，对农业产业化经营的发展造成了负面影响。

（5）农业产业化经营人才短缺。

科学技术是第一生产力，科教兴农是我国实现农业现代化的根本途径和最佳选择，也是农业产业化经营的又一重要支撑。农业产业化经营是由传统农业向现代化农业转变、粗放经营向集约经营转变的重要组织形式，它的每一步发展都离不开科技进步和教育的支撑，而要使科学技术转化为生产力，使科研成果得以尽快推广，都离不开高素质人才。而我国目前农民素质状况却影响了科技进步的步伐。我国农业劳动力中，大专以上文化程度的仅占 0.05%，高中毕业的占 4.45%，初中毕业的占 28.15%，文盲半文盲高达 22.25%。这一状况使我国农业先进技术推广受到很大制约，主要表现为重大科技成果转化率低、农业生产经营呈粗放型增长、农产品品质差、竞争力弱等。

第三节　农产品配送运输

一、配送与运输

（一）配送与运输的概念

1. 配送

配送是指在经济合理区域范围内，根据用户要求，对物品进行拣选、加工、包装、分割、组配等作业，并按时送达指定地点的物流活动。

2. 运输

运输是指用专用设备和工具，将物品从一地点向另一地点运送的物流活动。其中包括集货、分配、搬运、中转、装入、卸下、分散等一系列操作。

（二）配送与运输的联系和区别

从物流来讲，配送几乎囊括了所有的物流功能要素，是物流的一个缩影或在某个小范围中物流全部活动的体现。一般的配送集装卸、包装、保管、运输于一体，通过这一系列活动完成将货物送达的目的。特殊的配送还要以加工活动为支撑，所以涵盖的内容更广。但是，配送的主体活动与一般物流却有所不同，一般物流是运输及保管，而配送则是运输及分拣配货，分拣配货是配送的独特要求，也是配送中有特点的活动，以送货为目的的运输则是最后实现配送的主要手段。从这一主要手段出发，常常将配送简化地看成是运输的一种。

二、农产品配送

（一）农产品配送的概念

农产品配送是指按照农产品消费者的需求，在农产品配送中心、农产品批发市场、连锁超市或其他农产品集散地进行加工、整理、分类、配货、配装和末端运输等一系列活动，最后将农产品交给消费者的过程。其外延主要包括农产品供应商配送和超市连锁配送。

（二）农产品配送的特点

由于农产品本身具有鲜活性、生产区域性、季节性、消费普遍性和分散性等特点，所以农产品的配送对运输的技术要求更高、装卸需要多次及运输不均衡等，具体表现在以下几个方面。

1. 农产品配送网点分布众多

农业生产点多面广，消费农产品的地点也很分散，因此农产品运输和装卸比多数工业品要复杂得多，单位产品运输的社会劳动消耗大。由于城市交通的限制和用户的需求，农业企业不得不在距离用户较近的居民区设置大量的配送点。

2. 农产品流通配送的区域性

农产品生产具有区域性，而人们的需求是多样性的，因此需要在不同区域间进行流通交易。但是有些农产品鲜活易腐，即便采取了保鲜等措施，仍会有一定比例的损耗，而且比例会随时间和距离加大而迅速增加，使流通成本快速上升，限制农产品的流通周期，这一点显然有别于常温物流的配送运作方式。

3. 农产品物流配送的相对风险较大

农产品物流配送风险主要来自三个方面：一是农产品生产和消费的分散性，使得经营者难以取得垄断地位，市场信息分散，人们难以全面把握市场供求信息及竞争者和合作者的信息；二是农业生产的季节性强，生鲜农产品上市时如果在短时间内难以调节，会使市场价格波动较大，这种情况在中国农产品流通市场上经常出现；三是以鲜活形式为主的农产品，多数易损易腐，必须根据它们的物理性质和化学性质安排合适的运输工具。

（三）农产品配送的模式

1. 直销型配送模式

直销型配送模式是最原始和最初级的物流模式，由农户或农产品基地自行配送，将农产品送到批发市场或用户手中。该模式能更好地满足时间和空间要求，保持农产品的新鲜度，提高配送服务效率，适用于流通范围较小、流通数量较少的状况，但同时生产者必须独自负担销售、促销、运输、仓储等成本，高成本低回报致使生产者无法独自承担，必须通过专业物流平台或第三方物流企业来完成所需的物流职能，所以这种模式已经不能适应经济社会发展的需要。

2. 契约型配送模式

契约型配送模式是指公司与农户或合作社之间通过契约形式加以联结，农户提供农产品，由合作社或加工企业负责进入市场。这种模式有四种形式：一是"农户＋运销企业"模式；二是"农户＋加工企业"模式；三是"公司＋农户＋保险"模式；四是"公司＋合作社"模式。该模式的优势在于有助于加工企业、大型连锁超市和农贸市场的批发商克服原料来源不稳定的问题，提高了资源控制能力和生产稳定性；为农户销售产品找到了相对稳定的渠道；提高了对产品质量的控制力度。但是这种模式也存在一些弊病，如农户在同企业的谈判中始终处于弱势地位，农民利益容易受到侵害；企业直接面对分散的农户，市场交易费用仍然很高，配送成本居高不下；公司或企业与农户之间的利益联结关系非常松散，常常会出现违约现象。

3. 联盟型配送模式

联盟型配送模式的主导者是农产品批发市场，参与者是农产品生产者、批发商、零售商、运输商、加工保鲜企业等，通过利益联结和优势互补形成了战略联盟。该模式能够带动各方参与；降低了龙头企业直接面对农民的交易成本；为物流主体建立了公共交易平台，使交易双方具有更多的选择性，提高了农民的谈判地位。但由于这种模式处在一个战略联盟下，随着交易量的扩大，管理效率比较低，中间批发商仍然会对直接生产者和消费者进行信息封锁。

4. 第三方物流配送模式

第三方物流（3PL）是由相对于第一方发货人和第二方收货人而言的第

三方专业企业来承担企业物流活动的一种物流形态。它通过与第一方或第二方的合作来提供专业化的物流服务，不拥有商品，不参与商品买卖，而是为顾客提供以合同约束和结盟为基础的系列化、个性化、信息化的物流代理服务。该模式高效、迅捷，可保障流通渠道的畅通；有效降低成本，增加经济收益；能在更大程度上保证生鲜农产品质量；提高生鲜农产品的附加值。近年来，更多的国际大型农产品销售商尝试立足主业经营，逐步将本企业的物流配送业务委托给社会上专业化的物流配送企业，这种发展趋势越来越明显。

5. 共同配送模式

共同配送（或称协同配送）模式是由多个企业联合组织实施的配送活动，其目的是提高农产品配送的效率，核心在于充实和强化配送功能。共同配送主体既可以是作为物流需求方的生产商、批发商和零售商，如多家农户、农产品基地、农业供销合作社或农产品配送中心共同组成的新公司，也可以是作为物流服务供应方的运输企业和仓库企业，如我国农产品配送的主要模式之一的合作社配送模式，在现阶段就已经引入了共同配送、第三方配送等现代配送模式，并在有些地区建立了农产品加工配送中心。共同配送可以提高配送效率、降低配送成本，但是共同配送管理难度大，易造成物流设施费用及其管理成本增加，或因服务要求不一致而导致服务水准下降。

6. 综合配送模式

农产品综合配送模式亦称集团配送模式、互用配送模式，是指以一定方式聚合专业流通企业组成流通集团，集中对大中型生产企业实施定点、定时、定量供货的配送形式和以商贸集团及所有大型加工中心为媒介，在生产企业集团互相之间供货、送货的运作模式。

（四）农产品配送的形式

基于农产品的最终配送效果，按配送的时间和数量，可分为以下几种形式。

1. 定时配送

定时配送即按规定时间和时间间隔进行配送。定时配送的时间由配送的供给与需求双方通过协议确认。每次配送的品种及数量可预先在协议中确定，实行计划配送也可以在配送之前以商定的联络方式通知配送品种及数量。定时配送又分为以下方式：

（1）日配。

接到订货通知之后，在24小时之内将货物送达的配送方式。一般而言，日配的时间要求大体上是，上午的配送订货下午送达，下午的配送订货第二天早上送达。

（2）准时配送。

准时配送是按照对方的协议时间，准时将货物配送到用户的一种方式。这种方式和时配、日配的主要区别在于时配、日配是向社会普遍承诺的配送服务方式，针对社会上不确定的、随机性的需求，准时方式则是两方面协议，往往是根据用户的生产节奏，按指定的时间将货送达。这种方式比日配方式更为精密，利用这种方式，连"暂存"的微量库存也可以取消，能够绝对实现零库存。

（3）快递方式。

快递方式是一种快速送达服务的配送方式。快递方式能在较短时间内实现送达的服务，但不明确送达的具体时间。在农产品快递服务中，必须注意时间问题，这种方式比较少，所以一般用作向社会广泛服务的方式。

2. 定量配送

定量配送按事先协议规定的数量进行配送。这种方式数量固定，备货工作有较强的计划性，比较容易管理。定量配送有利于配送供给企业的科学管理，有利于人力、装卸机具、储存设施的配备。

3. 定时定量配送

定时定量配送按照规定的配送时间和数量进行配送。比如农产品配送中心对一些超市，每天定时定量进行农产品配送。

4. 定时定路线配送

在规定的运行路线上，制定配送车辆到达的时间表，按运行时间表进行配送，可以按照配送企业规定的路线及规定的时间选择这种配送服务，并按指定时间到指定地点接货，一般大型连锁集团针对连锁超市实行此种方式。

5. 应急配送

应急配送是完全按用户突然提出的配送要求随即进行配送，是对各种配送服务进行补充和完善的一种配送方式，主要应对用户由于事故、灾害、生产计划的突然变化等因素所产生的突发性需求，也应对一般消费者经常出现的突发性需求，如我国 2008 年奥运会期间农产品应急配送，这种配送服务的实际成本很高，难以用作经常性的服务方式。

三、农产品运输

（一）农产品运输的概念

农产品运输是指利用专用的设备和工具，以最低时间、财务和环境资源成本，将农产品从一个地点运送到另一个地点的物流活动。

（二）农产品运输的特点

农产品运输可以分为两大类：一是大宗农产品运输；二是生鲜农产品运输。这两种农产品在运输上具有各自的特点。

1. 大宗农产品运输的特点

（1）运输挑战大。因为大宗农产品的生产具有明显的季节性，如大米、玉米等，但所提供的运力却具有一定的刚性，这就容易造成运输需求和供给之间的不平衡。有时供过于求，造成运力的浪费，有时供不应求，造成运力紧张的局面，所以对大宗农产品运输的挑战更大。

（2）保管要求高。由于大宗农产品水分含量比较高，运输过程中要注意通风工作，避免形成水珠，致使货物遭受水渍。然而大宗农产品又怕受潮，也要加强运输过程中的密封工作，避免运输过程中遭受雨淋，从而导致货物受损，所以大宗农产品的运输要求非常严格的管理作业。

（3）协调能力强。大宗农产品先由农户收割，通过分散运输达到农产品归仓，再把分散在各家各户的农产品集中在一起进行集中运输，最后则通过分散运输把农产品输送给各个消费者，整个过程对运输的协调工作提出了挑战。如果运输之间协调不得当，就会大大提高运输成本，降低市场竞争力，所以大宗农产品的运输要求各环节协调能力更强。

2. 生鲜农产品运输的特点

（1）需要先进的农产品保鲜和加工技术支持。"新鲜"是生鲜农产品的价值所在，由于其自然特性，如含水量高、保鲜期短、受气候影响大、极易腐烂变质，增加了运输成本，降低了销售的竞争力，所以保鲜技术和加工能力是农产品运输质量的关键所在。

（2）运输时间要求短。生鲜农产品进入销售程序后，保质时间比较短，这就要求生鲜农产品尽快进入消费状态，尽可能使生鲜农产品生产和消费空间距离缩短。在运输过程中，对环境进行不间断的监测，使生鲜农产品处于适宜的环境之中，比如生鲜农产品所处的温度、湿度等。

（3）实行绿色通道。对生鲜农产品最好先确定进入消费环节的渠道，然后组织运输，在运输过程中实行绿色通道，在运输之前或之后再去完成过程中的各种手续，这样就能大大减少运输时间，降低运输过程中的损耗，为农产品的销售创造有利条件。

（三）运输对农产品质量的影响

1. 物理损伤

在运输中，农产品遭受物理损伤对质量影响很大，造成物理损伤的主要原因是不良操作、超载、堆垛安排不当等。

（1）不良操作。

由于目前我国绝大多数农产品运输中的装卸仍然依靠人力，不良操作容易导致农产品受伤而引起腐烂。长期以来，不良操作是导致农产品质量损伤的一个主要因素，虽然使用包装对缓解农产品遭受物理损伤的程度起很大作用，但是仍然不能防止运输中不良操作带来的影响。

（2）超载。

超载是指农产品堆码过高使货堆底部压力过大的状况。运输途中的晃动会使这些压力增大，使包装部分或全部受到损坏，加大商品损失。载货的安全高度要由包装物强度来确定，当农产品出现过度挤压受损的情况时，必须加强包装强度和减少载货高度。超载一直是一个普遍存在的问题，运输业务人员往往想在一辆车上尽量多装，以便从一批货物中获得更多的经济效益，同时在装卸或运输过程中，运输人员站在或坐在包装产品上也会产生类似超载造成的损伤，这类情况都需要竭力制止。

（3）堆垛不当。

运输中码货的安排也是十分重要的，即便货物没有超载，也必须小心地将一车农产品有序地堆好、码好，垛码不能超出车边缘。各包装之间要靠紧，避免运输途中太大的晃动，并且要放满整个车的底部，使下层的包装承担上层整个包装件的重量，以保证货物的静压分布均匀。一般长方形的容器比较好，形状不规则的容器，如竹筐、荆条筐，要堆放成理想的格式就困难得多。

2. 失水

农产品保鲜在很大程度上可以说是保持水分。农产品在运输期间发生失水现象是不可避免的，因呼吸代谢要消耗部分水分，由于种种原因造成的水分蒸发是农产品水分损失的主要方面。一般农产品失水超过5%，就会明显萎蔫，会损失销售数量。控制失水的主要方法：一是运输中减少空气在农产品周围的流动；二是运输中加强农产品的湿度控制；三是一定要有合适的包装，包装对水蒸气的渗透性及封装的密集度决定包装降低失水速率的程度。

3. 聚热

由于农产品的组织柔嫩，酶系活性较强，含有大量的水分和可溶性的成分，在采收后较长距离的运输中，具有较强的呼吸作用，呼吸产生热量，在运输中易发生聚热现象。特别是在外界温度较高的情况下和呼吸强度较高的叶菜类中，这个问题尤为严重。解决聚热问题一般采用加冰或制冷的办法，对于尚无制冷设备的运输车辆，防止聚热产生的主要方法是加强通风，在堆放包装件时，使各包装之间空气可以自由流动，利用运输工具行驶时产生的空气流动，使空气流过货堆甚至流过包装件内部。

（四）农产品运输的基本要求

农产品与其他商品相比，运输要求较为严格。我国地域辽阔，自然条件复杂，在运输过程中，气候变化难以预料，加之交通设备和运输工具与发达国家相比还有很大差距，因此必须严格管理，根据农产品的生物学特性，尽可能满足农产品在运输过程中所需要的条件，才能确保运输安全，减少损失。

1. 快装快运

由于农产品保鲜期短等特点，所以运输中的各个环节一定要快，保证农产品迅速到达目的地。

2. 轻装轻卸

合理的装卸直接关系到农产品运输的质量，装卸过程中一定要做到轻装轻卸，避免因装卸造成的农产品破损。

3. 防热防冻

温度过高或过低、波动频繁或过大都对农产品保持质量不利。现代很多交通工具都配备了调温装置，对于无这类装置的运输工具，必须重视利用自然条件和人工管理来防热防冻。遮盖是普通的处理方法，能一定程度避免日晒雨淋，但要注意根据不同的环境条件采用不同的措施。

（五）农产品运输的方式

1. 公路运输

公路运输是我国最重要和最常用的短途运输方式。虽然存在成本高、运量小、耗能大等缺点，但其灵活性强、速度快、适应地区广。公路运输的主要工具有各种大小车辆、汽车、拖拉机等。随着高速公路的建成，高速冷藏集装箱运输将成为今后公路运输的主流。

2. 水路运输

利用各种轮船进行水路运输具有运输量大、成本低、行驶平稳等优点，尤其海运是最便宜的运输方式。但其受自然条件限制较大，运输的连续性差、速度慢，因此水路运输农产品的种类受到限制。发展冷藏船运输农产品，是我国水路运输的发展方向。

3. 空运

空运的最大特点是速度快，但装载量小，运费昂贵，适于运输特供高档农产品。由于空运的时间短，在数小时的航程中常无须使用制冷装置，只要农产品在装机前预冷至一定温度，并采取一定的保温措施即可取得满意的效果。在较长时间的飞行中，一般用干冰做冷却剂，因干冰装置简单、质量轻、不易出故障，十分适合航空运输的要求。

4. 铁路运输

铁路运输具有运输量大、速度快、运输震动小、运费较低（运费高于水运，低于陆运）、连续性强等优点，适合长途运输，其缺点是机动性能差。

（六）农产品运输的工具

公路运输工具有普通运货卡车、冷藏汽车、冷藏拖车和平板冷藏拖车等。水路运输工具用于短途转运或销售的一般为木船、小艇、拖驳和帆船，远途运输则用大型船舶、远洋货轮等。铁路运输工具有普通篷车、通风隔热车、加冰冷藏车、冷冻板、冷藏车等。集装箱有冷藏集装箱和气调集装箱。下面重点介绍几种运输工具。

1. 普通篷车

在我国新鲜农产品运输中普通篷货车仍为重要的运输工具。车厢内没有温度调节控制设备，受自然气温的影响大。车厢内的温度和湿度通过通风、草帘棉毯覆盖、炉温加热、夹冰等措施调节，但这些方法难以达到理想的温度，常导致农产品腐烂损失严重，损失率随着运程的延长而增加。

2. 通风隔热车

　　隔热车是一种仅具有隔热功能的车体，车内无任何制冷设备和加温设备，主要依靠隔热性能良好的车体的保温作用来减少车内外的热交换，以保证货物温度的波动不超过允许的范围。这种车辆具有投资少、造价低、耗能少和节省运输费等优点。

　　3. 冷藏车

　　冷藏车的特点是车体隔热、密封性好，车内有冷却装置，在温热季节能在车内保持比外界气温低的温度，在寒季还可以用于不加冷的保温运送或加温运送，在车内保持比外界高的温度。目前我国的冷藏车有加冰冷藏车、机械冷藏车和冷冻板冷藏车等。

　　4. 集装箱

　　集装箱是当今世界上发展非常迅速的一种运输工具，既能节省人力、时间，又能保证产品质量。集装箱突出的特点是抗压强度大，可以长期反复使用；便于机械化装卸，货物周转迅速；能创造良好的储运条件，保护产品不受伤害。

第四章　农业经济核算

农业经济对人的生活有着重要的影响，因此农业经济核算也逐渐被人们所了解。基于此，本章对农业经济核算展开讲述。

第一节　农业中的成本与效益

一、农业成本效益的基本范畴

（一）农业生产总成本

农业生产总成本是反映一个地区或一个部门农业生产综合效益的指标，是农业企业或单位为生产一定种类和数量的产品，或提供劳务所发生的各项生产费用。产品成本是会计核算的核心内容，搞好成本核算，对于加强成本管理、提高经济效益具有重要意义。

（二）单位农产品成本

单位农产品成本即生产单位农产品所发生的各项费用，也是农业生产总成本与产品产量之比。其计算公式如下：

单位农产品成本=农产品总成本÷农产品数量

可见，单位农产品成本的高低取决于农产品总成本与农产品总产量两个因素，与总成本成正比，与总产量成反比。

单位农产品成本能反映增产与节约两方面的经济效果，是考核产品成本水平的重要指标。

（三）个别成本

农产品的个别成本是指个别农业企业或基本核算单位的产品成本，反映的是个别企业或单位生产某种农产品所耗费的物化劳动和活劳动总量。计算个别成本并对个别成本及其构成进行动态分析，可以找出成本升降的原因，有利于改善经营管理或采取相应的经济技术措施，促进增产增收。

（四）社会成本

农产品的社会成本是指一个经济区域的社会水平的成本，反映的是该区域内生产某种农产品所耗费的物化劳动和活劳动的社会必要水平，通过个别成本和社会成本的对比，可以找出个别农业企业或基本核算单位在成本管理方面的差距。

（五）效益

效益即效果和利益，它有经济效益与社会效益、微观效益与宏观效益、技术经济效益与社会经济效益、生态效益与综合效益之分。

经济效益是指劳动占用与消耗量同劳动成果的比较，即投入同产出的比较。社会主义生产的目的，是要保证最大限度地满足社会及其成员日益增长的物质和文化的需要。因此，讲经济效益就是要以尽量少的活劳动消耗和物质消耗，生产出更多符合社会需要的产品。

（六）成本效益

成本效益是指一定量的成本所带来的经济效益和利益。它能反映出计入产品成本的费用与产品所带来的效益的关系。

二、农业生产成本分析

成本分析是根据有关成本的各种资料，运用专门的方法，对影响成本变动的各因素及其影响程度进行的分析。通过成本分析，可以了解成本升降的情况，认识和掌握成本变动的规律，加强成本管理；可以对成本计划的执行情况进行有效控制，对执行结果进行评价；可以为编制成本计划和经营决策提供依据，也可为将来成本管理工作指明努力的方向。

成本分析的主要目的是改进企业的经营管理，节约生产耗费，降低成本，提高经济效益。成本分析分为成本预测分析、成本控制分析和成本总结分析三种。这三种分析是在不同时段进行的，分别属于事前、事中和事后分析。

（一）成本预测分析

成本预测分析是指在编制成本计划前，对成本的变动趋势进行预测，然后再根据预测的资料编制成本计划。成本预测最简单的方法是高低点法，现介绍如下：

高低点法就是从企业历史的成本资料中，找出产量和总成本最高的年份（高点）和最低的年份（低点），计算产量和成本的差异数，然后运用直线公式进行预测。总成本可用下列公式来表示：

$$y=a+bx$$

式中：y——总成本；

a——固定成本；

b——单位变动成本；

x——总产量。

$$b=\frac{\Delta y}{\Delta x}$$

将 b 值代入 $y=a+bx$，求出 a 值，再把 a、b 值代入 $y=a+bx$ 公式，即可预测出任何计划总产量的对应总成本。

（二）生产过程中的成本控制分析

生产过程中的成本控制分析就是对生产过程中的物化劳动消耗和活劳动消耗加以控制，经常检查成本计划的执行情况，分析成本变动的原因。其主要分析方法是成本差异分析，其分析根据以下公式进行：

$$价格差异=（实际价格-标准价格）\times 实际数量$$

或

$$价格差异=材料价格差异+单位报酬差异+单位间接费用差异$$

$$数量差异=（实际数量-标准数量）\times 标准价格$$

或

$$价格差异=材料耗用数量差异+人工效率差异+间接费用效率差异$$

$$总成本差异=价格差异+数量差异$$

通过计算可以发现是否存在差异，若有差异，分析是有利差异还是不利差异。对有利差异要使其继续发展，对不利差异应及时采取措施消除，使成本控制计划顺利完成。

三、农业经济效益

农业经济效益是农业生产和再生产过程中劳动消耗和劳动占用与有用劳动成果的比较，也可以说是农业生产和再生产过程中投入与产出的比较。农业经济活动最终的目的就是要通过各种农业生产要素的投入和农业生产力的合理组织，获取更多的农业成果和更高的经济效益。如果以等量投入获得了较以前更多的产出，或是等量产出，所需投入较以前减少，都可以说是经济效益提高了。农业经济效益可以用绝对数表示，也可以用相对数表示，表达式如下：

$$经济效益 = 产出 - 投入$$

或

$$经济效益 = 产出 \div 投入$$

指标值大，说明经济效益好；指标值小，说明经济效益差。但这种指标值的大小都不是绝对的，而是相对的。只有同原来的基础进行横向或纵向的比较，才能判断经济效益是否提高。指标值比原来大，是正效益，说明经济效益提高了；指标值比原来小，是负效益，说明经济效益降低了。在农业生产中，正效益和负效益可以互相转化。农业中有些新技术、新措施，在开始时可能是正效益，但经过一段时间后，它可能出现负效益；也有时相反，即在新技术、新措施刚被采用时是负效益,但经过一段时间后,可能出现正效益。

农业经济效益的制约因素主要有自然环境、科学技术、农业投入、农业生产结构和农业经营规模五个方面。

(一)自然环境

农业生产过程是自然再生产过程和经济再生产过程相交织的过程。农业生产的对象是有生命的生物,生物生长同自然环境有着十分密切的关系。自然环境适合生物的生长,农业产量就高,农业经济效益就好;自然环境不适合生物生长,农业产量就低,农业经济效益就差。

(二)科学技术

科学技术是第一生产力,农业经济中科技含量的高低决定着农业经济效益的好坏。劳动者将科学技术运用于生产过程,作用于劳动资料和劳动对象,就会大大提高劳动生产率,提高产品的质量和产量,最终节省单位农产品的投入或增加单位投入的产出。特别是劳动者科学知识的增长、技术水平的提高、生产经营能力的增强,对合理利用自然经济资源、确定合理的生产要素组合、适度的经营规模和投资规模等起着决定性的作用。

(三)农业投入

农业投入是影响农业生产经济效益的主观因素。在农业生产中,增加任何一种投入都可以使产量得到提高,应该加大农业投入,但我们又不能一味地增加农业投入。在其他投入不变的情况下,连续追加某一种投入的数量会导致边际报酬递减。追加投入可以增加收益,但也会增加成本,如果因追加投入而增加的单位成本小于因追加投入而增加的单位收益,说明产生了正效益;如果因追加投入而增加的单位成本大于因追加投入而增加的单位收益,说明产生了负效益。在实践中,应根据边际收益递减规律,使投入掌握在一定的限度内,保证投入后能真正提高经济效益。

（四）农业生产结构

农业生产结构对农业生产经济效益的影响有两面性，合理的农业生产结构能对农业生产经济效益产生正面影响，农业生产结构不合理将给农业生产经济效益带来负面影响。合理的农业生产结构，一方面，能够合理利用当地的自然资源和经济资源，充分发挥当地的资源优势，提高农业生产的转化效率，最终提高经济效益；另一方面，能够保持各种农产品供给和需求的平衡状态，也能稳定农产品的价格，使农业增产增收，还可以避免因农业生产的大幅度波动造成的损失，从而提高农业生产的经济效益。因此，应适时调整农业生产结构，使其处于相对合理的状态，最大限度地提高农业生产的经济效益。

（五）农业经营规模

在一定的生产力水平条件下，农业经营规模不同，劳动者与劳动资料和劳动对象的结合程度不同。三要素结合得越好，生产力要素的利用越充分，经济效益就越高。相反，经济效益就越差。

从农业经济效益的制约因素我们可以清楚地看到，要提高农业经济效益，就应因地制宜、充分合理地利用当地的自然经济资源，不断提高农业劳动生产率，降低劳动消耗，确定适度的经营规模和优化产业结构，在有限的条件下，最大限度地实现资源的合理配置，做到人尽其才、地尽其力、物尽其用。

第二节 农业经济核算

一、农业经济核算基本原理

农业经济核算涉及面广，操作较复杂，意义深远、重大，应加大工作力度。这就要求了解进行农业经济核算的重要性，掌握经济核算的基础理论和相关知识，熟悉农业经济核算的内容和方法等。

（一）农业经济核算的意义

农业经济核算是对农业生产经营过程中的物化劳动及活劳动的消耗和经营成果所做的记载、计算、分析和比较的一种经济管理方法，其目的是保证以较少的劳动消耗取得较大的生产经营成果。在社会主义市场经济条件下，农业实行经济核算具有重要的现实意义，主要体现在以下方面。

（1）只有实行经济核算，才能明确生产单位和整个社会的生产消耗情况和最终成果，找出盈亏原因，为寻找增产节约途径提供依据。

（2）只有实行经济核算，才能为国家制定宏观的农业政策，确定投资方向，调整产业结构、生产结构和为作物布局提供可靠的依据。

（3）只有实行经济核算，才能正确地计算经营成果，明确经济责任，赏罚分明，充分体现多付出多得、少付出少得、不付出不得的分配原则，克服平均主义，避免干好干坏都一样的问题。

（4）只有实行经济核算，才能更好地保护公有财产，防止公有财产流失和浪费。过去的经验表明，如果不重视经济核算，经济工作就抓不上去，经济建设就会遭受损失。重视经济核算，把企业的经营成果与企业领导和劳动者的物质利益直接联系起来，就能调动企业和劳动者的积极性和创造性，实现增产节约、提高经济效益的目标。

（二）农业经济核算的内容和方法

1.农业经济核算的内容

农业生产经营中经济核算的内容主要包括成本核算、资金核算和盈利核算三方面。农业成本核算是对农产品的生产过程中所消耗的活劳动和生产资料费用的核算，主要是通过计算各种农产品总成本和单位成本来反映农业生产经营过程中活劳动和物化劳动的消耗，揭示农产品成本升降的原因，寻求降低成本的措施。

农业资金的核算是对固定资金和流动资金的核算。固定资金的核算主要是反映固定资金利用情况，以寻求提高固定资金利用率的途径。流动资金的核算主要是反映流动资金周转情况，以便尽可能地缩短资金在生产和流通领域的周转时间，提高周转速度。

农业盈利的核算是对利润额和利润率的核算，盈利的多少是衡量农业生产经营成果的重要指标。通过核算盈利，考核农业的生产经营成果，促使农业不断降低成本，减少资金占用，加速资金周转，增加盈利。

2. 农业经济核算的方法

农业经济核算的基本方法包括会计核算、统计核算和业务核算。会计核算是用货币形式对企业的生产过程进行全面系统的记载、计算、对比、总结和分析。统计核算是运用货币、实物和时间等量度指标，对企业的经济现象进行计算和分析，反映企业和社会的经济活动。业务核算是对企业和个别作业环节进行核算。农业经济核算的三种基本方法并不是相互独立的，只有将其结合起来，才能全面地反映企业的状况，更好地发挥经济核算的作用。但在一个企业或单位中应更注重会计核算，因为会计核算最为重要。

二、农业成本核算

（一）农产品成本核算的意义

农产品成本是指为生产农产品所消耗的物化劳动价值和活劳动报酬支出的总和。农产品成本是一项重要的综合性指标。劳动生产率的高低、原材料和机器设备的利用程度，以及经营管理水平等，都会通过成本指标反映出来。成本降低，意味着活劳动和物化劳动消耗的节约。单位农产品成本是指生产每一单位农产品所消耗的物化劳动价值和活劳动报酬支出的总和，某种农产品的单位成本是该种农产品成本与该种农产品总产量的比值。可见，单位农产品成本的高低既取决于农产品的产量，又取决于农产品成本。从这个意义上说，降低单位农产品成本就意味着企业以同样的物化劳动和活劳动的消耗，生产出更多的农产品。通过成本核算，可以对各种生产消耗进行控制和监督，促进企业或核算单位人、财、物的节约，降低成本，增加盈利，也可以为国家制定农产品价格政策等提供依据。可见，做好农产品成本核算，对提高农业企业或基本核算单位的管理水平、实现增产节约、加强国家对农业生产的宏观领导和调控都具有十分重要的意义。

（二）农产品成本费用项目构成

要正确地核算农产品的成本，就应明确农产品成本由哪些费用项目构成。不同的农产品其成本费用的构成项目是不同的，但都包括以下几个方面的内容。

1. 直接生产资料费用

直接生产资料费用是指在生产过程中直接耗费的生产资料，如种子、肥料、农药、燃料、动力、饲料、其他辅助材料等费用。

2. 直接人工费用

直接人工费用是指直接参加农产品生产人员的工资、奖金、津贴及按规定计提的职工福利费。

3. 间接生产费用

间接生产费用是指为组织和管理生产活动而发生的各项费用，包括办公用品费、差旅费、管理人员的工资、福利费、固定资产的折旧费、机务料消耗、低值易耗品摊销、租赁费、土地开发费摊销、水电费、保险费、机械作业费、排灌费、季节性和修理期间的停工损失、取暖费及其他间接费。

明确了成本项目构成，就可以进行成本分析，考核各种消耗定额的执行情况，找出农产品成本升降的原因，采取相应的措施加以解决。

（三）农产品成本核算的要求

为了达到成本核算的目的，发挥成本核算的作用，在进行农产品核算时，必须做好以下工作，以确保成本全面、真实、合理、准确。

1. 做好成本核算的基础工作

做好成本核算的基础工作，就是要建立健全各种原始记录和制度，如健全原始记录，建立定额制度，严格执行物资的计量、收发和盘存制度等。只有做好了成本核算的基础工作，才能为核算各种消耗、分摊各项费用奠定基础，提供可靠的依据。

2. 正确划分成本费用的界限

在对农产品进行成本核算时，应严格划分成本费用的界限。

首先，应正确划分成本费用和期间费用的界限。凡是为生产产品所发生的一切费用，都必须计入产品成本，与产品生产无关的费用支出不能计入产品成本。只与某种产品生产有关的费用可直接计入某种产品的成本；与几种产品生产有关的费用如排灌费、管理费等应采用一定的方法分摊计入产品成本。

其次，应正确划分不同时期成本费用的界限。凡属于本期产品应承担的成本费用，都应计入本期产品的成本，凡不属于本期产品应承担的成本费用，都不能计入本期产品的成本。

再次，应正确划分完工产品的成本费用和在产品的成本费用。凡应由完工产品承担的成本费用，都必须计入完工产品的成本，凡不应由完工产品承担的成本费用均不得计入产品成本。

最后，应正确划分不同产品之间成本费用的界限。凡应由本产品承担的成本费用，都应该计入本产品成本；凡不该计入本产品成本的费用，不得计入本产品成本。

3. 正确核算人工费用

人工费用的多少取决于活劳动的消耗量和活劳动的工值，因此要准确核算人工费用既要正确计算活劳动的消耗量，又要正确确定活劳动的工值。

活劳动的消耗量一般按标准劳动日计算。通常把一个中等劳动力工作 8 小时定为一个标准劳动日。平时只登记每个劳动力从事产品生产的实际劳动时间，期终再折算为标准劳动日，折算时按下面的公式进行：

标准劳动日 = 劳动时间 +8 × 折算系数（注：折算系数根据各个劳动者的实际劳动能力确定，如一个中等劳动力的折算系数是 1，上等劳动力的折算系数定为 1.2 或 1.5 等，下等劳动力的折算系数定为 0.8 等）。计入产品成本的活劳动消耗量包括直接用工和应分摊的间接用工两部分。

劳动工值的确定以劳动力再生产所必需的生活费用为计算标准。劳动力再生产所必需的生活费是指在衣、食、住、燃料、各种用品、文教卫生及其他方面的总支出。标准劳动日值的计算可用公式表示如下：

$$标准劳动日值 = \frac{全国必须生活费用支出总计}{全年所作标准劳动日数总计}$$

（四）农产品成本核算的方法

这里所指的农业是广义的农业，包括农、林、牧、渔业，由于各行业生产各有特点，农产品成本项目构成不尽相同，因而各行业成本核算的方法也不同。

1. 农作物产品成本核算

核算农作物产品成本，首先应明确成本核算对象，然后进行费用的核算，最后计算农作物产品成本。

（1）各项成本费用的核算。构成农作物产品成本的费用共有 10 项，各项费用记入作物成本的方法如下：

①人工费用。用各作物的用工量（即标准劳动日）乘以标准劳动日值，计算计入各作物成本的人工费用。

某作物人工费用=该作物的标准劳动日×标准劳动日值

②种子费。用各作物的实际用种量乘以种子的单价计算计入各作物成本的种子费。外购种子按买价加上运杂费、途中的合理损耗、税金及入库前的挑选整理费计价；自产自用种子按国家规定的价格计价。

③肥料费。外购的肥料按实际买价加上运杂费计价；自产自用的绿肥按市价计价；农家肥按有关部门统一的价格或估价计价。

④农药费。外购的农药按采购价、途中的合理损耗和运杂费计价；自产的按市价计价。

⑤机械作业费。外单位代为耕作的，如果只是某一种农作物，按实际支付的作业报酬计算；如果是多种作物，先按实际支付的作业报酬记录，然后，

根据各作物的实际作业量计算应分摊的机械作业费；自有机械进行耕作的，应按同类作业市价先计算出单位面积成本，然后按各作物的实际机械作业量计算应摊的机械作业费。计算公式如下：

$$机械作业单位面积成本=\frac{机械作业费总额}{全年机械作业完成标准单位面积}$$

某作物应摊机械作业费＝该作物机械作业标准单位面积 × 机械作业单位面积成本

⑥排灌作业费。支付给水电部门的生产水电费，按实际支付数计入各作物成本；自有排灌设备发生的费用，核算方法同机械作业费的类似，只是作业量的单位变为单位面积数。

⑦畜力作业费。畜力作业费指各作物在成本核算期内使用役畜从事田间作业和运输的费用，如果是外雇畜力，按实际支出计算；如果是自己拥有的畜力，则应按实际费用计算，包括饲草和饲料费、固定资产折旧费、修理费、役畜医药费和其他相关支出。畜力作业费的计算通过以下公式进行：

$$畜工作日成本=\frac{畜力作业费成本总额}{畜标准工作日总额}$$

某作物应摊的畜力作业费为该作物完成的工作量（畜标准工作日）× 畜工作日成本

上式中，畜标准工作日是以一种役畜为标准，根据役畜的劳动效率折合的，不同地区折合办法不同，可以以当地主要役畜作为基准来折合。

⑧其他直接费。其他直接费指以上几项没有包括的直接费用。

⑨农业共同费。农业共同费指农作物生产过程中，各作物共同受益的费用支出。如生产用固定资产折旧费和修理费等。对于农业共同费用，应先核算出当年应计入成本的各项费用总额，然后按一定的标准在各受益作物之间进行分摊。

⑩管理费和其他支出。管理费和其他支出指按实际开支金额和一定的分摊标准分别计入各作物的成本。

（2）产品成本的计算。各项费用核算出来以后，就可以结合各作物的面积和产量计算产品成本了。每一作物一般都需计算总成本、单位面积成本和单位产品成本三个指标。这三个指标的计算公式如下：

$$某作物总成本=直接生产资料费用+直接人工费用+间接生产费用$$

$$某作物单位面积成本=\frac{某作物总成本}{某作物播种面积}$$

$$某作物生产品单位成本=\frac{某作物总成本-副产品价值}{某作物生产品产量}$$

2. 畜禽产品成本核算

（1）生产费用的核算。畜禽饲养的生产费用包括人工费用、饲料饲草费、燃料动力费、固定资产折旧费及修理费、其他费用。各项费用的核算方法如下：

①人工费用。畜禽饲养的人工费用是指在畜饲养过程中所发生的全部劳动报酬。从数量上看，是总用工量（折合的标准工作日）乘以工日单价而得的乘积。其中总用工量包括直接用工和间接用工两部分。直接用工包括饲养、放牧、检蛋、挤奶、剪毛等用工，这些用工可以直接计入有关产品成本；间接用工包括饲料调制、用具修理以及管理用工。如只饲养一种畜禽，间接用工也可直接计入产品成本；若饲养两种以上畜禽，间接用工可按各畜群收入或直接用工的比例分摊。某种畜禽的直接用工加上应分摊的间接用工就是总用工量。工日单价仍可采用劳动力再生产必需的生活费用调查的工值计算。

②饲料饲草费。饲料饲草费是指在畜禽饲养过程中消耗的全部饲料饲草的价值。外购的按买价加上运杂费、途中的合理损耗和相关的税金计算；自产的按实际成本或国家牌价计算。

③燃料动力费。燃料动力费指粉碎和蒸煮饲料、雏鸡孵化及畜禽舍内取暖等耗用的燃料和电力费用，应按实际支出的金额计算。若生产多种畜禽应对此项费用进行分摊。

④固定资产折旧及修理费。固定资产折旧及修理费指畜禽、禽笼等饲养专用设备的折旧费和修理费。

⑤其他费用。其他费用指畜禽的医药费、饲养工具的购置费、管理费和

其他支出。对能直接计入某种畜禽（群）成本的费用，直接计入畜禽（群）成本；对不能直接计入畜禽（群）成本的间接费用，应按各畜群用工比例分摊。

（2）畜禽产品成本计算。畜禽产品的成本主要用以下指标计算：

$$畜禽产品单位成本=\frac{生产总成本-副产品价值}{产品产量}$$

$$某畜禽（群）增重单位成本=\frac{该畜禽（群）饲养费用-副产品价值}{该畜禽（群）增重量}$$

（3）林业产品成本核算。

①生产费用的核算。林业生产费用的核算按照农业生产费用的核算进行。

②产品成本计算。果、桑、茶、胶等经济林是多年生长期作物，一般都要经过育苗、幼林抚育管理、投产提供产品三个阶段。各阶段的成本计算公式如下：

第一，育苗阶段：

$$起草前单位面积苗圃成本=\frac{苗圃全部生产费用-副产品价值}{苗圃面积}$$

$$每株树苗成本=\frac{（起苗面积×单位面积苗圃成本）+起苗费用}{起苗总株数}$$

第二，幼林抚育管理阶段：

$$每年单位面积幼株成本=\frac{当年应负担的全部费用}{抚育管理面积}$$

第三，成林投产提供产品阶段：

$$单位主产品成本=\frac{该产品当年应负担的生产费用-副产品加工费用}{主产品总量}$$

三、农业资金的核算

（一）农业资金的分类

农业资金是农业生产建设过程中所占用的各种财产物资的价值及货币价值的总和。农业资金按不同的标准有不同的分类，具体分类如下：

按来源不同，农业资金可分为自有资金和外来资金两类。自有资金主要来自农业的积累、农户的非农副业收入和乡镇企业的以工补农、以工建农资金。外来资金主要指社会集资、引进的国外资金、国家下拨的资金或其他单位援助的资金、向银行、信用社或其他单位、个人的借款以及结算中的应付暂收款。农业应以自有资金为主，充分利用自有资金，同时，要善于运用外来资金，以促进农业生产的发展。

按用途不同，农业资金可分为基本建设资金、经营资金和专用基金三类。基本建设资金是用于固定资产或扩大再生产的资金，如购置机器设备、牲畜农具、建造厂房、兴修水利等。经营资金是指用于日常生产经营活动的资金。专用基金是指除基本建设资金和经营资金以外，具有特定来源和专门用途的资金，如公益金、职工福利基金和折旧基金等。

按流动性不同，农业资金可分为固定资金和流动资金。固定资金是指垫支在主要劳动资料上的资金，其实物形态是固定资产。固定资金是农业资金构成的重要组成部分，农业生产能力的大小，通常是由拥有固定资产的多少以及它的技术状况和先进程度所决定。固定资产的特点是单位价值较大，使用时间较长，多次参与生产过程，不改变原来的实物形态，其价值随着损耗逐步地转移到产品成本费用中去，并从产品销售收入中得到补偿。流动资金是垫支在劳动对象上的资金和用于支付劳动报酬及其他费用的资金。其特点是只参加一个生产过程即消耗掉，其价值一次转移到成本中去，并从销售收入中一次性得到补偿。

（二）固定资金核算

固定资金核算的主要内容有两项：一是固定资产折旧的核算；二是固定资金利用效果的核算。

1.固定资产折旧的核算

固定资产在生产过程中，由于损耗而转移的价值称为折旧。通过折旧提取的货币资金，用于将来固定资产的更新改造，在未用之前就形成一种基金，这种基金称为折旧基金。折旧基金是农业自有资金的重要来源。加强对折旧的管理，可以正确地计算产品成本，实现生产设备及时更新换代，提高农业的技术装备水平。

固定资产折旧的计算方法主要有使用年限法和工作量法。但在实际工作中，固定资产折旧额是根据事先规定的折旧率计算的。其计算公式如下：

某项固定资产年折旧额=该项固定资产原值×年折旧率

某项固定资产的月折旧额=该项固定资产原值×月折旧率

或

某项固定资产的月折旧额=该项固定资产的年折旧额÷12

固定资产折旧率根据计算对象所包括的范围不同，可分为个别折旧率、分类折旧率和综合折旧率。个别折旧率是按每项固定资产分别计算的折旧率；分类折旧率是按每类固定资产分别核算的折旧率；综合折旧率是按全部固定资产计算的折旧率。

2. 固定资金利用效果的核算

反映固定资金利用效果的指标有两类：一类是单项的技术经济指标；另一类是综合性的价值指标。但要全面反映固定资金的利用情况，必须运用综合性的价值指标。反映固定资金的利用情况的综合性价值指标，主要有固定资金产值率和固定资金利润率。

（1）固定资金产值率。

固定资金产值率是企业在一定时间内所完成的总产值与固定资产平均占用额的比率，通常以每百元固定资金所提供的产值来表示。每百元固定资金提供的产值越多，说明固定资金的利用效果越好。

（2）固定资金利润率。

固定资金利润率是指企业在一定时期内所实现的利润总额与固定资金平均占用额的比率，一般以每百元固定资金所提供的利润来表示。每百元固定资金所提供的利润越多，说明固定资金的利用效果越好。

（三）流动资金的核算

流动资金核算的主要内容是流动资金周转率、流动资金产值率和流动资金利润率。

1.流动资金周转率

流动资金周转率反映着流动资金的周转速度，通常用年周转次数或周转一次所需天数表示，其计算公式如下：

$$流动资金周转次数 = \frac{年销售收入总额}{年流动资金评价占用额}$$

$$流动资金周转一次所需天数 = \frac{1}{流动资金年周转次数} \times 360$$

或

$$流动资金周转一次所需天数 = \frac{年流动资金平均占用额}{年销售收入总额} \times 360$$

在生产规模等因素确定的条件下，流动资金周转越快，需要的流动资金越少；流动资金周转越慢，需要的流动资金越多。加快流动资金周转，可以利用现有的流动资金为更大的生产规模服务，加速生产的发展。

2.流动资金产值率

流动资金产值率是反映流动资金使用效果的指标，通常用每百元流动资金提供的产值表示。其计算公式如下：

$$每百元流动资金产值 = \frac{年总产量}{年流动资金平均占用额} \times 100$$

每百元流动资金提供的产值越多，说明流动资金利用的效果越好。

3.流动资金利润率

流动资金利润率是指企业在一定时期内所实现的利润总额与流动资金平均占用额的比率，通常用每百元流动资金所实现的利润表示。其计算公式如下：

$$每百元流动资金所实现的利润 = \frac{利润总额}{年流动资金平均占用额} \times 100$$

四、农业盈利的核算

农业盈利是指农业收入扣除成本、费用和支出后的剩余部分，其实质就是利润总额，因此，盈利的核算就是利润的核算。利润的核算是农业经济核算的又一重要内容，它包括利润额的核算和利润率的核算。

利润额是利润的绝对量，用公式表示如下：

利润总额=营业利润+补贴收入+营业外收支净额+投资收益

利润额只能说明利润量的多少，不能反映利润水平的高低。因为利润额的多少，不仅取决于生产经营的成果，而且还取决于生产规模，所以在考核利润情况时，还要考核利润率。利润率可分别用企业的利润额与成本、产值和资金进行对比，以便从不同角度反映企业的利润水平。

（一）成本利润率

成本利润率是指企业 1 年中的利润总额与产品成本总额的比率。用公式表示如下：

$$成本利润率=\frac{利润总额}{产品成本总额}\times100\%$$

这一指标说明投入 1 元成本能创造利润的多少，促使企业以最少的消耗，创造尽可能多的物质财富。

（二）产值利润率

产值利润率是企业的年利润总额与年生产总值的比率。用公式表示如下：

$$产值利润率=\frac{年利润总额}{年总产值}\times100\%$$

该指标说明每 1 元产值能实现利润的多少。指标值越大越好。

（三）资金利润率

资金利润率是企业年利润总额与年占用资金总额的比率。用公式表示如下：

$$资金利润率=\frac{年利润总额}{年占用资金总额}\times100\%$$

该指标说明企业占用 1 元资金，能创造多少利润。资金利润率能够全面地反映企业资金利用的效果，有利于促使企业更合理更有效地使用全部资金。

下篇　互联网背景下的农业发展

第五章　"互联网+"农业智能生产

随着经济的进步、社会的发展，我国农业在不同的时期也发生了不同的转变。互联网+产业的兴起带动了我国的经济发展，乘着"互联网+"的春风，各行各业都凸显出了勃勃生机的繁荣景象。本章主要对互联网+农业智能生产进行讲述。

第一节　"互联网+"农业概述

一、概　述

继计算机、互联网之后，物联网被称为世界信息产业的第三次革命浪潮，正在深刻地影响着社会生产生活的各个方面。物联网是一个基于互联网、传统电信网和传感网等信息承载体，让所有物理对象能够通过信息传感设备与互联网连接起来，进行计算、处理和知识挖掘，实现智能化识别、控制、管理和决策的智能化网络。物联网本质上是通信网、互联网、传感技术和移动互联网等新一代信息技术的交叉融合和综合应用。近年来，以物联网为代表的新一代信息通信技术呈现加速的趋势，正加快转化为现实生产力，从浅层次的工具和产品深化为重塑生产组织方式的基础设施和关键要素，深刻改变着传统产业形态和人们的生活方式，催生了大量新技术、新产品、新模式，引发了全球数字经济浪潮。美国《福布斯》杂志评论未来的物联网市场前景将远远超过计算机、互联网、移动通信等市场。

物联网技术的创新促进了农业物联网的快速发展。农业物联网是物联网技术在农业领域的应用，是通过应用各类传感器设备和感知技术，采集农业生产、农产品流通以及农作物本体的相关信息，通过无线传感器网络、移动通信无线网和互联网进行信息传输，将获取的海量农业信息进行数据清洗、加工、融合、处理，最后通过智能化操作终端，实现农业产前、产中、产后的过程监控、科学决策和实时服务。农业物联网是新一代信息技术渗透进农业领域的必然结果，将会对我国农业现代化产生重大而深远的影响。

二、农业电子商务的应用与发展

（一）电子商务在我国农业领域的应用

目前，我国农业产业化正处于起步阶段，农户、农业组织搜集、捕捉、分析市场信息能力差。电子商务的有效应用将农业生产的产前、产中、产后环节有机结合到一起，解决了农业生产与市场信息之间的不对称问题，促进了科技在农业中的推广转化应用。农村供求信息服务系统、农村供求信息全国联播系统，一年来已有注册会员 35 000 家，每月颁布信息 8 000 条，内容详查达 25 万条。网络模式下农产品的在线交易与其他商品有所不同，农产品属于低值、易腐蚀、科技含量低、规格不一的商品，尤其是鲜活产品的物流问题，相对来说在线交易的成功率比较低，而条件要求更高。通过互联网平台发布有关农产品的拍卖信息，约定具体时间、地点来招集竞拍人，成交后电子商务公司向买卖人收取相应的佣金。集电子商务交易平台、垂直型综合服务社区及网上洽谈、拍卖、直销等全方位服务于一体的商业网站，可以将增值内容和商务服务平台紧密集成，通过网上大型 B2B 农产品交易市场，涵盖果蔬、粮油、食品、饮料、水产、肉禽蛋、花卉、饲料、畜牧、服务等各行业，为农产品生产、加工、经销、消费以及农业科研、行政等单位，提供一个供需双方之间的信息桥梁，让农产品能够迅速找到买家，让农产品加工和贸易企业迅速找到所需的农产品；按地域、品种等分类发给相关企业。

（二）电子商务在我国农业领域的作用分析

我国农业已向世界敞开市场，在机遇与压力中，更多的是压力，因此要实现我国农业的高效现代化，电子商务的作用不可小觑。因此应加速农业信息流通。以家庭为单位的小规模生产使农业生产者之间基本上不存在信息交流，农户以经验来进行生产，这种被动产销局面使农民收入徘徊不前。电子商务的运用，使农产品供需双方可以跨越时间和地域的界限，做到及时沟通，依据市场信息情况合理定产，避免了市场波动带来的效益不稳定，降低了农业生产风险，拓宽了农产品销售渠道。目前，我国农产品流通体系尚不健全，产品销售渠道窄、环节多、交易成本高、供需链之间严重割裂。通过建立电子商务网上交易平台，实现了产业化带动下的农产品流通的规模化、组织化，一方面使交易双方处于信息对等的地位；另一方面，还提供了一种全新的农产品销售方式，让供求双方可以直接进行交易，降低了交易成本。创新农产品营销方式。长期以来，现代商品营销中的市场调查分析、评估与猜测、市场定位、产品品牌包装、服务与促销等环节与手段并没有在农业产业化中得到充分运用。通过创建电子商务网站，进行网上广告、订货、付款、客户服务和货物递交等销售、售前和售后服务，以及市场调查分析、财务核算及生产安排等多项商业活动，将有利于带动与农产品销售相关的金融、物流、交通、运输、电信等第三产业和服务业的发展，加快农业产业化的进程。

（三）加快发展农业电子商务关键措施

1. 电子商务意识是根本

农业电子商务要发展，观念要先行。其发展的难点不是技术，也不是资金，而是思想观念的转变和治理理念的更新。商务意识是根本，创新意识是关键，信息技术是手段，只有对农业电子商务有了正确的了解，才能实事求是地接受它，因为如果不能正确看待信息化，就不能将其转化为生产力。在我国，与农业相关的企业和主管领导普遍缺乏信息技术和电子商务等方面的知识，导致企业和政府投入不足，制约了农业电子商务的发展。只有促使农民及相关政府主管部门的管理者的观念发生转变，才能推动农业电子商务的进一步发展。

2. 电子商务服务是核心

第一，政府类网站主要为电子商务提供农业信息服务和管理；第二，综合类网站主要为电子商务提供综合信息和专业化市场信息；第三，专业类网站主要为各类农资、农产品提供专业交易，可以提供网上订购和支付等服务。

3. 问题与对策

（1）建立有效的电子商务信息流。信息时代，谁先获得信息、谁先运用信息，谁就能获得市场、获得利润。要发挥农业电子商务的巨大潜力，一定要建立一个高效的规范的信息数据库系统，即建立一个良好、高效的收集信息、分析信息、传递信息的电子商务信息流，使供需双方的市场信息得到无缝连接。

（2）建立安全的资金流。农业电子商务是一种基于互联网的商务活动，其核心内容是信息的相互沟通和交流，支付和交货是最终目的。而网上支付是农业电子商务一个非常重要的环节。此时，银行等金融机构的介入是必不可少的。因此，我国金融机构建立一个国际化、信息化、高水平的，被国际认可的支付网关十分重要。

（3）建立快捷的物流。产品物流是现代物流的重要组成部分。在我国，专门从事物流配送的企业，往往不注重电子商务活动。而且，要促进农业经济的发展，实现农产品物流的畅通，有效应对国外农产品对我国农产品的冲击，就必须加快农产品流通体制，改革、优化、重组传统的农产品物流体系。农业电子商务能够打造新型的农产品物流供应链，对农产品的产供销各环节提供数字化的交易、拍卖、支付、配送等服务。在适当的时候建立若干农产品物流中心，增加对农产品储藏、加工和信息开发利用的能力。

（4）建立良好的信用体系。面对虚拟化电子商务市场，农村用户尚不具备高深的判断能力，所以农业电子商务能直接体现信用值，这对电子商务的普及和应用将起到决定性的作用，用信用标识让农村用户直接识别企业的电子商务信用；用信用积分，表明信息本身的信用程度；用信用工具，为企业提供了评估、信用等级的工具。中国是农业大国，电子商务普及和应用尚处于起步阶段，不可能像其他行业一蹴而就地实现网上电子交易，需要有个缓慢的发展过程和示范阶段。发展农业电子商务应认真总结和借鉴国外的做法，更要从国情和农业信息服务多样化的要求出发，针对中国农产品组织化程度低、分散化生产的特点，在农户和企业间、农户和农户间、生产、加工及销售环节积极探索不同技术、不同经营模式的农产品电子商务渠道，稳步推进中国农业电子商务向集约化、节约型、国际化、高效益的方向发展。

第二节　"互联网+"农业理论基础

目前，我国农业信息化和农业现代化建设已进入新的发展阶段，在这一历史进程中，农业物联网是未来农业发展的新生动力，也是改变农业、农民、农村的新力量，在新的农业技术变革中，必将发挥巨大作用。农业物联网在其发展过程中有着自己的属性、特征和规律，并且逐步形成理论体系。

一、"万物"互联是农业物联网的基本属性

物联网具有全面感知、可靠传输、智能处理的特征，可有效连接物理世界，建立人的脑力世界与物理世界的桥梁，使人类可以用更加精细和动态的方式管理生产和生活，提升人对物理世界实时控制和精确管理能力，从而实现资源优化配置和科学智能决策。物的属性决定了物联网的特性。农业物联网是联系自然界和人类社会的复杂网络，普遍存在小世界性、自适应性、健壮性、安全性、动态随机性、统计分布性和进化稳定性。

农业物联网万物互联通过多层架构来实现：信息感知层、网络传输层和智能应用层等。感知层是农业物联网的基础和关键，也是决定物联网"万物"互联高度的基石。农业物联网实现装备化、现代化必须要有农业领域专用传感技术和设备做支撑。网络传输层是物联网整体信息运转的中间媒介，其主要作用是把感知层识别的数据接入互联网，供应用层服务使用。应用层对感

知层获取的各种数据进行处理、存储、分析和计算，根据各个具体的领域，如大田种植、设施园艺、畜牧养殖、水产养殖、农产品市场监测等，有针对性地实现智能控制和管理。

农业系统是一个包含自然、社会、经济和人类活动的复杂巨系统。农业农村部根据农业物联网的发展规律，总结出全要素、全过程和全系统的"三全"化发展理念。"全要素"是指包含农业生产资料、劳动力、农业技术和管理等全部要素，如水、种、肥、药、光、温、湿等环境与本体要素；劳动力、生产工具、能源动力、运输等要素；农业销售、农产品物流、成本控制等要素。"全过程"是指覆盖农业产前、产中、产后的全部过程，如农业生产、加工、仓储、物流、交易、消费产业链条的各环节及监管、政策制定与执行、治理与激励等多流程。"全系统"是指农业大系统正常运转所涉及的自然、社会、生产、人力资源等全部系统，如生产、经营、管理、贸易等环节的系统。发展农业物联网，要充分体现"三全"的系统论观点，从全生育期、全产业链、全关联因素考虑。感知控制的要素越多、系统性越强，物联网系统处理的信息就越全面，作用效果也就越精确、越有效。

二、生命体

数字化是农业物联网的显著特征。农业不同于工业，它的对象都是生命体，生产周期长、影响因素多、控制难度大、产品价值低，难以实现标准化和周年均衡供应，同时需求有刚性，产品种类多，地域特色明显。只有从农业对象的生命机理角度出发，花大力气去研究、模拟农业生命体诸因素之间的关系，解释其生长、发育和变化规律，并做出相应的决策、实施控制，才能实现物联网对传统农业的改造升级，才能极大提升农业生产水平。

农业物联网的作用对象大多是生命体，需要感知和监测的生命体信息从作物生长信息如水分含量、苗情长势，到动物的生命信息如生理参数、营养状态等，这些信息都与周围环境相互作用，随时随地在发生改变。如果将这些实时变化的数据记录下来，其数据量将是海量的。要掌握农业生命体生长、发育、活动的规律，并在此基础上实现其各类环境的智能控制，必须在采集到的大量实时数据的基础上，构建复杂的数学模型或组织模型，进行动态分析与模拟，揭示生命体与周围环境因素之间的相互作用机理，并将之用于农业环境的控制和改善，提高农业生产效率。

因此，农业物联网面对的是纷繁复杂、变化万千的生命世界，它与作用对象所在的环境紧密关联，因而决定了农业物联网的大规模和复杂性。同时农业物联网应用体系的混杂性、环境变化的多样性及控制任务的不确定性，也决定了农业物联网不能照抄照搬发展工业物联网的做法，而是要把握农业农村的实际情况。

三、发展农业物联网是实现农业现代化的必然选择

在农业现代化的进程中，农业日益运用现代工业、现代科学技术和现代经济管理方法进行武装，运用现代化发展理念，使农业的发展由落后的传统农业日益转化为具备当代世界先进生产力水平的生态农业。物联网和农业结合所形成的农业物联网将使低效率的传统生产模式转向以信息和软件为中心的智能化生产模式，将有力地推动农业生产力的发展。农业物联网技术的推广和普及，将加速传统农业的改造升级，同时为种植者带来巨大的经济效益。

农业物联网有利于提升农业生产工具的精细化、自动化，助推农业生产方式智能化。在传统农业中，获取农田信息的方式非常有限，农田作业以人力下田劳作为主。在现代农业中，借助具有感知和控制功能的物联网智能装备系统，农业物联网可以实现各种生产管理的精准化、智能化，可大大降低人力成本、提升生产效率。当前，自动插秧机、播种机、收割机、变量施肥机、激光平地机、喷药无人机、规模养殖场自动饲喂设备等已经得到了不同程度的应用，在促进我国农业转型升级过程中发挥着重要作用。

农业物联网有利于大型农业机械装备发挥效能，促进农业生产管理规模化。传统农业生产是相互独立的、分散的、割裂的一家一户模式，小农经济的意识与行为占据主导地位。物联网以其特有的技术优势、经济特征及社会网络属性，引领传统农业在产业布局、措施管理等方面向规模化转变。以农业物联网技术为核心的农业信息技术的出现，为推动农业产业化进程提供了

有力的技术支撑。我国的现代化农业之路，必须是标准化、机械化、专业化和规模化。

第三节 "互联网+"农业工作实践

农业物联网正在掀起一场农业科技革命浪潮，新农民开始放弃传统的耕作模式，用传感器和物联网系统与农作物进行"交流"，开启智慧农业新时代。近年来，我国高度重视农业物联网建设与应用，农业物联网实践应用已经取得初步成效，特别是在大田种植、设施园艺、畜牧养殖、水产养殖等方面，已经发挥了越来越重要的作用。

一、农业物联网技术

农业物联网是反映农业生产力水平的重要标志，是促进农业发展与进步的重要工具，是推动农业生产经营现代化的重要手段。现代农业对高新技术的强烈需求，加速了农业物联网社会的到来。在现代农业的大田种植、设施园艺、畜牧养殖、水产养殖等各个领域，都离不开物联网技术。放眼未来，谁占据了农业物联网的技术优势，谁就拥有了农业发展的主动权。从物联网技术构架体系划分，农业物联网技术包括信息感知技术、网络传输技术和信息处理技术等。

1.信息感知技术

感知是指对客观事物的信息直接获取并进行认知和理解的过程，感知信息的获取需要技术的支撑，人们对于信息获取的需求促使其不断研发新的技术来获取感知信息。农业信息感知技术是农业物联网的基础和关键，也是发展农业物联网的技术瓶颈。从以往精准农业技术的研究和发展来看，农用传感技术是决定农业智能化的主要制约因素，如今这一状况得到了较大的改善。

农业传感器主要包括射频识别标签与读写器、农业环境信息传感器和作物本体信息传感器。农业环境信息传感器包括光照、温度、水分、气体、雨量、土壤等传感器已经从实验室走向实际应用，在我国传统农业改造升级中发挥了重要作用。作物本体信息传感器，包括叶片、病虫害、径流、茎秆、果实尺寸、糖分、光合、呼吸、蒸腾信息等传感器的研发和应用多处于实验室研究阶段，离大规模应用于农业生产实践还有一定的距离。我国的农业传感器在近年来取得了长足的进步，市场上已经形成大量自主研发生产的传感器产品，并在实践中得到了大规模应用。

（1）射频识别标签与读写器。射频识别标签即 RFID 标签，又称电子标签，可通过无线电信号识别特定目标并读写相关数据，而无须识别系统与特定目标之间建立机械或光学接触。RFID 目前主要用于以下领域：

一是应用于农畜产品的安全生产监控，实现农产品全产业链追溯。近年来，由于食品安全（疯牛病、口蹄疫、禽流感等畜禽疾病及食物中毒、农产品严重残药等）事件时有发生，严重影响了人们的身体健康。为此，运用基于射频识别标签的物联网溯源系统成为提高食品安全管理水平的重要手段。锡林郭勒盟瀚海科技有限公司位于锡林浩特市，目前有 5 个实验基地，草场总面积约 3.5 万亩，本地散养羊 3 500 多只、牛 220 多头。公司牲畜产品全部采用基于物联网的追溯管理系统（二维码电子耳标）可以对牛羊等进行正向、逆向或不定向追踪的出生、成长、免疫、屠宰、销售等全过程追溯。利用 RFID 无线射频技术对牲畜进行身份登记，包括养殖场日常管理系统、屠宰管理系统，实现对牛羊出生、成长、免疫、屠宰等各阶段的信息数据实时录入，可实现生长阶段相片级别的信息录入，以便日后详细追溯，通过二维码技术让顾客进行商品信息的追溯。

二是应用于动物识别与跟踪，实现农畜精细生产、科学管理。动物识别与跟踪一般利用特定的标签，以某种技术手段与拟识别的动物相对应，并能随时对动物的相关属性进行跟踪与管理。如果将识别的数据传输到动物管理信息系统，便可以实现对动物的跟踪。上海生物电子标识有限公司采用 RFID 技术为奶牛建立个体身份证，养殖场给每头奶牛植入电子标签，该电子标签带有全球唯一的号码，定义为奶牛的电子身份证号。通过电子身份证号关联奶牛牛号，为奶牛建立个体档案。通过个体电子身份证管理，对奶牛配种、出生实行信息化管理，采用树形方式直观地表达奶牛的系谱，为配种提供参考依据。此外，该公司还建立了奶牛疫病网络监管系统，实施奶牛个体追踪，在动物疾病预防和控制中心、兽医诊断实验室、动物卫生监督所、牛场之间建立可靠联系，实时掌握区域内牛只异动情况，为及时有效地解决疫病防疫监控过程的安全性问题提供了信息化支撑。

（2）农业环境信息传感器。农业环境信息传感器是用于感知作物生长的空间气象条件和土壤环境条件等信息的设备，是实现农业环境变量信息多方位、网络化远程监测的重要技术手段。近年来，农业环境信息无线传感器及系统得到了快速发展，已用于大田监测、农业灌溉、农机耕作、水肥一体化管理等各个方面。目前已经成熟应用的环境信息传感器有空气温湿度传感器、光照传感器、二氧化碳传感器、氧气传感器、风速风向传感器、雨量传感器、土壤温湿度传感器、土壤 pH 传感器、土壤肥力传感器等。

我国相关企业已经研制出大量不同类型的农业环境信息传感器装备，并且在生产实践中发挥了重要作用。旗硕科技研发的智能气象传感器可对作物的 7 个关键气象因子（温度、湿度、土壤水分、太阳辐射、雨量、风速、风向）进行在线监测。内置 GPRS 通信功能和定位功能，可将气象站数据及位置信息远程接入专用云服务平台，方便客户随时随地查看基地的种植情况，适用于大范围、大面积的种植地块管理，配合监控平台的地图浏览功能，可大大提高种植管理的直观性。平台采用云服务模式，借助手机 App 或者访问网页即可查看基地的种植情况，并可接收病虫害及气象灾害预警信息，还可获得强大的数据分析功能。

（3）作物本体信息传感器。作物本体信息快速获取技术是目前农业信息传感技术中难度较大的一环。作物本体信息传感器主要用于感知作物生长过程中营养养分信息、生理生态信息、作物病虫害生物胁迫及农药等非生物胁迫信息等。

在植物养分信息检测方面，检测手段有化学诊断、叶绿素诊断和光谱诊断等。氮素是影响作物生长与产量的主要因素之一。由于叶片含氮量和叶绿素含量之间的变化趋势相似，所以目前通用的做法是通过测定叶绿素含量来监测植株氮素营养。

在植物生理信息检测方面，主要技术为光谱技术，包括多光谱成像和高光谱成像技术等。比如，应用近红外光谱技术结合连续投影算法，可检测植物生理信息中氨基酸类物质，实现作物在正常生长和除草剂胁迫下叶片氨基酸总量的快速无损检测。

在植物病虫害及农药等胁迫信息检测方面，主要采用图像处理技术、光谱分析技术，以及多光谱和高光谱成像技术等进行作物病害快速检测。当作物受到病害侵染后，外观形态和生理效应均会发生一定的变化，与健康作物相比，某些光谱特征波段值会发生不同程度的变异。

在植物本体信息感知方面，目前高精度传感器的稀缺是制约植物信息感知的最主要因素。因此研制新型高精度植物信息传感器是目前农业物联网技术发展亟须解决的问题。

2. 网络传输技术

网络传输层是物联网整体信息运转的中间媒介，其主要作用是把感知层识别的数据接入互联网，供应用层服务使用。互联网以及下一代互联网（包含 IPv6 等技术）是物联网传输层的核心技术，处在边缘的各种无线网络包括 GPRS/3G/4G、ZigBee、蓝牙、WiMAX、Wi-Fi 等，则提供随时随地的网络接入服务。无线传感网络是当前国内外备受关注的新兴领域研究热点，具有多学科交叉的特点，包含传感器技术、嵌入式计算技术、无线通信技术、信息处理技术等多种技术，能够对各类多种传感器节点协作完成信息感知和采集，传送到用户终端。

（1）ZigBee 无线传输技术。基于 ZigBee 的无线传输技术能够适应物联网传感节点的低速率、低通信半径和低功耗等特征，既保证了远程数据采集的便捷性，也保证了数据汇聚的时效性，为农业领域的数据传输提供了较好的技术支撑。ZigBee 技术在短距离、低速率传输方式的农业物联网无线传感器网络信息采集方面得到了应用，在大田生产管理、设施农业、规模化养殖等领域广泛应用。

（2）Wi-Fi 传输技术。Wi-Fi 网络系统充分利用现有普及的 Wi-Fi 网络资源，有效地提高了无线网络的通信距离和覆盖面积，具有成本低、普及性好、兼容性强、传输带宽、传输速度快、标准化等优点，使得 Wi-Fi 物联网在国内外被广泛应用在智能工业、智能家居、精细农业等领域。

（3）GPRS/3G/4G 通信技术。GPRS 技术是通用分组无线服务技术的简称，属于第二代移动通信中的数据传输技术。GPRS 广泛应用在手持式仪器设备、农业物联网等领域，无距离限制，但需要通信费用。农业物联网基于 GPRS 无线传输的一个典型应用是农田信息的数据采集系统，系统由 GPRS 网络与集成检测电路构成，通过传感器和 GPRS 通信模块实现数据采集和传输，满足了作物信息实时获取的要求。

（4）蓝牙技术。蓝牙技术是一种短距离无线通信技术，带蓝牙功能的设备之间可以通过蓝牙连接起来，传输速度可以达到 1 MB/s，而且不容易受到外界干扰源的影响，所使用的频谱在各国都不受限制。因此，蓝牙在农业物联网系统中的应用潜力较大。

上述多种物联网常用的通信方式各有特点，在不同的应用场景下可以发挥各自的优势，扬长避短，也可以将这些多种通信方式进行组合，达到高效、远程传输的目的。

农业物联网的运行处于复杂物理环境中，农业物联网传输层有着不同于一般工业物联网的特殊要求。以农作物生长环境为例，首先，作物生长处于高温、低寒、高湿、干旱、日晒、雨淋等不断变化的环境中，要求无线传输网络及节点设备具备承受农业复杂自然环境的能力。其次，由于农作物的生长过程不断变化导致植被容易对网络产生阻隔或遮挡，对网络传输产生严重影响。并且，农田生产实际决定节点与节点直接距离较远，要求无线网络具备远距离传输信息的能力。最后，农田环境一般为太阳能供电，要求无线网络传输功耗较低，在有限的供电情况下实现正常工作。因此，针对农业生产实际环境特殊性，解决以上问题将是农业物联网传输层的重要研究方向。

3. 信息处理技术

农业物联网信息处理是将模式识别、复杂计算、智能处理等技术应用到农业物联网中，以此实现对各类农业信息的预测预警、智能控制和智能决策等。处理层实现信息技术与行业的深度结合，完成信息的汇总、统计、共享、决策等。应用层的应用服务系统主要包括各类具体的农业生产过程系统，如大田种植系统、设施园艺系统、水产养殖系统、畜禽养殖系统、农产品物流系统等。

（1）智能控制技术。智能控制技术是通过实时监测农业对象个体信息、环境信息等，根据控制模型和策略，采用智能控制方法和手段，对相关农业设施进行控制。目前，国内外对农业信息智能控制的研究较多，如温室温度和湿度智能控制、二氧化碳浓度控制、光源和强度控制、水质控制、农业滴灌控制和动物生长环境智能控制等方面。

（2）预测预警技术。预测预警技术是以所获得的各类农业信息为依据，以数学模型为手段，对所研究的农业对象将来的发展进行推测和估计。预警是在预测的基础上，结合实际，给出判断说明，预报不正确的状态及对农业对象造成的危害，最大限度避免或减少损失。目前我国研发了大量的农业预测预警模型，开发了大量的系统软件，并进行了应用。

（3）智能决策技术。智能决策技术是预先把专家的知识和经验整理成计算机表示的知识，组成知识库，通过推理机来模拟专家的推理思维，为农业生产提供智能化的决策支持。目前，国内外对农业智能决策的研究主要表现在精准施肥、合理灌溉、病虫害防治、变量作业、产量预测预警、农产品市场预警等方面。

计算机技术、网络技术、微电子技术等技术持续快速的发展，为农业物联网的发展奠定了基础。在此基础之上，农业物联网在信息感知方面将更加智能，在信息传输方面将更加互通互连，在信息处理方面将更加快速可靠，在信息服务方面将更加精准智慧。

随着物联网技术的不断发展，农业物联网正在改变农业生产方式，农业领域正在经历广泛深刻的变革。我国农业物联网实践应用已经取得初步成效，特别是在大田"四情"监测、设施园艺、农产品质量追溯、畜牧养殖、水产养殖和农产品电子商务等方面形成了一批"节水、节肥、节药、节劳力"的农业物联网应用模式，对促进农民增收、农业增效、农村发展发挥了先导示范作用。

　　我国农业物联网在理论创新、技术创新、产品开发、推广应用等方面取得了一系列成果。国家物联网应用示范工程在农业领域深入实施，先后推动北京、黑龙江、江苏、内蒙古、新疆5省（自治区、直辖市）国家物联网应用示范工程项目建设。农业物联网区域试验工程扎实推进，天津、上海、安徽3省（直辖市）农业物联网区域试验工程取得重要成果。在农业物联网应用示范工程项目的带动下，许多科研教学单位和相关企业积极投身农业物联网的技术研发和应用示范，研制了一批硬件产品、熟悉了一批软件系统，催生了一批产业应用模式，培育了一批市场化解决方案。

二、大田种植实践

　　目前我国已经发展了多项大田种植类农业物联网应用模式，包括水稻、小麦、玉米、棉花、果树等作物种类，研发形成的一系列应用技术包括农田信息快速获取技术、田间变量施肥技术、精准灌溉技术、精准管理远程诊断技术、作物生长监控与产量预测技术、智能装备技术等，形成的应用模式包括智能灌溉、土壤墒情监测、病虫害防控等单领域物联网系统，也包括涵盖育苗、种植、采收、仓储等全过程的复合物联网系统。通过应用这些物联网模式对气象、水肥、土壤、作物长势等信息自动监测、分析、预警，实现智能育秧、精量施肥、精准灌溉、精量喷药、病虫害精准防治等精准作业，从而有效降低成本，大幅度提高经济收益。

　　某市国家农业科技园区通过应用灌溉物联网系统，实现了自动化精量节水灌溉。该园区对10 000亩大枣和棉花种植基地的灌溉实行有效管控、统一调度、合理分配，全部实现了自动采集田间墒情信息和有关生长要素信息，按作物生长需要"少量多次"自动化精量灌溉，平均每亩节约用水60立方米、节省人力75工时，同时自动记录、统计，分析灌溉、施肥、生产等数据，为精细农业和安全追溯提供了数据支持，提高了水肥利用效率和作物产量及品质。

　　某公司通过应用土壤墒情监测系统，实现了对青海省各区域土壤墒情、灾情的监测预警。该公司依托青海省农技推广总站下辖 50 余个站点，采用土壤墒情传感器，融合无线传输、智能控制及墒情监控与预警信息平台，实现无人值守的无线站点自动监测采集，并统一传输到省级平台进行储存、计算、汇总，对灾情及时预警、评估，快速提出救灾对策。

河南省某农林科技有限公司通过应用农林病虫害自动测控物联网系统，实现了病虫害自动测控。该系统集成了虫情信息自动采集、孢子信息自动捕捉培养、小气候信息采集、生态远程实时监测，实现了频振诱控、天敌防控、微生物喷雾、农业环境因子自动控制，最大限度发挥了天敌资源和环境资源优势，达到了病虫害测控的低碳化、智能化、集约化。

三、设施园艺实践

设施园艺是一种集约化程度较高的现代农业，将环境设施和技术设施相配套，具有高投入、高技术含量、高品质、高产量、高效益等特点，是高活力的农业新产业。随着物联网在设施园艺中的温室环境监控、作物生理监测、水肥一体化管理、病虫害精确防治、自动控温、自动卷帘、自动通风、工厂化生产等方面的技术水平不断提升，设施园艺类农业物联网应用和推广效益明显。

1. 温室环境智能监控

设施农业的核心特征是对设施内环境能够有效地调控，营造适于生物生长发育及农产品储藏保鲜的最佳环境条件，农业物联网在这方面大有可为。农业物联网与设施农业的有机整合，使得设施环境监控系统朝着自动化、网络化和智能化方向发展，推动设施管理水平不断提高。

湖北某公司通过应用食用菌工厂化生产环境智能监控系统，实现了食用菌生产环境的智能监测和控制。该系统可实时采集每间菇房的温度、湿度、培养料 pH、氧气浓度、二氧化碳浓度、光照强度及外围设备的工作状态等参数，并通过 WSN 和 GPRS 网络传输到用户手机或者监控中心的电脑上，结合专家管理系统，根据食用菌的生长规律自动控制风机、加湿器、照明等环境调节设备，保证最佳生产环境。该公司的对照试验表明，基于物联网技术的智能控制系统性能可靠，实施物联网技术后与之前相比可减少生产人员劳动强度 50%，降低食用菌杂菌感染率 5%，提高产量 10%，产品的质量也符合有机食品标准。

中国农业科学院农业环境与可持续发展研究所研发的"植物工厂智能控制系统"可同时对温度、湿度、光照、二氧化碳浓度及营养液等环境要素进行全程监控，并通过网络传输系统，实现了在任何地点都可利用手机、笔记本电脑、PDA 等终端了解蔬菜长势，在线管理，远程监控。植物工厂通过多个相互关联子系统的精准调控，可全天候实现环境数据采集与自动控制、营养液自动循环与控制及计算机管理等生产过程的智能化操作。蔬菜工厂采用五层栽培床立体种植，栽培方式选用 DFT 水耕栽培模式。由于良好的环境与营养保障，所栽培的叶用莴苣从定植到采收仅用 16~18 天，比常规栽培周期缩短 40%，单位面积产量为露地栽培的 25 倍以上。

2. 水肥一体化管理

水肥精准控制在设施农业中的应用成效显著。通过精准灌溉监测系统、变量施肥系统、精准施药系统，对土壤、环境、作物进行实时监测，定期获取农作物实时信息，并通过对农业生产过程的动态模拟和对生长环境因子的科学调控，实现水肥药的精确施用，达到节水、节肥、节药，显著降低生产成本、改善生态环境，提高农产品产量和品质的效果。

某公司通过应用蓝莓物联网生产管控系统，实现了节本增效。技术员无须到现场，只要在控制室打开电脑，登录平台，即可查看田间土壤水分、pH 等参数。据统计，蓝莓物联网生产管控系统能使灌溉水的利用系数由以前的 0.50 提高到 0.95 以上，与地面灌溉相比，可节约灌溉用水 30% 以上，节约耕地 5%~7%，节能 20%~30%，节省灌溉管理用工 30%~40%，年新增经济效益 25.19 万元，综合节水率可达 45%，增产率达 53%。

四、畜禽养殖实践

畜牧业是我国农业的支柱产业之一。在畜禽养殖领域，随着畜禽养殖业的不断发展，传统养殖观念与养殖技术已经难以适应畜禽养殖业的发展要求。畜禽养殖模式落后、畜牧业信息化程度不高等问题依然存在，已经成为我国畜牧业发展的障碍。物联网在 RFID 精准识别、畜禽舍环境监控、体征监测、科学繁育、精准饲喂、疫病预警、智能除粪等方面有良好应用。畜禽养殖物联网不仅实现了养殖业主对生产管理状态进行网络远程了解、下达生产指令等，政府监管部门也可以在网上实时监管查询养殖场疫病预防、出栏补栏、检疫报检、屠宰流通等环节的情况，实现全程无缝监控和数据监测。

1. 畜禽环境监控和自动饲喂

畜禽环境监控系统主要由上位机管理系统、现场传感器、数据采集系统、自动化控制系统等部分组成，可实现动物养殖场的综合监控，包括室内外的温度、湿度、气体、通风、光照强度、压力等信息，并对温度、湿度、有害气体浓度、光照度进行自动控制，为动物提供舒适的环境，提高养殖行业的经济效益。

广东某食品集团股份有限公司应用生猪标准化养殖物联网应用模式，通过网络远程控制养殖栏舍的温度和通风系统，精确调控自动喂料系统按照生产规程投放饲料，实现了对整个养殖生产过程的统一监控，提升了畜牧养殖行业精细化、自动化、智能化管理水平，对促进国内畜牧养殖业的产业升级转型具有重大意义。

安徽某公司应用生猪养殖环境监控与自动饲养系统，使经济效益显著提高，使用物联网之前人均日饲养量 400 头，使用物联网之后人均饲养量 1 200 头，批次成活率由原来的 95.6% 提高到 96.8%，通过平台领养的猪，价格比以前提升了三分之一，饲养员的人均收入也随之增加。

2. 畜禽体征监测，进行科学管理

畜禽体征信息主要包括发情信息、分娩信息、行为信息、体重信息和健康信息。准确高效地监测动物个体信息有利于分析动物的生理、健康和福利状况，是实现自动化健康养殖的基础。传统畜禽养殖主要依靠人工观测的方式监测动物个体信息，耗时费力且主观性强。畜禽物联网在发情监测、分娩监测、行为监测、体重监测和健康监测等方面发挥着重要作用。

某农牧业奶牛场应用物联网养殖技术，在现存栏 800 余头奶牛的养殖场先后采用了奶牛发情监测系统、奶牛生产性能测定与现代化牧场管理信息系统（软件）等技术，取得了良好的效果。奶牛发情监测系统引进以色列的 SCR 公司产品，主要由颈圈、牛号阅读器和控制终端等部分组成。颈圈包括加速传感器、微处理器和存储器，可以记录奶牛活动的各种指数（如行走、奔跑、卧倒、站立、反刍等），通过大量奶牛行为数据可以监测到奶牛发情、生病等情况，为确定最佳授精时间提供参数。通过物联网技术的优化管理，养殖场降低了生产成本，提高了产奶量和鲜奶质量。

某种牛场推出的奶牛精准化健康养殖科技服务平台成为物联网技术与奶牛养殖相结合的典型。该平台主要依靠公司的 UCOWS 奶牛发情监测技术和 TMR 饲喂实时监控技术，对奶牛场的配种和饲喂两个生产关键点进行实时监控。统计数据显示，使用 UCOWS 奶牛发情监测系统，可使人力成本减少一半，相当于每头牛直接节约饲养成本 400 元；应用 TMR 监控系统，每头成母牛每天节约饲料成本 1 元，10 000 头牛一年节省 365 万元。

3. 全产业链监控，提升品质保障

利用物联网 RFID 溯源技术对生物饲料、生猪养殖、屠宰细分、肉品销售等全产业链各个环节进行监控，实现从源头到餐桌的全程质量控制体系。

武汉某有限公司致力于安全猪肉产品的生产，主要从事食品加工副产物——糟粕的发酵和生物饲料的加工，主导生猪的生态养殖、屠宰冷链、物流配送等全产业链相关标准把控。公司应用畜牧全产业链物联网应用模式，建设了供应链追溯平台：以 RFID 为信息载体，包括猪场视频监控系统、生猪屠宰加工管理系统、生猪识别系统（耳钉、二维码），从源头上解决了肉类食品安全问题，猪肉产品具有了身份标识，其生产、管理、交换、加工、流通和销售等各环节的产品信息实现无缝对接，实现肉品"繁殖—饲养—屠宰—

加工—冷冻—配送—零售—餐桌"全流程各个环节可追溯。

4.打通养殖各环节，形成养殖生态圈

养殖业产业链较长，信息不对称，产业大，交易地域广，市场波动大，互联网解决这些问题大有可为。养殖生态圈是养殖产业发展大势，互联网加快了生态圈的形成。

某公司不断探索、创新农牧行业的格局，连续开发大北农猪管网（1.0版）和猪联网（2.0版），实现了帮助养殖户管理猪场的功能，打通了猪场、金融机构、屠宰场、中间商、厂商五个部分，形成闭环，并将目标定为齐聚1亿头生猪、20万养殖户、1 000家养猪服务商、5 000家屠宰企业。猪联网作为农信互联推出的智慧养猪战略核心平台，开启了"互联网+"时代的养猪新模式，养猪人的快乐生态圈正在快速形成。生猪养殖基地应用物联网技术后，经济效益显著提升，劳动力减少2/3，人均饲养量提升3倍，批次成活率提升1.2%，通过物联网技术实现了精细化管理，产品质量得以提升，价格增加。

五、水产养殖实践

我国是水产养殖大国，水产养殖业在改善民生、增加农民收入方面发挥了重要作用。水产养殖物联网技术目前已经延伸到水产养殖行业各个环节。水产养殖物联网主要应用在水质智能化监测及管理、苗种培育、远程自动投喂、病疫预警健康管理等方面，对水产养殖业健康、有效和可持续发展起到了重要作用。目前，天津、江苏宜兴等沿海地区建立了水产物联网示范区，通过水产物联网的应用，实现了对水产品养殖的全过程监控和智能化管理，社会经济效益明显。

1.水质智能化监测及管理

在传统养殖方式中，养殖户要获得精确的养殖场相关信息，必须亲自到池边观察、采集水样，并一项项进行检测分析，据此采取相应措施。此外，由于在水产养殖过程中缺乏对水质环境的有效监控，导致不合理投喂和用药极大地恶化了水质环境，影响了水产品质量，加剧了水产病害的发生。通过应用农业物联网技术，养殖户通过互联网、手机终端登录水产物联网平台，就可随时随地了解养殖塘内的溶氧量、温度、水质等指标参数。一旦发现某区域溶氧指标预警，只需点击"开启增氧器"，就可实现远程操控。

某农业物联网工程技术研究中心以上海集贤虾业等养殖专业合作社为主要应用示范和数据监测点，应用对虾水产养殖智能管理系统，结合奉贤区"12316"区级服务站点的服务设备和服务能力，实现了物联网技术和传统农业信息服务渠道的对接，结合农户的生产电子档案和物联网感知数据，实现了农技服务部门对农民生产的主动式关怀和生产指导。据介绍，在应用物联网技术之前，白天平均每 3 小时进行水质抽检一次，夜间安排专人轮流值班。在应用物联网技术后，只需安排一人对设备进行例行保养，而且每亩成虾平均死亡率下降 2.15%。

某市水产开发有限公司应用水产养殖物联网系统，改变了过去"抬眼望天、低头观水"的传统养殖管理模式，大大提升了现代化养殖技术和管理水平。据了解，该系统通过在线实时监控养殖环境，在线实时监测溶解氧、温度、湿度等水质参数，从根本上解决了水产传统养殖简单、重复、靠经验的缺点，使水产养殖精准化、系统化，改变了"靠天吃饭"的传统模式，实现水产养殖集约化下的高效率和高效益；同时，系统应用后生产作业全程在监控范围内，实现了养殖全程受控可追溯，为公司水产品质量安全保驾护航。根据测算，该系统可降低人力成本 138 万元。

2.远程精准投喂

通过水产物联网技术，养殖户用手机登录中心平台，点击发送指令即可操控，自动投喂机按预先设定的间隔时长、投喂量为塘区的水产动物投喂饲料。指令发送后，不在现场的养殖户还可以通过网络视频监控系统实时监测塘区水面状况，避免误操作引发的损失。

某养殖基地采用先进的物联网技术、网络监控、传感设备帮助蟹农"智能养蟹"。高塍镇的蟹农坐在电脑前点点鼠标，敲敲键盘，足不出户就可以管理几十亩的养殖水塘。目前已累计安装水质参数采集设备 1 000 余个，投放数据采集行业应用卡 100 余张，覆盖河蟹养殖水域 5 万亩，服务水产养殖户 1 000 余户，通过远程视频监控中心实时监控 6 个养殖点。通过水产物联网系统的应用，养殖场实现了水质智能监控和饲料喂投智能决策，河蟹苗的存活率和亩产量与系统投入使用前相比提高了 10%~15%，经济效益明显。

3. 病疫预警健康管理

监控中心管理人员可根据塘区的历史数据积累，判断可能发生的天气变化，通过平台向养殖户发送天气预警、水产物疾病预警等信息，提醒养殖户采取增氧、移植水草、清塘消毒等相应的防范措施，有效增加鱼苗成活率。

某合作社将物联网技术和传统农业信息服务渠道对接，打造了一个水产养殖类科技入户服务系统，开发了水产物联网智能信息服务平台，结合农户的生产电子档案和物联网感知数据，实现了农技服务部门对农民生产的主动式生产指导。合作社通过应用水产物联网系统实现对水产养殖环节的酸碱度（pH）、水温、浊度、溶解氧、氨氮、光照、盐度、水位等参数进行实时监测和数据传输。企业自应用水产物联网解决方案之后，每亩成虾平均死亡率下降 2.15%，年均节本增效 23 500 元，实现了水产物联网数据价值的挖掘和共享。

第六章 "互联网+"农业网络销售

我国国民经济中十分关键的构成之一就是农业经济，时代的发展及科学的进步，使得互联网＋农业经济发展模式应运而生，调整了我国固有的经济发展方式，所以，农业发展也应顺应时代发展的需要，同时创新经营手段和经营形式，使农业经济效率得到进一步提升。基于此，本章对互联网＋农业网络销售展开讲述。

第一节 "互联网+"农业销售内涵

近几年，随着互联网科技的迅猛发展，农业生产发展现代化程度不断加深，信息化水平不断提高，农业领域取得了突破性进展，而农批市场作为农业产业链中一个重要环节，也在紧跟时代发展步伐探索转型升级之道，尤其是随着近两年农业电商的兴起，越来越多的农批市场开始尝试使用电商，以求早日实现自身的信息化和品牌化。但由于大多数的农业电商平台缺乏经验和能力，虽然抢滩农批市场时口号震天，却并没能为农批市场带来实质性的改变。

当然，在这些电商洪流中，也有一些平台，通过不断发展，实现了自身提升，日趋专业，真正能够为农批市场排忧解难。这类平台既有山东寿光、北京新发地这些老平台，又有近两年来如黑马之势脱颖而出的谷登电商平台。前者通过长时间发展，积累了一定客户群体，后者仅用了半年时间，便得到了多家大市场的青睐。在短短半年内，平台实现了十多家市场的相继入驻，迅速成为行业焦点。不仅仅是平台本身，农业批发市场在这个过程中也得到了更多的关注，借助平台的资源优势，实现内部管理规范化、农产品流通高效化，使自身得到提升与发展。

一、农产品电子商务的基本概念

所谓电子商务是指在互联网上开展商务活动，一般将电子商务定义为利用网络和数字化技术从事的商业活动。按照电子商务专题报告的定义，电子商务是指通过电信网络进行的生产、营销和流通活动，它不仅指在互联网上的交易，而且指所有利用电子信息技术来解决问题、降低成本、增加价值和创造商机的商务活动，包括通过网络实现从原材料查询、采购、产品展示、订购到出口、储运以及电子支付等一系列的贸易活动。

农产品电子商务就是在农产品生产、销售、初级加工以及运输过程中全面导入电子商务系统，利用一切信息基础设施来开展与农产品的产前、产中、产后相关的业务活动。农产品是交易的对象，农产品的概念和农业的概念密切相关。广义农业包括种植业、畜牧业、林业、渔业及农业服务业，所以广义的农产品也包括上述各部门的产品及其初级加工产品。

开展农产品电子商务就要在农产品生产与流通过程中引入电子商务系统，如生产之前需要利用信息设备搜集最新的需求信息，了解市场动态与趋势，利用市场信息进行生产决策，以保证生产出来的产品能够找到市场；在生产的过程中要及时了解影响农产品生产的各种信息，用以指导生产过程，过程中还要考虑到生产的标准化问题；交易中买卖双方可以通过电子商务平台进行咨询洽谈，签订电子合同，还可以通过网络进行支付结算；在产品运输过程中利用电子商务物流系统来监控整个运输过程。在农业部门应用信息手段开展农产品电子商务，实际上是将现代信息技术、网络技术等与传统农产品生产贸易结合起来，以提高效率，节约成本，扩大农产品的市场范围，改善农业价值链，提高农产品的竞争力。

二、农产品电子商务的交易特征

近年来，消费结构发生巨大变化，网络购物越来越普及，消费者追求绿色食品需求旺盛，以及在政府部门高度重视等多重因素共同驱动下，我国农产品电子商务呈蓬勃发展态势。在促进流通、便利消费，特别是在推动农业转型升级方面发挥了重要的作用。目前，我国农产品电子商务主要有以下三个方面的特点。

1. 农产品电子商务平台和模式不断创新

就农产品网络零售而言，逐渐形成了淘宝、1 号店、京东三超格局和顺丰优选、天猫、沱沱工社、本来生活等一大批农产品电子商务网站群雄争霸的多强局面。产地＋平台＋消费、地方特色馆等创新模式不断涌现，网上销售与实体体验相结合的 O2O 模式成为创新亮点。县城农产品电子商务模式培育出 20 个各具特色的淘宝村，还有浙江的遂昌淘宝县。

2. 农产品电子商务交易规模快速上升

平台模式不断创新，一些网络宽带、冷链物流配送等基础设施的加强，加快了农产品电子商务的发展。全国依托第三方平台以及个体之间的电子商务平台，实现了农产品网络零售近 700 亿元。商务部与全国远程办合作，依托远程教育网络，通过网上信息对接服务，促成农副产品销售 100 多亿元。此外，生鲜农产品电子商务交易额占生鲜农产品交易总额的比例达到 1%。其中，在淘宝、天猫平台上，生鲜相关类目同比增长 194.62%，支付宝交易额超过 13 亿元。

3. 农产品电子商务作用日益明显

作为新型的流通创新模式，农产品电子商务在促进流通、改造农业发展方式等方面发挥了重要作用。一是降低了流通成本，农产品电子商务使传统多级地方和零售等环节大幅减少，相应的交易场地、储藏、运输、人工、损耗等成本大幅降低，总成本可降低 30% 以上。二是缩短流通时间。农产品电子商务使得多种农产品货物的集散、包装、储存、运转等环节减少，流通时间可减少 50% 以上，保证了农产品的鲜活度。三是优化物流资源配置。农产品电子商务运用产地到消费者最优物流途径，最大限度节约了社会物流资源，物流成本最多可以降低 30%。四是改善信息传递。农产品电子商务是在流通过程中减少环节，信息产品及时准确，使得卖方可以及时找到销售渠道，买方可以及时买到需要的农产品。通过电子商务平台的互联网及大数据分析等手段，还可以有效地引导农产品生产，促进订单农业的发展。五是对构建现代流通体系意义重大。电子商务模式使农民在农产品价格形成中拥有更多的话语权，将有利于帮助农产品打破有形市场的供应格局，扩展全国乃至全球市场，对扩大农产品影响力和竞争力发挥积极作用。

我国农产品电子商务虽然取得了较大发展，但摆在我们面前的困难还不少，受到各种瓶颈和问题的不断制约和困扰。如农产品生产经营产业化、标准化程度低，农产品物流配送成本居高不下，平台运营能力有待提高，农产品电子商务人才严重匮乏，等等。

三、农产品电子商务的作用

电子商务所具有的开放性、全球性、低成本、高效率的特点，使其大大超越了作为一种新的贸易形式所具有的价值。它一方面破除了时空的壁垒，另一方面又提供了丰富的信息资源，不仅会改变生产个体的生产、经营、管理活动，而且为各种社会经济要素的重新组合提供了更多的可能，这些都将影响到一个产业的经济布局和结构。

所谓农产品电子商务，就是在农产品生产销售管理等环节全面导入电子商务系统，利用信息技术，进行供求价格等信息的发布与收集，并以网络为媒介，依托农产品生产基地与物流配送系统，使农产品交易与货币支付迅捷安全地得以实现。我国虽为粮食主产区，但由于经济欠发达，产业信息化发展相对滞后。因此我国农产品发展电子商务不仅有其必要性、紧迫性，所产生的效益还有着巨大的潜力可挖。

1. 电子商务可以使落后地区的粗放经济更为集约化

电子商务以新生产力为基础，可从生产方式上高度解决从粗放到集约转变的问题。通过网络构建的各种商务平台所开展的电子商务把人与人、企业和企业、人和企业之间紧紧地联系起来，而这些平台本身通过相关的信息也得到丰富和加强。随着时间的推移，就会使企业大规模地集中在这个平台，这是由两个因素推动的：一是利润的动力驱使许多客户关系型行业在互联网上产生；二是上升的利润往往会产生集约化程度很高的企业。

2. 电子商务可以使经济粗放地区的交易费用更为节约

电子商务的主要特点，就是减少中间环节并降低交易成本：电子商务具有互联网低成本这样的技术特征，它使经济过程的中间成本耗费不会随社会化程度的提高而提高，反而使交易范围在地域上扩大，成本相对降低。农产品正是信息化水平偏低、交易费用偏高的行业，发展农产品电子商务恰恰蕴藏着很大的商机。尽管我国的经济发展相比西方发达国家还比较落后，但发展电子商务的潜力还是巨大的。因此，通过恰当的方式来发展我国的农产品电子商务，显然尤为必要，并由此实现农产品经济的跨越式发展也是可以预期的。

3. 传统农产品突破生产的时空限制的需要

农产品的产销过程环节多、复杂且透明度不高，其交易市场集中度较低，买卖主体众多，交易信息的对称性较差。而电子商务跨越时空限制的特性，使得交易活动可以在任何时间、任何地点进行，非常适合这些分散的买卖主体从网络上获取信息并进行交易。电子商务尤其对我国交通不畅、信息闭塞的西部落后地区意义更为重大。我国农产品的落后，一个重要原因是地域辽阔，但地形地质条件不利于交通，因而消息闭塞、信息不灵，这就造成了产销脱节及资源产品无法输出，而商品只有卖出去才能实现其价值。在农产品生产中导入电子商务，可以充分发挥其所具有的开放性和全球性的特点，打破传统生产活动的地域局限，使农产品生产成为一种全球性活动，每一个网民都可以成为目标顾客，不仅能够扩大农产品市场空间，解决生产中出现的增产不增收问题，还能为农民创造更多的贸易机会。

4. 创新交易方式，规避农产品价格波动风险的需要

众所周知，农产品是一种供给弹性较大而需求弹性较小的商品，并且农产品都需要一定的生产周期，一旦确定了本期农产品的生产规模，在生产过程完成之前一般不能中途改变。因此，市价的变动只能影响到下一个生产周期的产量，而本期的产量只会决定本期的价格，这就是经济学中蛛网理论描

述的状态。根据这一理论，当商品供给弹性大于需求弹性时，产品价格会处于一种越来越不稳定的状态，价格和产量的波动会越来越大。农产品生产的稳定直接关系到社会的稳定，为了保持这种稳定，除了采取必要的政策措施以外，应该开展农产品电子商务，让农产品的生产者能够以一种新的途径及时地了解生产信息，根据市场需求合理地组织生产，避免产量和价格的巨大波动带来的不稳定。

另外，我国作为蔗糖、水果等一批农副产品的主产区，在加入世界贸易组织后，面临着严峻的挑战。我国借助于农产品电子商务的广泛开展，有助于农户使用更高级的手段来减小国际市场的冲击，从而更好地对抗农产品价格波动的风险，如运用农产品的期货交易。国外一些发达国家，如美国、日本的农场主都参与期货市场的交易，通过期货市场的套期保值和价格发现两大功能保护其利益，其中套期保值可用来规避农产品价格波动的风险，并从期货市场中获得具有权威性和预期性的农产品期货价格信息，这对农产品产销影响巨大。但从目前情况看，由于我国人多地少的现状，农民尚不具备直接进行相关的期货或远期合同交易的条件。但是在今后市场风险加大的背景下，面对激烈的国际市场竞争，他们对规避农产品价格风险的需求是真实的，如果建立起相关农产品集中的网上交易市场，则可以及时发布汇集相关产品价格信息，从而给农产品的产销决策提供参考；若能以网络电子交易为纽带，把分散的套期保值需求集中起来，入市操作，也不失为规避农产品价格波动的风险、稳定产销的一个好办法。

第二节　"互联网+"农业销售发展

一、农产品电子商务的产生和发展

1. 电子商务产生的条件

电子商务最早产生于 20 世纪 60 年代，发展于 90 年代，其产生和发展的重要条件主要如下：一是计算机的广泛应用。近30年来，计算机的处理速度越来越快，处理能力越来越强，价格越来越低，应用越来越广泛，这为电子商务的应用奠定了基础。二是网络的普及和成熟。由于互联网逐渐成为全球通信与交易的媒体，全球上网用户呈指数增长趋势，快捷、安全、低成本的特点为电子商务的发展提供了应用条件。三是信用卡的普及应用。信用卡以其方便、快捷、安全等优点成为人们消费支付的重要手段，并由此形成了完善的全球性信用卡计算机网络支付与结算系统，使得"一卡在手，走遍全球"成为可能，同时也为电子商务中的网上支付提供了重要的手段。四是电子安全协议的制定。由美国VISA和Mastercard国际组织等联合制定的SET（Secure Electronic Transfer Protocol），即电子安全交易协议出台，该协议得到大多数厂商的认可和支持，为在开发网络上的电子商务提供了一个关键的安全环境。五是政府的支持与推动。自1997年欧盟发布了欧洲电子商务协议，美国随后发布"全球电子商务纲要"，电子商务受到世界各国政府的重视，许多国家的政府开始尝试"网上采购"，这为电子商务的发展提供了有力的支持。

2. 农村电子商务产生的条件

我国的国家信息基础设施建设发展迅速，基本完成框架结构，为我国农产品电子商务提供了良好的基础。中国电信已建成开通了覆盖全国的数据通信网络。其中，中国公用分组交换数据网早在1993年建成开通，是中国电信最早建成的数据通信网络，网络规模目前已经覆盖2 200多个城市，并与世界上23个国家和地区的44个数据网互联。中国公用数字数据网早在1994年开通，目前，骨干网已经通达所有省会城市，覆盖2 000个县以上城市和2 000多个经济发达地区的乡镇。中国公用计算机互联网目前已经由20多个省市的接入网建成，网络节点遍布全国200多个城市，并与美国等5个国家的12个运营商由直达路由连接。中国公用宽带网目前已覆盖全国所有省会城市，20个省的省内宽带网已经基本建成。

3. 农产品电子商务发展过程中的问题

（1）农业信息化基础设施薄弱、体系不健全和服务信息不通畅。在我国，城镇的互联网普及率远远高于农村，农村网民除了从事农业管理和技术与规范化水平比较低，同时农业信息的收集发布的格局虽然初步形成，但是农业信息的加工、分析、利用及农业信息渠道的开通、农业信息市场的培育等发展缓慢，特别是农业信息服务市场、农产品存储和运输乃至包装市场等，尚未开发或形成，农业信息化体系不健全。农业信息服务不够全面、完善，缺乏针对性。农村经济不发达，信息化基础设施薄弱，导致农民对信息技术和电子商务的相关知识了解甚少，从而严重阻碍着农业电子商务的发展。

（2）农业受自然条件影响大，标准化体系不健全，缺乏产品标准化。因受自然条件的影响，农用品的需求具有很大的不可预知性。农产品的生产区域和生产者都相对分散，农产品的附加值较低，不耐久存，品种繁多，因而农产品不能集中大量保持，且不能统一加工、销售，导致标准化程度较低，这些因素极大地阻碍着农产品生产产业化和流通现代化，使得农村电子商务的发展不能顺利进行。农产品电子商务要求网上交易的农产品品质分级标准化、包装规格化及产品编码化，为交易各方提供便利。我国的农业标准化体系由国家标准、行业标准、地方标准和企业标准构成，质量标准体系没有完全建立，与国际农产品质量体系脱节。

（3）缺乏高素质的农产品电子商务人才。农业的发展需要农业网络化人才。但是我国农业发展中的实际操作技术人员严重缺乏，科研人员大多数都集中在研究所和高校。在我国，因为大多数的农业人才只是从事教学和科研工作，所以农村电子商务的发展缺乏领导者和指挥者，这严重地影响了农村电子商务的发展。而农产品电子商务网站的建设和维护、信息采集和发布、市场行情分析和反馈，都需要专门的人才。农业信息网络的建设需要一大批不仅精通网络技术，而且熟悉农业经济运行规律的专业人才，为农产品经销商提供及时、准确的农产品信息，对网络信息进行收集、整理，分析市场形势，回复网络用户的电子邮件，解答疑问等。

（4）交易主体电子商务观念滞后。交易主体包括农民、中介机构、农产品经营者和农业企业，其对电子商务的认知直接关系到农产品电子商务的迅速发展。农民文化素质相对偏低，对计算机网络缺乏基本认识，认为产品卖出去就行；许多涉农企业还没有充分认识到电子商务的巨大商机，认为投资风险大、周期长，维护困难，大都持观望和怀疑的态度。

（5）纯农业网站较少，利用率较低，缺乏宏观指导性的农业信息。涉农网站中纯农业网站较少，利用率较低，未能形成农业信息服务体系。各类农业网站只关注所反映的农业信息，有关分析、生产决策的信息较少，严重缺乏宏观指导性的农业信息，而且大多数网站内容相同，没有特色，缺乏专业性和实用性，且分布不均，因此网站不能因地制宜地为更多地区的农民提供全面的、周到的、符合实际需要的服务。要想发挥农业电子商务的巨大潜力，就一定要建立一个高效的规范的信息数据库系统，建立规范的农业网站。

（6）农产品物流配送体系不健全。建设现代物流配送体系，是农业电子商务发展的关键环节。目前农产品电子商务真正实现现代化物流配送的很少，物流配送需要高质量的保鲜设备，一定规模的运输设备和人力，需要大量投资。农产品电子商务很多是以批发市场为基础发展起来的，亟待建设现代的物流配送体系。

4.农产品电子商务发展过程中出现问题的解决办法

（1）统筹规划设计，有序推进发展。以促进农产品实体交易和电子商务有机融合为方向，通过零售带动批发、高端带动低端、城市带动农村、东部带动西部，加快开展农产品电子商务示范培育工作，力争在重点地区、重点品种和重点环节率先突破。

（2）完善制度，规范发展秩序。加快电子商务法律法规建设，规范信息发布、网上交易（信用服务、电子支付、物流配送和纠纷处理等）服务，依法打击商业欺诈、销售假冒伪劣商品、发布虚假违法广告和不正当竞争等活动，抓紧制定农产品标准。

（3）加强配套支撑，优化发展环境。鼓励发展专业化、规模化的第三方物流，重点支持发展农产品冷链物流。落实各项支持物流企业发展的税费政策，完善农产品绿色通道政策，促进支付、信用、金融保险、检测、认证、统计和人才培育等服务协同发展。

（4）线上线下结合，突破关键约束。发展县域服务驱动型、特色品牌营销型等多元化的农产品电子商务模式。鼓励农产品流通企业，依托实体经营网络探索开展农产品电子商务,充分利用传统的销售渠道,通过实体经营场所体验、考察与网上下单、支付相结合,解决交易主体之间的信任度低、标准不统一等问题。

(5)开展农村商务信息服务。充分发挥全国农产品商务信息公共服务平台在常态化购销对接中的作用,通过与大型连锁超市批发市场及电子商务企业合作,更好地促进农产品流通,切实缓解"卖难"问题。

二、农产品电子商务发展特点

从我国农产品电子商务的实践看,农产品电子商务业务呈现三个层次的特点。一是初级层次。这一层次主要是为农产品交易提供网络信息服务,如一些企业建设的农产品网上黄页,在网络平台上发布企业信息和产品信息。大型农业集团建立的超大现代农业网。小企业或是个体农户则依托各类农产品信息网发布信息。二是中级层次。一些网站不仅提供农产品的供求信息,还提供了网上竞标、网上竞拍、委托买卖等在线交易形式,交易会员可以直接在网上与自己需要的运输公司洽谈,但尚未实现交易自己的网上支付。资金的支付还是依靠传统的邮局或银行实现。三是高级层次。高级层次的农产品电子商务不仅实现了农产品电子商情的网上发布和农产品在线交易,还实现了交易货款的网上支付,是完全意义上的电子商务。

三、农产品电子商务的发展趋势

农产品电子商务呈现出四个发展趋势:个性化趋势、专业化趋势、区域化趋势及移动化趋势。

中国农产品电子商务有着良好的发展前景。第一,有利的外部宏观环境。国家对"三农"问题的重视,国家各部委对信息化和电子商务的重视和支持;国家发改委农产品批发市场信息化、农业农村部对农业信息化的重视和积极扶持政策;经济全球化的外力推动。第二,农产品市场的自我创新需求驱动。产业发展的基础是生产,但市场和流通是决定产业发展的关键环节。农产品流通不畅已经成为阻碍农业和农村经济健康发展、影响农民增收乃至农村稳定的重要因素之一。农产品的卖难及农产品的结构性、季节性、区域性过剩，从流通环节看，主要存在两个问题：①信息不灵通，盲目跟风。市场信息的形成机制和信息传播手段落后，使农户缺少市场信息的指导。②农产品交易手段单一，交易市场管理不规范。现在传统的方式主要是一对一的现货交易，现代化的大宗农产品交易市场不普及，期货交易、远期合约交易形式更少。

互联网技术的应用，给我国的农产品流通注入了新的生机和活力。从传统模式下的农产品手对手交易到通过对各种资源的整合，利用先进便捷的技术搭建农业信息应用平台，在网络上实施农产品的交易，对改善我国的农业价值链和提高农业竞争力有着极大的促进作用。但农产品电子商务绝不是传统流通方式的简单替代，而是对传统农业经济的革命性变革。第一，农产品从生产到最终走向市场，其特点制约着流通的速度，网上市场的建立对农产品标准化提出了亟待规范的要求，这势必引导农产品品牌的提升和核心竞争力的提高；第二，网上交易更加公开、公平、透明，农产品成交价格真实地反映了市场中的供求关系，以此引导各级主管政府和广大农户科学安排生产，以销定产；第三，网上交易平台的建立是原有的传统农产品交易市场的延伸，使交易主体多元化，也为商家提供了更为广阔的商机。

第三节　"互联网+"农业销售体系

一、农产品电子商务质量控制体系

电子商务这一新型的农产品贸易方式，对促进农产品销售，确保农民受益，解决农产品"买难卖难"问题，提供了良好的途径。随着人们生活水平的提高，对质量安全的关注程度也越来越高，质量安全成为农产品电子商务的关键问题。相对于传统的农产品贸易方式，电子商务模式下的农产品质量安全监管环节应前移，只有从生产源头保证农产品质量安全，才能确保电子商务模式下农产品质量安全。电子商务对农产品质量安全标准的需求包括以下几个方面。

1. 电子商务对农产品安全标准与监管的需求

《中华人民共和国食品安全法》颁布后，我国对食品安全标准进行了整合，在传统的农产品销售模式下，消费者可以从政府监管的市场购买相对安全的农产品，但在电子商务模式下，缺少监管环节，产地认证这类行政系统外的认可对农产品质量安全的保证作用显得格外重要。《中华人民共和国食品安全法》及其实施条例以及《食品安全国家标准管理办法》等有关规定也已经重视了技术机构、协会、认证机构等非行政部门的作用，体现了公民、法人和其他组织的参与权。在电子商务模式下，非行政机构对农产品安全的作用会更加突出。因此，对于电子商务农产品的安全标准和监管，在构筑了完善的食品安全标准后，应建立标准化的程序确保非行政机构对农产品认证认可的合理性与科学性。

2. 电子商务对农产品等级规格标准的需求

电子商务要求网上交易的农产品品质分级标准化、包装规格化以及产品编码化，要求农产品具有一定的品牌。目前有些网站对农产品的标准化已做了一些尝试，按照农产品类别进行分类，发布相应标准描述并按照标准收购。但大部分农产品生产经营模式较为粗放，多为非标准化的经验性产品，消费者必须在使用之后才能对该商品做出客观评价，而且农产品种类繁多，反映产品品质指标的复杂多样性，给农产品标准化带来很大的难度。我国农产品种类丰富，地域差异大，近年来农业行业标准和地方标准制定了大批产品和等级规格标准。农产品等级规格标准是引导农业生产、规范市场流通的重要手段，能进一步推进产销衔接，发挥流通对生产的引导作用。但在电子商务中，现有的等级规格标准难以对农产品的性状进行简单描述，很多商家更倾向于直接用自有产品的图片描述产品的规格特点。同时在网络上成功销售的农产品多为地方特色产品，由于品质好或者具有一定的独特性而受到消费者的青睐，缺少相关的产品及等级规格的农业行业标准或地方标准。目前农业行业标准也将一般性的产品标准、等级规格类标准列入清理的范畴，今后不予以重点制定。企业标准是我国标准体系的重要组成部分，在产品品质和等级规格标准难以整齐划一的情况下，采用企业标准进行规范更加合理。在电子商务模式下，应充分发挥企业标准对农产品质量安全管理的规范作用。

3. 电子商务对农产品地域性特色产品标准的需求

电子商务模式下，地域性特色产品由于其独特的品质和风味，销售取得了一定的成功。我国地域广阔，生产了杭州龙井茶、新疆哈密瓜、常山胡柚、宁夏枸杞等特色农产品，我国目前地理标志产品已有441项。地理标志产品标准的颁布实施推动了我国农产品的品牌化建设，在网络宣传中容易获得消费者的信赖认可。浙江省针对农产品生产气候资源，实施了农产品气候品质认证，目前已经相继完成茶叶、杨梅、葡萄、柑橘、梨、水稻等8类49个批次农产品气候品质认证，对提高农产品的市场竞争力和产品附加值起到了推动作用。地理标志产品和气候品质认证都是对农产品品牌的推动。地域性特色农产品在地方政府和有关管理部门的推动宣传下，对促进产品销售、提高农民收入有良好的促进作用。在电子商务模式下，该类标准与认证结合，将促进农产品品质安全的提高。

4. 电子商务对农产品生产技术规范的需求

我国传统的农产品生产以粗放经营为主，生产过程中滥用农药、化肥，不合理的种植方式对农产品质量安全构成了威胁，也对生态环境产生了破坏。安全的农产品源于生产过程的良好管理，借鉴发达国家经验，我国通过实施农业标准化示范区建设，实施全过程标准化生产，加快了传统农业转型升级和提高了农产品质量安全水平。在电子商务模式下，需要政府对农产品的质量安全监管前移，最关键的是确保生产基地的产品安全。通过无公害、绿色或有机认证的农产品，在质量安全上有保障，较容易得到消费者信任。我国参照国际标准，发展了良好农业规范（GAP）认证工作，以国际相关CAP标准为基础，遵循联合国粮农组织（FAO）确定的基本原则，在中药材、蔬菜、茶叶、畜禽和水产养殖等领域开展GAP认证，并制定实施相关标准。现已制定、颁布了24项CAP国家标准，内容涵盖种植、畜禽养殖和水产养殖，发布了《良好农业规范认证实施规则》，建立了我国良好农业规范认证制度。我国国家标准、农业行业标准和地方标准也将良好农业规范类标准作为重点制定的一类标准，在电子商务模式下，这类标准应作为认证认可的基础，从生产源头确保农产品质量安全。

5.电子商务对农产品物流标准的需求

物流是农产品电子商务的重要环节，对农产品质量安全有重要影响，特别是生鲜类产品。电子商务要求物流快速、标准，或者通过冷链运输，能够控制一定的运输条件以保证产品的外观品质、微生物处于标准范围内。其中生鲜类产品的电子商务对物流标准要求最高，淘宝网、京东、苏宁、顺丰等目前着力开发生鲜产品电子商务。物流标准包括收购标准、仓储标准、运输过程控制标准、配送标准。物流是衔接电子商务模式下农产品供应商与消费者的中间环节，物流标准化的提高也依赖于生产标准化程度的提高。

6.电子商务对农产品溯源的需求

农产品溯源是确保质量安全的有效工具，电子商务是在陌生的供应商和消费者之间进行的交易，更有必要通过溯源确保质量安全。相对于传统农产品销售，电子商务交易环节应用溯源技术应相对容易。目前在国家有关部门推动下，已经在牛肉、蔬菜、水果、水产品等方面开展实施溯源系统，通过条码、无线射频技术的应用，建立了可追溯系统生产基地。溯源系统的实现以信息技术为依托，由于电子商务本身就是在信息技术基础上发展起来的，因此有实施溯源的基础。

二、农产品电子商务物流体系

所谓农产品电子商务就是指借助互联网的实时交流和连接功能实现农产品的生产、营销、流通一体化功能。在这种模式下，无论是买家还是卖家都能通过网络找到自己需要的原材料、产品需求等信息，同时还能进行产品的展示、订购等事项。但是农产品的电子商务对物流配送体系的要求更高，及时、快捷的要求在这一体系的落实和完善中将发挥更加重要的作用。

1.国外农产品电子商务发展模式概述

随着现代农业在世界范围内的蓬勃发展，农产品电子商务也经历了不断成长壮大的发展过程，由最初的依靠电话为工具的初级电子商务发展为依靠计算机技术和互联技术的更加高效的电子商务模式。以美国、英国、日本等国家为代表的农业发达国家在农产品电子商务模式的建立和发展中积累了先进的经验。

（1）美国农产品电子商务模式。美国较早开展了农产品电子商务，在这方面具有领先优势。美国有着十分发达的信息技术，同时信息技术在农产品交易中的应用也比较充分。在这种先进的信息交流技术手段的帮助下，美国农产品电子商务发展获得了强大的动力。

（2）英国农产品电子商务发展状况。英国作为欧洲经济强国，在农业发展方面也一直致力于新技术和新模式的研究和应用，在农产品电子商务方面也成就斐然。世界上第一个农产品电子市场就是英国与1966年建立的"农场在线"（Farming Online）。2000年英国又建立了功能更加完善、模式更加先进的现代化农产品电子商务网站（Farmer's Market）。英国环境食品和农村事务部公布的数据显示，2012年英国86%的农户已经加入了Farmer's Market，在这里他们不仅可以出售自己的农产品，而且可以采购生产所需的各种农业生产资料。2012年，英国98%的大农场已经接入互联网。这些基础设施的建设对英国农业电子商务的发展起到了非常积极有效的作用。

2. 我国农产品电子商务物流配送体系现状

（1）农民对电子商务的认知程度不高成为制约农产品电子商务实现的一项重大不利因素。随着信息时代的到来，网络在我国社会不同领域中的影响力越来越大。这种现状也制约了农村网民对电子商务的接触机会和认知程度，因此农产品的电子商务推行起来也面临很大的阻力。

（2）农产品电子商务网站建设水平不高。近年来我国政府一直致力于推动农业信息化建设，一部分涉及农产品电子商务的专业网站纷纷建立，在促进农产品流通方面发挥着重要作用。但是这些网站没有形成一定规模，信息质量不能有效满足农产品生产和销售的要求。而且信息资源的分布也不平衡，经济发达的地区信息过剩，而偏远的农村地区信息却比较封闭，二者之间缺少信息交流的基础和机会。没有能够利用的、信息比较完善的网站，有的网站没有被真正地利用起来，这些网站的主要定位是为本地农业做宣传而不是搜集、整理发布一些实用的农产品信息。

三、农产品电子商务交易支付体系

随着我国经济飞速发展，城乡统筹，工业经济开始带动农业产业化发展，农村经济进入了新的发展阶段，农产品也从单一的粮食生产开始向多样化的农产品方向发展。而农产品流通现代化作为农村建设的一个组成部分，是促进我国农村现代化建设、乡村振兴和提高农民生活水平的重要途径。农产品批发市场是农产品流通网络体系的核心。农产品批发市场是"小生产、大市场"的客观要求，发挥着集散商品、形成价格传递信息、调节供求和提供服务的功能。纵观国内外农业发展的历程，农产品批发市场对稳定农业生产和提高农产品流通效率做出了巨大的贡献。但是，作为农业产业化发展中重要的一环，农产品批发市场的发展还不尽如人意，还存在着盲目建设、重销地而轻产地、市场管理不完善、交易规模小且落后、信息网络利用效率低等问题。应该说，发展电子商务、提高农产品批发交易的信息化利用水平、建立农产品电子商务交易支付体系，可以极大地提高农产品交易的规模与质量，减小农产品交易过程中的流通损失。

1. 国内外农产品交易模式

（1）我国农产品交易模式。我国农产品市场的规模参差不齐，即使在一个市场内也会存在多种交易模式，在交易过程中，市场的参与主体包括：农民（包含农业生产联合组织）、批发商（从小商贩一直到大批发交易商，等级差距比较大）、小消费者、大型采购者。

主要交易活动包括：农民（包含农业生产联合组织）与小消费者之间的交易、农民与各级批发商之间的交易、农民与大型采购者之间的交易、批发商与小消费者之间的交易、批发商与大型采购者之间的交易。不同交易主体间的竞争谈判能力不同，在交易中占优势的是批发商，而农民是比较弱的交易参与者（现实中我国的农业生产联合组织较少）。现在农产品的价格主要通过讨价还价来形成。交易者之间没有站在一个平等的竞争平台上进行交易，农民在市场的交易中没有收益，同时也使我国的农产品市场效率较低。

（2）国外农产品批发市场交易模式。国外经济发达国家的农产品市场的交易模式与国内农产品市场具有较大的不同，其中有两个代表性模式：一种以美国为代表，交易模式为从农户开始到消费者的产销一体的全流通制度，体现了一种规模化效益；另一种以日本为代表，其农产品市场交易模式的主要特点是引入了拍卖制度，这是一种精细的交易定价模式。

美国式的农产品直销。所谓农产品直销，就是由农民或农民团体，将生产的农产品包装处理后，直接运送供应消费地零售业者（超级市场）或连锁零售业包装配送中心和消费大户。由于减少了不必要的中间环节，降低了运销价差，使生产者和消费者都得到了利益。这种直销模式是与美国的经济发展水平相适应的。农产品生产规模增大，零售单位的规模也随之增大，尤其是零售商店形成连锁经营或超级市场连锁店网络的发展，在一定程度上解决了小生产与大流通的矛盾。与此同时，交通条件的进一步改善，通信手段达到了较高水平，保鲜技术的进步和分级的标准化，也为农产品直销的发展创造了条件。

日本式的农产品批发市场拍卖。由于日本人多地少，人地关系相对紧张，其农业生产只能建立在小规模经营的基础上，因此，日本农业生产小规模与大流通的矛盾始终难以解决。日本农产品市场向拍卖市场的方向发展，走出了一条节约交易时间和费用的高效农产品市场发展之路。拍卖制度体现了公开、公正、公平的原则，有利于市场价格的形成。目前日本绝大多数农产品市场都是采用这一制度，而且各农产品市场都由计算机和特定的通信线路联网。经由此网络，交易者可以看到全国各拍卖市场的行情，并可以购买其他市场上的产品，形成了全国统一的大市场，进一步节约了交易时间和交易费用。

（3）国内外农产品市场交易模式对比分析。根据我国农产品市场的交易模式现状与以美国和日本为代表的发达国家农产品市场交易模式相对比，可以发现，我国农产品市场主体组织化程度低，业务经营存在盲目性。目前农产品市场的经营主体绝大多数是分散的农民和城镇居民,他们经营规模小,经济实力弱,缺乏专门的经营知识,且绝大部分不具备法人资格。在业务经营上存在着严重的自发性和盲目性。一方面,他们在市场交易经营中往往处于不利地位,对风险的承担能力有限;另一方面,受利益的驱使,短斤少两、以次充好甚至假冒伪劣的行为和事件时有发生,严重影响消费者的利益。

我国绝大部分农产品市场交易以现货、现金交易为主,批零兼营相对比较普遍。现有的农产品市场大多是实物交易,产品全部堆放在市场上,买主在验货时讨价还价,现金收付完成结算。以现货为主进行交易得到的交易信息对调节商品流量、平衡区域供需矛盾有较大作用,但因交易对象已经是成品,因此交易信息对商品生产指导意义并不大。我国农产品市场交易类型比较复杂,交易参与者众多,使得市场监管的难度增加。我国缺乏成规模的农业生产联合组织,农民缺乏竞价交易的信息和能力。农产品市场的提供方应该在组织商品流通方面提供较好的服务,不但要为买卖双方提供好的交易场所,还应该为买卖双方提供相关的服务设施和服务项目。

为了改变我国农产品批发市场存在的不足,必须设计能够解决上述问题的有针对性的电子商务系统,这样才能繁荣我国农产品市场。

2. 农产品电子交易平台

近年来随着农业产业化的发展,优质农产品需要寻求更广阔的市场。传统的农产品销售方式很难在消费者心中建立起安全信誉,也难以保证生态农业基地生产的优质农产品的价值,很多特色农产品局限在产地,无法进入大市场、大流通,致使生产与销售脱节,消费引导生产的功能不能实现,农业结构调整、农民增收困难重重。基于此现状,通过科技手段搭建农产品电子商务交易平台,不仅引领了我国传统农业向"信息化""标准化""品牌化"的现代农业转变,并且还将促进特色农产品走向"高端"发展路。

农产品电子商务交易平台的特点如下:一是平台实现统一为客户提供信息、质检、交易、结算、运输等全程电子商务服务。二是支持网上挂牌、网上洽谈、竞价等交易模式,涵盖交易系统收缴系统、仓储物流系统和物资银行系统等。三是集物流配送服务、物流交易服务、信息服务、融资担保类金融服务等于一体。平台系统将实现基础业务、运营业务、平台管理和运营支持四个层面的业务功能。四是实现各层级会员管理、供应商商品发布、承销商在线下单交易、订单结算交易管理、担保授信等全程电子商务管理。为了支持平台业务向农产品产业链两端延伸,满足开展订单农业、跨国电子交易及跨国贸易融资等业务的发展需求,平台支持多种交易管理流程共存,支持标准及可灵活拓展商品,具备交易规则灵活性、结算多样性、管理复杂性的特点。五是在配送和销售过程中,通过制定和实施符合现代物流要求的技术标准,对农产品在流通过程中的包装、搬运、库存等质量进行控制。形成"从田头到餐桌"的完整产业链,由市场有效需求带动农业产业化,提高农业生产区域化、专业化、规模化水平。

3. 农产品电子商务交易支付体系

农产品电子商务交易支付体系的设计思路为:一是当农产品采用统一的电子商务平台进行交易支付时,必须使参与各方能够在平等的基础上进行竞价交易,而不是像现在的弱者恒弱、强者恒强。二是在引入会员制的基础上,对交易的农产品必须设立完善的检验检测标准,农产品在进入交易时已经确定了相应的等级和质量,这可以使交易者不必看到现货就能进行交易。三是交易支付模式包含现货交易和远期交易。远期交易便于农民根据需求和价格进行生产调整,同时也可以使批发商和需求者能够及时调整操作策略,以实现交易畅通。四是交易规则为买卖双方竞价交易。竞价交易能形成公开、公平、公正的价格,提高经营效率,节约交易成本和体现社会供求关系。五是完善农产品交易中的电子商务交易监管和配套物流服务等,这样可以为农产品交易的顺利进行提供保障。在做好相关的产品检验检测技术标准、政府的政策支持和市场监管的基础上,按照市场参与各方的实际需求和特点设计有利于市场发展的电子商务交易支付系统,这样才能真正促进我国农产品市场的发展。

四、农产品电子交易风险防范体系

农产品市场风险主要是指农产品在通过市场转化为商品的过程中,由于市场行情的变化、消费者需求转移、经济政策改变等不确定因素引起的实际收益与预期收益发生偏移。随着以市场为取向的流通体制改革的进一步深化，农业生产在经受自然风险的同时，还要承受经济风险压力。如何有针对性地对农产品生产和经营进行调节，减少农产品的市场风险，降低农民在农产品商品化过程中的损失，努力将农产品市场风险控制在一定范围内，保障农民的收益，已成为当前我国农业发展中一个亟待解决的重要问题。

1. 农产品市场风险的表现形式

一是市场价格不确定性风险。随着计划经济体制向社会主义市场经济体制的转轨，在市场经济下，农产品的价格变化主要受供求关系影响，由于农产品受自然灾害、意外事故、种植结构等多种因素的影响，这些因素都有可能造成农产品市场供求的波动，导致价格的不确定性，使农业生产面临着风险。二是市场需求多样多变性风险。随着现代人们生活水平的普遍提高，人们对农产品的需求并不仅仅停留在追求数量的阶段，而转向数量与质量兼顾，并以质量为主的阶段；同时，人们对农产品的市场需求弹性不足。倘若农民不能依靠市场需求去组织生产，那么即使农业有较大幅度的增产，农民的收入仍不可能有很大的提高。农产品生产经营周期长，价格调节滞后，且需求弹性和收入弹性较小，如果农业生产者在经济行为指导下盲目以价格作为调整生产的准则，很容易形成卖难、买难周而复始的恶性循环，导致农产品市场价格骤升骤降，生产随之大起大落，使得农产品市场风险程度明显加深。三是市场预测偏差性风险。由于农民掌握信息的局限性，农民对市场的判断、预测经常会出现失误、偏差，从而造成无法挽回的损失。造成这种结果，一方面因为市场需求的难以预测性；另一方面因为农民自身思想意识和知识水平有限，对市场信息的分析和把控能力有限，而且农户多居住在乡村和边远地区，交通不便、信息不灵，又缺乏传导信息的各种组织，从而容易做出错误的预测和判断。四是农业宏观政策变动风险。政府所做出的各种农业经济政策及其稳定性，都会给农业带来不少风险。

2. 农产品市场风险的成因分析

（1）农业自身弱质性的产业特征，带来了农产品市场风险。

无论是传统农业，还是现代农业，都是一个经济再生产与自然再生产相交织的过程，这个本质特性决定了农业具有天生的弱质性。一是自然灾害可能对农业生产带来的损失是超出人们控制的；二是多数农产品是鲜活产品，难以长期保存，如果滞销积压就极易腐烂，给农业生产者造成损失；三是农产品生产具有季节性特征，生产周期长，其供给调整远远滞后于市场的变化，这种不对称使农产品供给对市场价格的反应有时滞，市场价格波动所造成的风险基本上由农业生产者承担。

（2）农产品市场信息不对称，蛛网效应明显。

农产品市场中，蛛网效应是指当供求决定价格，价格引导生产时，经济中就会出现一种周期性波动。然而，同一些发达国家相比，我国农产品市场的蛛网效应相对突出，其主要原因在于我国农产品市场信息不对称，缺乏有效信息，农民整体素质偏低，对市场的判断力较弱。目前，我国涉农信息网站超过一万个，但普遍存在着信息雷同、准确性不高、时效差的问题，尤其缺少对农产品市场有预测性、指导性的信息。同时，我国农民文化素质普遍较低，在市场中很难及时寻找和准确解读市场需求，很难根据市场需求的变化及时进行生产结构的调整。

（3）小规模农业生产方式导致了农民缺少农产品定价话语权。

我国农产品市场一直处于一种"小生产、大市场"的状态，分散的小规模生产方式，决定了我国农民对农产品市场价格缺少影响力，农民成为农产品市场风险的主要承担者。缺少农产品价格谈判的优势，在市场竞争中处于不利的地位，这种情况下，农产品市场价格的决定权集中在少数经销者手中，农民只是价格的被动接受者。

（4）农产品流通环节的专业化趋势加剧了农产品价格的波动。

随着市场经济的不断发展，农产品流通环节的专业化，减少了农民自销产品的时间和成本，也在一定程度上解决了农民销售农产品难的问题，缩短了农产品流通周期。但是，这种传统的从产地批发到销地批发，再到零售的农产品流通渠道，存在着流通链条长、交易环节多、物流成本高的弊端。农产品流通领域的专业化发展趋势，将许多社会因素引入到农产品价格的形成体系当中，某个环节的某一项成本发生变化，都会通过这个流通链条最终传递到农产品价格上，从而造成农产品价格的形成存在着更多的不确定性因素，加剧了农产品市场的风险性。

（5）加入 WTO 后的国际国内市场变化。

随着农业市场开放程度的进一步提高，市场空间范围不断扩大，市场领域不断扩充，市场交易内容不断丰富和更新，农民很容易被动地分担由世界市场波动引发的风险。加入 WTO 后，除了机遇我们还将面临更多的挑战，农业市场风险也会增加。

（6）农业生产周期长，价格调节滞后。

农业生产周期长，生产决策与产品销售在时间上被分割，农产品受市场变动影响的供求变化往往需要一个过程。当农产品供不应求或供过于求时，潜在的供求均衡绝对先于市场上的供求均衡，而只要潜在的供求均衡先于市场上的供求均衡，就一定存在供给大于需求或供给小于需求的可能。所以，只要生产调整需要一定时间，价格调节滞后性就无法消除。价格调节滞后是造成农业生产周期波动的根源，而价格风险也因此成为农业市场风险的"凝聚物"和"承载体"。

（7）农产品加工环节薄弱。

在农产品集中上市时，容易发生供过于求的现象，这样大量的农产品就会出现积压，而像水果、肉类等农产品又不容易保存，由此产生的市场风险会给农民造成很大的损失。如果能够把更多农产品用于保鲜贮藏和加工转化，再根据市场需求均衡上市，不仅能扭转收获季节集中上市引发的卖难问题，而且可增加水果的附加值，由此来减缓市场风险，增加农民收入。据统计，我国果蔬品由于贮藏、加工水平低，产后损耗一般为 25%~30%，高于发达国家 5% 的平均水平。

3. 农产品市场风险的防范对策

对农产品市场风险进行管理，在保证农业生产稳定、供给充足的情况下，还要运用适当手段对市场的风险源进行有效控制，以减少因农产品价格波动所引致的不确定性损失。根据目前我国农产品市场风险的特点，我国应建立以政府、市场、企业、农民多元复合结构为主体的农产品市场风险管理模式。

（1）加强农产品市场信息服务，提高农民科学决策能力。

针对我国农产品市场信息不完全与不对称的现实，政府部门作为信息的主要提供者，应强化对农民、企业和市场的信息服务。搞好现代信息的传播设施建设和利用，实现互联网络与传统信息传播载体的优势互补，充分利用中介组织的外延渠道，保障信息传播畅通。加强农产品信息体系建设，建立高效、灵敏、快速的信息系统，尤其要加强农产品市场供求与价格走势的分析预测，指导农产品生产经营者的经济活动，提高农民生产科学决策的水平和能力，减少因信息匮乏、信息偏差、信息传播不畅所致的农产品价格波动。搞好农产品市场信息发布制度建设，在制定信息发布规划和规范发布行为上发挥主导作用，确保发布的信息及时、准确、有效。通过高效的信息服务手段，尽可能在产前避免或减少农产品市场风险发生的可能性。

同时要搞好农业市场信息服务。政府部门作为主要的信息发布主体，应在制定信息发布规划、出台优惠政策、规范发布行为上发挥主导作用；要搞好现代信息传播设施的建设和利用，实现互联网络与其他信息传播媒体的优势互补，并利用中介组织及其他信息发布渠道，搞好面向农户、企业和市场的信息服务；政府应充分利用 WTO 有关规则，通过合理的制度安排和政策选择，增加对农村信息服务体系特别是信息发布等基础设施的投入。同时，鉴于农户购置微机等信息设施会给周围农户带来正的外部效应，建议政府对购置信息设施的农户进行适当补贴，对于信息发布项目应在立项、研发和推广等方面给予必要的资金补助。

（2）加强农产品流通体系建设，降低流通环节成本。

我国农产品从产地到餐桌流通环节过长、过繁的情况，加大了农产品价格波动的概率，也加重了农产品市场风险。加强农产品流通体系建设，建立现代农产品物流方式，减少不必要的流通环节，降低流通成本，可在一定程度上保持农产品市场价格的稳定。大力发展农产品物流配送企业，推动农产品超市的建设，采取从产地收购到市场零售一体化的营销模式。制定相关法律，加强企业信用体系的建设，规范配送企业和超市的营销行为。既要保证农产品质量的安全，又要做到让利于民，防止因流通环节价格不合理上涨而带来的市场风险。加快农产品流通基础设施的建设，提高农产品运输能力，加强与销售商的合作，拓宽农产品销售市场。这样才能把农产品顺利地销售出去，农村中介组织在农产品市场中发挥着重要的作用，它是联结农民和市场的桥梁，它可以及时把各种市场信息传递给农民，以有利于农民做出正确的生产决策，农村中介组织可以帮助农民寻找农产品的销售出路，促进农产品的销售。

（3）加强优势农产品区域布局建设，发展差异化产品。

政府部门要根据各地农业特色和优势，开展科学规划和论证，在国家现有规划的基础上，进一步加强优势农产品区域布局的建设，大力发展品牌农业。强化设施农业的建设，在有条件的地方扩大设施温棚的建设规模，错开同类农产品的上市时间，延长农产品的上市周期。通过科学有序地调整农业生产结构，达到农产品的时间差异化、品种差异化、品质差异化、口味差异化、色泽差异化、外形差异化和包装差异化等，使产品更加丰富，以降低市场波动的风险程度。提高农产品质量，丰富农产品品种。一是目前人们注重食品的安全，也关注环境的保护，在这样的环境下，发展绿色农业是一个不错的选择，这样既能满足人们的需求，又能保护自然环境。二是农产品的生产应当满足人们的需要，针对当前人们消费需求多样化的特点，应当努力丰富农产品的品种以满足人们的多样化需求。三是培育优良农作物品种，提高农作物抵抗恶劣自然灾害和病虫害的能力，这样可以减少自然灾害及病虫害带给农民的损失，培育出新品种以后还要积极地推动对新品种的推广，加强农产品流通体系建设和发挥农村中介组织的作用。

（4）加强期货市场的建设，规避价格波动的风险。

期货市场有一个集中交易、公平竞争、秩序化强、信息公开的价格形成机制，会员制的交易场所通过实施"三公"原则来形成即期、近期、远期价格，这些优势是现货市场所不具备的。因此，期货市场所形成的价格对各种价格因素反应极为灵敏，具有一定的权威性和预期性。同时，期货市场的套期保值功能将市场风险转嫁到投机者身上，确保了农民和企业的基本利益。因此，我国要大力发展农产品期货市场，提高期货市场在农产品市场上的地位和作用，增加交易品种，鼓励农业企业和农民进入期货市场，发挥期货和期权市场信息的统一性和超前性优势，充分利用其价格发现和套期保值功能，有效控制转移农产品价格风险，积极探索利用期货交易规避市场风险。期货市场的价格发现和回避风险功能，为相关产品的生产、流通、加工企业及广大农户发挥着独特的作用。期货交易和期货市场具有标准化、简单化、组织化和规范化等特点，能够有效规避市场风险。我国加入世界贸易组织已多年，农产品生产、流通和加工企业迫切需要期货市场为其提供服务。稳步发展期货市场可以加快我国市场与国际市场的接轨，有效回避国际市场波动给我国企业带来的风险。

（5）加强金融机构的服务意识，建立农产品市场风险补偿机制。

农业产业面临着自然风险和市场风险的双重压力，国家的农业补贴政策在一定程度上缓解了农民生产风险的压力，但这并不是一种长效机制，国家还需充分发挥金融机构的职能，增强其服务"三农"的意识，利用金融工具建立一种能长期规避风险的农业保险机制。扩大农业保险的范围，在继续稳定和加强粮食、生猪、奶牛等生产保险力度的基础上，还需要向水果、蔬菜、水产品等易遭受灾害损失的品种延伸。建立农产品市场风险基金，对从事农产品市场营销的企业，因遇到雪灾、暴雨、台风等突发事件而造成的损失，要给予风险补偿，以避免农产品市场价格突涨。政府对参与到农业风险保障体系当中的金融机构，从政策、资金等方面给予适当优惠，消除金融机构本身的风险隐患和忧虑，使他们能全力投入农产品市场风险的管理中。

（6）大力扶持农业产业化经营。

农业产业化经营有利于增强农户的市场竞争力，减弱农业市场风险。发展农业产业化经营，主要是要扶持龙头企业做强做大，引导龙头企业与农户结成利益共享、风险共担的集合型市场主体，要围绕区域主导产业，建立优势特色农产品生产基地。积极培育发展农业合作组织以"民建、民管、民受益"的原则，建立农民自己的合作组织，提高农户集体应对风险的能力。

（7）制定科学合理的农产品保护价。

加强农产品保护价的制度建设，制定科学合理的农产品保护价格有利于帮助农民应对农产品价格的剧烈波动，起到减少农民损失和保持农产品价格平稳的重要作用，因此制定科学合理的农产品保护价格就显得十分重要。好的保护价可以有效地减少价格的波动，保障农民从事农业生产的利益，稳定农民的生产预期，我们要健全和完善这一制度。在保护价的制定中合理和充分地考虑农民的生产成本等各方面的因素，使保护价格的作用充分得到发挥。此外还要采取有效的监督管理措施，确保关于农产品保护价的政策落到实处。

第四节 "互联网+"农业销售实操

农产品网络营销，是指在农产品销售过程中全面导入电子商务系统，利用计算机技术、信息技术、商务技术对农产品的信息进行收集与发布，依托农产品生产基地与物流配送系统，开拓农产品网络销售渠道，以达到提高农产品品牌形象、增进顾客关系、完善顾客服务、开拓销售渠道的一种新型营销方式。开展农产品网络营销可以使农产品营销空间更广阔，实现交易双方互动式沟通，进而提高客户关系管理水平并降低营销成本。然而我国农产品的网络营销才刚刚起步，还有许多地方不完善，没有形成一个完善的体系。因此研究如何构建农产品网络营销体系以促进农产品的高效流通，进而解决农产品卖难的问题，具有重要的现实意义。

一、网络市场

网络市场是以现代信息技术为支撑，以互联网为媒介，以离散的、无中心的、多元网状的立体结构和运作模式为特征，信息瞬间形成即时传播、实时互动、高度共享的人机界面构成的交易组织形式。从网络市场交易的方式和范围来看，网络市场经历了三个发展阶段：第一阶段是生产者内部的网络市场，其基本特征是工业界内部为缩短业务流程时间和降低交易成本，采用电子数据交换系统所形成的网络市场。第二阶段是国内的或全球的生产者网络市场和消费者网络市场。其基本特征是企业在互联网上建立一个站点，将企业的产品信息发布在网上，供所有客户浏览，或销售数字化产品，或通过网上产品信息的发布来推动实体化商品的销售；如果从市场交易方式的角度来讲，这一阶段也可称为"在线浏览、离线交易"的网络市场阶段。第三阶段是信息化、数字化、电子化的网络市场。这是网络市场发展的最高阶段，虽然网络市场的范围没有发生实质性的变化，但网络市场交易方式却发生了根本性的变化，即由"在线浏览、离线交易"演变成了"在线浏览、在线交易"，以电子货币及电子货币支付系统的开发、应用、标准化及其安全性、可靠性为网络市场的基本特征。

1. 网络市场的基本特征

随着互联网络及万维网的盛行，利用无国界、无区域界限的互联网来销售商品或提供服务，成为买卖通路的新选择，互联网上的网络市场成为21世纪最有发展潜力的新兴市场，从市场运作的机制来看，网络市场具有如下基本特征。第一，无店铺的方式。运作于网络市场上的是虚拟商店，它不需要店面、装潢、摆放的货品和服务人员等，所使用的媒体是互联网络。第二，无存货的形式。万维网上的商店可以在接到顾客订单后，再向制造的厂家订货，而无须将商品陈列出来供顾客选择，只需在网页上打出货物菜单即可。这样一来，店家不会因为存货而增加成本，其销售价格比一般的商店要低，这有利于增加网络商家和"电子空间市场"的魅力和竞争力。第三，成本低廉。网络市场上的虚拟商店，其成本主要涉及自设 Web 站成本、软硬件费用、网络使用费以及以后的维持费用。它通常比普通商店经常性的成本要低得多，这是因为普通商店需要昂贵的店面租金、装潢费用、水电费、营业税及人事管理费用等。美国思科（Cisco）在其官方网站中建立了一套专用的电子商务订货系统，销售商与客户能够通过此系统直接向 Cisco 公司订货。此套订货系统不仅能提高订货的准确率，避免多次往返修改订单的麻烦；最重要的是缩短了出货时间，降低了销售成本。据统计，电子商务的成功应用使 Cisco 每年在内部管理上能够节省数亿美元的费用。电子数据交换（EDI）的广泛使用及其标准化使企业与企业之间的交易走向无纸贸易。在无纸贸易的情况下，企业可将购物订单过程的成本缩减 80% 以上。在美国，一个中等规模的企业一年要发出或接受订单在 10 万张以上，大企业则在 40 万张左右。因此，对企业，尤其是大企业，采用无纸交易就意味着节省少则数百万美元，多则上千万美元的成本。第四，无时间限制。虚拟商店不需要雇用经营服务人员，可不受劳动法的限制，也可摆脱因员工疲倦或缺乏训练而引起顾客反感所带来的麻烦，而一天 24 小时、一年 365 天的持续营业，这对于平时工作繁忙、无暇购物的人来说具有很大的吸引力。第五，无国界、无区域。联机网络创造了一个即时全球社区，它消除了同其他国家客户做生意的时间和地域障碍。面对提供无限商机的互联网，国内的企业可以加入网络行业，开展全球性营销活动。如浙江省海宁市皮革服装城加入了计算机互联网络跻身于通向世界的信息高速公路，很快就尝到了甜头。信息把男女皮大衣、皮夹克等 17 种商品的式样和价格信息输入互联网，不到两小时，就分别收到英国"威斯菲尔德有限公司"等十多家海外客商发来的电子邮件和传真，表示了订货意向。服装城通过网上交易仅半年时间，就吸引了美国、意大利、日本，丹麦等 30 多个国家和地区的 5 600 多个客户，仅仅一家雪豹集团就实现外贸供货额 1 亿多元。第六，精简化。顾客不必等经理回复电话，可以自行查询信息。客户所需资讯可及时更新，企业和买家可快速交换信息，网上营销使经营者在市场中先人一步，迅速传递出信息。今天的顾客需求不断增加，对欲购商品资料的了解，对产品本身要求有更多的发言权和售后服务。于是精明的营销人员能够借助联机通信所固有的互动功能，鼓励顾客参与产品更新换代，让他们选择颜色、装运方式，自行下订单。在定制、销售产品的过程中，为满足顾客的特殊要求，让他们参与越多，售出产品的机会就越大。总之，网络市场具有传统的实体化市场所不具有的特点，这些特点正是网络市场的优势。

2. 网络市场的优势

与传统消费市场相比，网络市场具有很多优势，主要表现在以下几个方面。

（1）网络市场中商品种类多，没有商店营业面积限制，它可以包含多种商品，充分体现网络无地域的优势。

（2）网络购物没有时间限制，24 小时开放，需要时可随时登录网站，挑选任何商品。

（3）购物成本低，对于网络消费者，挑选对比不同的商品，只需要登录不同的网站或是选择不同的频道，免去了传统购物的奔波之苦，时间和成本都大幅减低。

（4）网上商品的价格相对较低，因为网络销售省去了很多中间环节，节约了传统商场无法节省的费用，商品附加费低，因此价格也就低。在传统市场，一般利润率要达到20%才能盈利，而网络市场利润率在10%就能盈利。

（5）网络市场库存少，资金积压也少。网络营销中很多商品是按订单调配的，不需要很多库存，从而减少了资金积压。

（6）商品信息更新快，只需要将商品信息即时修改公布，全球立即可以看到最新信息，这在传统市场中是无法做到的。

（7）商品查找快，由于搜索功能齐全，通过搜索，不需要太长时间，就可以查找到所需要的商品。

（8）服务范围广，网络购物不受地域、国界的限制，因此服务范围也不会界定于具体区域。

3. 网络市场的劣势

由于网络市场还是一种新兴的商业模式，所以还存在着一些欠缺。

（1）信誉度问题。在当前网络市场中，无论是买家还是卖家，信誉度都是交易过程中的最大问题。

（2）网络安全问题。在网络营销过程中，用户的个人信息、交易过程中的银行账户密码、转账过程中的资金转移都牵涉到安全问题，安全保障始终是网上购物的一层阴影。

（3）配送问题。配送无法与互联网信息同步，完成购物过程往往需要1~2天或更长时间，不如传统购物可以立即付款取货。

（4）商品展示信息不够直观。只能通过文字和图片进行一般性描述，妨碍了某些特定商品的上网销售。

4. 网络市场的功能

（1）树立公司先锋形象。利用互联网改善公司形象，使其成为一个先锋的、高科技型的公司，是现代企业开拓网络市场最具有说服力的理由。在网络市场竞争中，作为一个拥有实力可以在竞争中制胜的公司，必须率先进入互联网系统，即"客户／服务器"模式，以先入为主的资格去迎合普通计算机使用者的需求，满足他们追求个性化产品及服务的欲望；先锋者形象赋予公司一种财力充足、不断创新的表象，这是公司最稀缺、最珍贵的无形资产。如北京城乡华懋商厦是北京较早开设网上商城的零售企业，该公司负责人张女士认为公司这样做的目的是要通过网上商城来扩大知名度，使公司时刻站在信息高速公路的前沿阵地，成为网上行销的先锋；公司的先锋者形象对于提高公司人力资本的效用有着巨大的作用，它对于想成为先锋成员的雇员来说具有莫大的吸引力，也有利于公司在网上公开招聘一流的人才，使公司的人力资源更加雄厚。一个顽强的、机敏的、能力值高的、热情值高的员工队伍，将大大增强公司在网络市场和现实市场这双重市场上的开拓力。

（2）发展公共关系。网络公司必须在网络空间的公共关系网中占有绝对的优势。在具体的做法上：一是公司可以在电子广告栏目中描述公司发展的历史、公司的目标价值、公司的管理队伍、公司的社会责任及其对社区发展的贡献，以提高公司的社会知名度；二是公司能够利用多媒体技术（如图片、文件、音像、数字等）提供一种更为独特的服务，为顾客提供有价值的咨询信息，使访问者主动进入你的网址，并进一步详细地阅读所有最新的资料。对于访问者来说，能获得有价值的信息是令人兴奋的事，获得有价值的信息越多，访问的次数也就越多，访问的频率会随之提高，被访问的网络公司在访问者心目中的知名度也随之提高，访问者对被访问的网络公司的忠诚度也随之增强。总之，网络公司通过不断地向顾客提供有价值的咨询信息来吸引访问者的注意力，从而提高访问者对网络公司的忠诚程度。

（3）与投资者保持良好的关系。对于现代公司来讲，与投资者保持良好的关系对公司的发展至关重要。公司可以利用互联网网址来建立与投资者的信息沟通渠道，最大限度地降低信息的不对称性，从而降低投资者对公司可能存在的"道德风险""机会主义行为"的担心，提高公司与投资者之间的信用度，保持长期的、双向的合作关系。

（4）选择最合格的顾客群体。对于一个网络公司来讲，选择最合格的顾客群体是公司实现网络营销战略的关键。公司通过互联网，可以大大缩小销售的范围，而以特色的产品和特色的服务来选择最合格的、最忠实的目标顾客群体，从而实现优良的客户服务。例如，在纽约有一家专营珠宝的在线零售商——Jewelry Web，其站点出售几乎所有种类的珠宝首饰，从 K 金饰物、白金首饰到珠宝与银器。该公司的顾客主要分为两类：一类是自用顾客，大多为女性，年龄在 35~55 岁，她们通常会再次光顾 Jewelry Web；另一类是礼品顾客，多为男性，年龄在 30~45 岁。Jewelry Web 的总裁认为，该公司成功的秘诀首先在于选择了最合格的顾客群体；其次在于优良的客户服务，这种服务是一对一式的，顾客在收到货品之后，公司通常会发出电子邮件来询问顾客是否满意；最后在于保证产品的质量和随时有新的商品供顾客挑选。

（5）与客户及时在线交流。公司的网站中包括许多可以填写的表格，用以解答顾客的疑问并提出有效的建议。它们就像电子邮件一样沟通公司与客户。同时顾客也可以向公司的网址发来他们的忠告与建议，供公司及其他所有客户阅读。通过这种方式，公司可以同所有的顾客共享有关产品的有效信息。在线上，公司可以与顾客更为自由地进行信息往来，并允许目标顾客发出更多的反馈意见。第一件产品的发展、定位和提高全依赖于与那些聪明的、有经验的顾客的往来信息，这是公司不可或缺的一个强大的推动力。更重要的是，顾客在网络上完成互动，如果他觉得很满意，就会与好朋友分享。

（6）让客户记住您的网络通道。产品销售中的宣传效应告诉我们，应尽可能地使我们的名字醒目地出现于人们面前。产品给人们留下的印象越深，人们越有可能记住它们，进而考虑，产生信任，并最终买下。一些设计很好的网址能使自己的通信管道深深地嵌入人们的记忆之中。

二、网络消费者

网络消费者是指通过互联网在电子商务市场中进行消费和购物等活动的消费者人群。

1. 网络消费者的类型

网络消费者不外乎以下六类：简单型、冲浪型、接入型、议价型、定期型和运动型。

简单型的顾客需要的是方便直接的网上购物。他们每月只花 7 小时上网，但他们进行的网上交易却占了一半。零售商们必须为这一类型的人提供真正的便利，让他们觉得在你的网站上购买商品将会节约更多的时间。要满足这类人的需求，首先要保证订货、付款系统的安全、方便，最好设有购买建议的界面；另外提供一个易于搜索的产品数据库是保持顾客忠诚的一个重要手段。

冲浪型的顾客占常用网民的 8%，但他们在网上花费的时间却占了 32%，并且他们访问的网页是其他网民的 4 倍。冲浪型网民对经常更新、具有创新设计特征的网站很感兴趣。

接入型的网民是刚触网络的新手，占 36% 的比例，他们很少购物，但喜欢网上聊天和发送免费问候卡。那些有着著名传统品牌的公司应对这群人保持足够的重视，因为网络新手更愿意相信生活中他们所熟悉的品牌。另外，这些消费者的上网经验不是很丰富，一般对于网页中的简介、常见问题的解答、名词解释、站点结构之类的链接会更加感兴趣。

议价型的顾客占 8%，他们有一种趋向购买便宜商品的本能，大型拍卖网站 eBay 一半以上的顾客属于这一类型，他们喜欢讨价还价，并有强烈的愿望在交易中获胜。在自己的网站上打出"大减价""清仓处理""限时抢购"之类的字眼能够很容易吸引到这类消费者。

定期型和运动型的网络使用者通常都是为网站的内容吸引。定期网民常常访问新阳和商务网站，而运动型的网民喜欢运动和娱乐网站。目前，网络商面临的挑战是如何吸引更多的网民，并努力将网站访问者变为消费者。对于这种类型的消费者，网站必须保证自己的站点包含他们所需要的和感兴趣的信息，否则他们会很快跳过这个网站进而转入下一个网站中。

2. 网络消费者的购买行为分析

网上消费者的购买行为是影响网络营销的重要因素。了解网上消费者的购买类型、购买动机，可以帮助网上消费者正确把握自己的消费行为，并为企业网络营销提供决策的科学依据。按照消费者需求的个性化程度，可以将网上消费者的购买行为划分为简单型、复杂型和定制型三种。

（1）简单型购买。简单型购买的产品大多是书籍、音像制品等类的标准化产品。消费者对它们的个性化需求不大，通常以传统购买习惯为依据，不需要复杂的购买过程，购买前一般不会进行慎重的分析、筛选，主要以方便购买作为首要条件。

（2）复杂型购买。这类购买行为主要发生在购买电视机、电冰箱等技术含量相对较高的耐用消费品的场合。由于消费者对这些产品的许多技术细节不了解，因而对品牌的依赖性较大。随着这些产品逐渐走向成熟，消费者对它们变得越来越熟悉，这种复杂型购买将逐步趋于简单化。对这些产品、消费者的个性化需求主要表现在产品的颜色、外观造型上，对厂商的要求不是很高，厂商介入的程度不大。

（3）定制型购买。这类购买是指消费者按照自己的需求和标准，通过网络要求厂商对产品进行定制化生产。定制型购买的产品大致有三类：一类是技术含量高、价值高的大型产品，通过定制，虽然增加了制造成本，但可以大大削减非必要功能，从而获得更个性化、更经济的产品。另一类是技术含量不高，但价值高的个性化产品。这类产品与消费者的兴趣、偏好有直接的关系。还有一类是计算机软件及信息产品。

3. 影响网络消费者购买的主要因素

（1）产品的特性。

首先，网上市场不同于传统市场，网上消费者有着区别于传统市场的消费需求特征，因此并不是所有的产品都适合在网上销售和开展网上营销活动。根据网上消费者的特征，网上销售的产品一般要考虑产品的新颖性，即产品是新产品或者是时尚类产品，比较能吸引人的注意力。追求商品的时尚和新颖是许多消费者，特别是青年消费者重要的购买动机。

其次，考虑产品的购买参与程度，一些产品要求消费者参与程度比较高，消费者一般需要现场购物体验，而且需要很多人提供参考意见，因此这类产品不太适合网上销售。对于消费者需要购买体验的产品，可以采用网络营销推广功能，辅助传统营销活动进行，或者将网络营销与传统营销进行整合。可以通过网上来宣传和展示产品，消费者可以在充分了解产品的性能后，再到相关商场进行选购。

（2）产品的价格。

从消费者的角度来说，价格不是决定消费者购买的唯一因素，但却是消费者购买商品时肯定要考虑的因素，而且是一个非常重要的因素。对一般商品来讲，价格与需求量之间经常表现为反比关系，同样的商品，价格越低，销售量越大。网上购物之所以具有生命力，一个重要的原因就是网上销售的商品价格普遍低廉。

此外，消费者对于互联网有一个免费的价格心理预期，那就是即使网上商品是要花钱的，那价格也应该比传统渠道的价格要低。一方面，是因为互联网的起步和发展都依托了免费策略，因此互联网的免费策略深入人心，而且免费策略也得到了成功的商业运作。另一方面，互联网作为新兴市场，可以减少传统营销中中间费用和一些额外的信息费用，大大削减产品的成本和销售费用，这也是互联网商业应用的巨大增长潜力所在。

（3）购物的便捷性。

购物便捷性是消费者选择购物的首要考虑因素之一。一般而言，消费者选择网上购物时考虑的便捷性有两个方面：一是时间上的便捷性，可以不受时间的限制并节省时间；二是可以足不出户，在很大范围内选择商品。

（4）安全可靠性。

网络购买另外一个必须考虑的是网上购买的安全性和可靠性问题。由于在网上消费，消费者一般需要先付款后送货，这时过去购物的一手交钱一手交货的现场购买方式发生了变化，网上购物中的时空发生了分离，消费者有失去控制的离心感。因此，为减低网上购物的这种失落感，在网上购物各个环节必须加强安全措施和控制措施，保护消费者购物过程的信息传输安全和个人隐私，以及树立消费者对网站的信心。

4.网络消费购买过程

网上购物是指用户为完成购物或与之有关的任务而在网上虚拟的购物环

境中浏览、搜索相关商品信息，从而为购买决策提供必需的信息，并实现决策的购买的过程。电子商务的热潮使网上购物作为一种崭新的个人消费模式，日益受到人们的关注。消费者的购买决策过程，是消费者需要、购买动机、购买活动和买后使用感受的综合与统一。网络消费的购买过程可分为以下五个阶段：确认需要、信息收集、比较选择、购买决策、购后评价。

（1）确认需要。

网络购买过程的起点是诱发需求，当消费者认为已有的商品不能满足需求时，才会产生购买新产品的欲望。在传统的购物过程中，消费者的需求是在内外因素的刺激下产生的，而对于网络营销来说，诱发需求的动因只能局限于视觉和听觉。因而，网络营销对消费者的吸引是有一定难度的。作为企业或中介商，一定要注意了解与自己产品有关的实际需要和潜在需要，掌握这些需求在不同时间内的不同程度以及刺激诱发的因素，以便设计相应的促销手段去吸引更多的消费者浏览网页，诱导他们的需求欲望。

（2）收集信息。

当需求被唤起后，每一个消费者都希望自己的需求能得到满足。所以，收集信息、了解行情成为消费者购买的第二个环节。收集信息的渠道主要有两个方面——内部渠道和外部渠道。消费者首先在自己的记忆中搜寻可能与所需商品相关的知识经验，如果没有足够的信息用于决策，消费者就要到外部环境中去寻找与此相关的信息。当然，不是所有的购买决策活动都要求同样程度的信息和信息搜寻。根据消费者对信息需求的范围和对需求信息的努力程度不同，可分为以下三种模式：一是广泛的问题解决模式。这种模式是指消费者尚未建立评判特定商品或特定品牌的标准，也不存在对特定商品或品牌的购买倾向，而是很广泛地收集某种商品的信息。处于这个层次的消费者，可能是因为好奇、消遣或其他原因而关注自己感兴趣的商品。这个过程收集的信息会为以后的购买决策提供经验。二是有限问题的解决模式。处于有限问题解决模式的消费者，已建立了对特定商品的评判标准，但尚未建立对特定品牌的倾向。这时，消费者有针对性地收集信息。这个层次的信息收集，才能真正而直接地影响消费者的购买决策。三是常规问题的解决模式。

在这种模式中，消费者对将来购买的商品或品牌已有足够的经验和特定的购买倾向，它的购买决策需要的信息较少。

（3）比较选择。

消费者需求的满足是有条件的，这个条件就是实际支付能力。消费者为了使消费需求与自己的购买能力相匹配，就要对从各种渠道收集而来的信息进行比较、分析、研究，根据产品的功能、可靠性、性能、模式、价格和售后服务，从中选择一种自认为"足够好"或"满意"的产品。由于网络购物不能直接接触实物，所以，网络营销商要对自己的产品进行充分的文字描述和图片描述，以吸引更多的顾客。但也不能对产品进行虚假的宣传，否则可能会永久地失去顾客。

（4）购买决策。

网络消费者在完成对商品的比较选择之后，便进入到购买决策阶段。与传统的购买方式相比，网络购买者在购买决策时主要有以下三个方面的特点：首先，网络购买者理智动机所占比重较大，而感情动机的比重较小。其次，网络购物受外界影响小。最后，网上购物的决策行为与传统购买决策相比速度要快。网络消费者在决策购买某种商品时，一般要具备以下三个条件：第一，对厂商有信任感；第二，对支付有安全感；第三，对产品有好感。所以，网络营销的厂商要重点抓好以上工作，促使消费者购买行为的实现。

（5）购后评价。

消费者购买商品后，往往通过使用对自己的购买选择进行检查和反省，以判断这种购买决策的准确性。购后评价往往能够决定消费者以后的购买动向，"满意的顾客就是我的最好的广告"。为了提高企业的竞争能力，最大限度地占领市场，企业必须虚心听取顾客的反馈意见和建议。方便、快捷、便宜的电子邮件为网络营销者收集消费者购后评价提供了得天独厚的优势。厂商在网络上收集到这些评价之后，通过计算机的分析、归纳，可以迅速找出工作中存在的缺陷和不足，及时了解消费者的意见和建议，制定相应对策，改进自己产品的性能和售后服务。

三、农产品电子商务营销渠道

我国是农业大国。中华人民共和国成立以后，以"农业、农村、农民"为核心的"三农"问题一直是我国所要面对的最重大的问题之一，同时"三农问题"也是关系到我国发展的根本性问题。而解决"三农问题"的关键环节就在于农产品的流通。使农产品能够进行高效快速的流通，是解决农产品难买难卖的最有效途径之一。随着信息技术革命的迅猛发展，电子商务已经越来越被广大人民了解。即使坐在家里，人们同样可以随时在第一时间掌握全国乃至全世界各地的信息。以前由于消息的闭塞而被人们忽略的一些问题和事件慢慢地成为人们关注的焦点问题，引发了各种热议。当然关于民生大计的问题更是得到了全社会的热切关注和强烈反响。而电子商务作为一种先进的与时共进的商务模式，它特有的信息化、自动化和无地域限制的特点为解决传统农产品交易中农产品无法及时流通的问题提供了重要的思路。电子商务作为现今的与时共进的商务模式，其效率高、成本低、公平、透明的特质正满足了我国农产品市场所面临的新格局，将电子商务引入农业产业链中势在必行。

1. 将电子商务引入农业的意义

电子商务在农业中的应用大大提高了农业经济的效益，降低了农业生产经营成本，从信息资源、销售渠道和生产方式等方面为我国农业发展带来了崭新的面貌。电子商务能够缩短生产和消费的距离，既发挥迂回经济的专业化分工的效率，又缩短迂回经济条件下的生产和消费的距离，被称为"直接经济""零距离经济"。电子商务的优点主要表现在降低交易成本、减少库存、缩短生产周期、增加商业机会、减轻对实物基础设施依赖的 24 小时无间隔的商业运作等，因此能够有效地克服农业产业化经营中的不利因素，对我国农业产业化进程具有极大的促进作用。

2. 我国农产品电子商务发展现状

随着互联网信息技术的不断发展，我国的农业电子信息网逐步建成，农业电子商务越来越得到广泛重视。时至今日，我国电子商务已经取得了巨大的成就，但同时也面临着更加难以突破的困局。比如，近年来频频发生的"菜贱伤农"现象，虽然在这些案例中，导致农民遭受巨大损失是各种天灾人祸共同作用的结果，但最终都一个结局，是菜农遭受了巨大的经济损失和沉重的身心打击，使他们对未来迷茫不知所措。

3. 发展农产品电子商务的必要性

我国是传统的农业大国，农业的发展关系着我国经济等各方面的发展，只有农业发展好了，才能更好地实现社会主义现代化。相反，一旦农业发展滞后，我国的全面发展将会遭到严重的阻碍。只有保障了农业发展的主体——农民的根本利益，让他们的生活水平得到显著的提高，才能极大限度地调动农民的生产积极性，才能更好地解决目前我国农业市场上的问题，突破"菜贱伤农"的困局，更好地进行农业的发展和转型。

4. 对未来我国电子商务发展的建议

一是加强农村网络基础建设。作为农村信息化发展过程中的重要部分，农村宽带网络建设显得尤为重要。有关部门应该加大对农村用户的优惠力度，比如，实行优惠的通信资费政策等来实现在更广大的农业区的宽带网络覆盖。二是加快发展建设农产品的物流产业。对于农产品物流的建设，可以引进一个新的概念——物流园区。所谓的"物流园区"就是指由政府提供各种资源和出台各种政策，有效地利用各种可以利用的土地资源，开辟并建设成专门的物流基地，逐步形成可行的产业化模式。三是大力加强农业信息化高等专门人才的教育培养。专门的农业信息化人才包括负责采集农业信息的人、负责发布农业信息的人和负责管理的人等。虽然我国对农业信息化人才的培养已经有所重视，但是我国农业信息化人才仍十分缺乏。要想继续推进我国农业电子商务的发展进程，就必须从各方面加强农业人才的培养。四是出台更加完善的相关法律政策。说到我国政府对于农业电子商务发展的支持，最有效的莫过于相关法律法规的制定。其中最重要的莫过于关于互联网的相关立法。电子商务虽然给人们的生活带来了极大的便利，但也包含了各种不安全因素，如个人信息遭到泄露、网络诈骗、网络交易风险等。针对这些问题，政府需要出台更细致化、更有针对性的法律文件，以保护人民的利益，促进电子商务的可持续发展。

农产品的信息化建设不是一蹴而就的，我国农业电子商务的建设和完善任重而道远，只有正视我国农业电子商务中所出现的各种问题，并提出有针对性的解决方案，才能更好地促进我国农业电子商务的发展，早日实现我国的农业现代化建设。

四、农产品网络营销策略选择

随着互联网技术的进一步应用，电子商务已成为我国经济的新增长点之一，互联网不仅改变了人们的生活方式，还进一步改变了人们的生产组织方式。我国农业受自身特点、国内外经济环境和组织模式的影响，与现今经济发展、人民生活需求的矛盾进一步加剧。在这一形势之下，农产品如何利用网络营销新模式，让农户有效掌握供求信息，合理组织、安排生产，让消费者足不出户就可以购买到鲜活的农产品，成为缓解农产品供求矛盾、增加农户收入的关键。针对我国农产品网络营销存在的问题，从我国农产品网络营销必然性入手，分析农产品网络营销的优势，提出符合我国国情的农产品网络营销策略。

1. 我国农产品网络营销的必然性

（1）农产品流通渠道不畅使我国农产品供求矛盾进一步突出。

在现实的市场状况下，时常会发生大量的农产品尤其是生鲜果蔬烂在农田里卖不出去，而城市果蔬价格居高不下的"怪相"。农业发展速度相对较慢，市场供求矛盾突出主要归因于农产品流通渠道不畅，"重生产、轻流通"的现象在网络时代有望得到改观。

（2）农产品网络营销的网络环境已具备。

一是我国农村网民普及率呈现快速增长趋势。我国农村网民多年保持快速增长态势；且从农村网民的年龄结构来看，20~39岁的网民占农村网民规模的绝大多数。这个年龄区间相对于农业人口中的其他从业人口，文化程度比较高，他们对于新事物的反应比较敏锐，如在对移动终端、社交平台软件的运用上，这一群体表现了快速的接受能力，这一特征也让他们易于通过网络来获取农业信息，组织生产和销售新的农业生产组织模式。二是立体物流体系逐步形成，尤其是制约农产品流通的"冷链物流"取得了长足的发展。我国物流经营规模超过 10 亿元人民币的物流企业已有近百家，初具规模及具成长性的市场体系在中国逐渐形成，物流产业趋于专业化、精细化。尤其是与农副产品运输休戚相关的"冷链物流"（冷链物流泛指冷藏冷冻类食品在生产、贮藏运输、销售，到消费前的各个环节中始终处于规定的低温环境下，以保证食品质量，减少食品损耗的一项系统工程），这些年得到了切实的发展。

2. 农产品网络营销的优势

（1）网络销售模式是解决农产品供销矛盾的最为有效的方式。

农产品的一个显著特征就是生产的地域性与消费的普遍性矛盾，这种矛盾使农产品在传统销售模式下销售渠道更加复杂。网络营销最显著的特征就是"跨时空"的营销，参与人数众多且增长速度快。加之网络营销可实现生产者和消费者的有效双向沟通、可利用多媒体技术进行有效展示以及无中间环节等众多优势，可以最大限度地满足用户的个性化需求，既有利于农产品的供求平衡，又有利于农产品价格公平。

（2）网络销售可以有效规避供求信息不对称带来的风险。

农产品的另一个特征就是易于受自然条件的约束和影响，产量信息不对称，在供求上极易产生矛盾。例如北方的辣椒产量好，农民对供求把握不足，导致种植面积过大，到了收获季节，无辣椒商收购；但与此同时，南方辣椒因为干旱减产 80%，导致南方辣椒商疯狂抢购北方辣椒，辣椒一时供不应求，价格一路上升，从 6.78 元 / 千克升到 9.12 元 / 千克，最后，由于南方的辣椒需求也大，供货一度很紧张。在国外，解决这一问题主要依赖一个高效的农业信息平台，农民在第一时间掌握需求、种植信息，第一时间跟踪和发布产量信息，可以有效缓解这一矛盾。但在我国现今农业信息化相对薄弱的条件下，利用网络信息平台监测和统计需求信息，团购和预售等方式逐步分散来自供求矛盾产生的风险不啻一种有效的探索。

3. 农产品网络营销策略创新

（1）健全农产品网络营销模式。

目前,农产品网络流通主要靠农业企业网站和政府农业网站,而且呈现无序化特征。在淘宝网等主流零售网站上,销售农产品的主体中经营农产品销售农业企业数量较多,农产品生产企业数量较少;而政府农业网站建设存在内容单一、建设滞后等问题。但就我国的农业现状而言,单一的农户在农业主体里仍然占有很大比例。如何让这一群人直接参与到农产品流通中,利用网络无疑是一个简单有效的方式。另外,农产品网络销售模式一直以来只强调面向农业企业和政府的企业对企业(B2B)、政府对政府(G2G)、企业对政府(B2G)方式,而现今网络上出现的消费者对消费者(C2C)模式大大刺激了农产品的销量,即"个人与个人之间的电子商务"。

(2)健全农产品网络营销的信息化服务体系。

农产品自身的特点,很容易使市场调节资源的能力在某种程度上"失灵"。现今农产品都是借助第三方平台推动网络营销的,具有规模和影响的农产品销售专业网络较少;缺乏一个立体的农产品信息化平台,使我国农业在生产和销售预测功能方面非常落后,就表现为没有构建一个跨省(市)、地区协同运营的电子商务交易平台,加之没有完备的农产品信息数据库和缺乏农业信息化人才等原因,农产品网上销售监测功能弱化,构建一个全方位的农产品信息化平台迫在眉睫。

(3)加强农产品网络营销保障体系。

目前国内电子商务企业解决交易双方商业信誉问题多采用"保证金""无理由退货"等制度,首先借鉴这些成熟的制度,应建立一个既适合农产品又有效力的农产品销售的信用保障体系,既要确保农业生产者的收益又要保护消费者权益。其次要建立适合农民的安全、严密的社会范围的个人信用卡和电子货币网络支付体系,保障网站交易安全。再次,建立一个立体的农产品网上销售保险金制度,降低农业风险,这些保险应涵盖农产品生产的小额贷款、加工、包装、物流和消费等领域。最后,农产品网络营销的高效率需要创新农产品物流体系,而物流体系的核心是降低物流成本和提高物流效率,以满足农产品网络营销要求。

第七章 "互联网+"农业安全监测

农业安全监测对于农业发展具有重要的影响，在互联网技术高速发展的背景下，互联网技术在农业安全监测方面也发挥了巨大的作用。基于此，本章对"互联网+"下的农业安全监测展开讲述。

第一节 "互联网+"农业监测概述

一、概述

大数据是继物联网、云计算、移动互联网之后发展起来的最重要的技术之一。大数据思维带来的信息风暴正在变革我们的生活、工作和思维方式，大数据的诞生和发展开启了一次重大的时代转型。正是大数据现象的出现和数据应用需求的激增，加速了信息化的深入发展，而大数据的海量性、多样性、时效性、真实性以及潜在价值，为我们提供了认识复杂事物的新思维、新方法、新手段，成为提升国家综合能力和保障国家安全的新利器。

农业信息监测预警是基于信息流特征，对农产品生产、市场流通、进出口贸易等环节进行全产业链的数据采集，信息分析、预测预警与信息发布的全过程活动;也是集农业信息获取技术、信息处理技术、信息服务技术于一体，对未来农业运行安全态势做出判断，并提前发布预警，为政策制定部门和生产经营管理者提供决策参考，有效管理农业生产和市场流通，从而实现产销对接、引导农业有序生产和稳定农产品市场的有效手段。开展农业信息监测预警工作是欧美等发达国家一贯的做法。

在信息化快速发展的今天，农业大数据作为新一代信息技术，正在推动农业监测预警工作的思维方式和工作范式的不断转变。农业大数据推动农产品监测预警的分析对象和研究内容更加细化、数据获取技术更加便捷、信息处理技术更加智能、信息表达和服务技术更加精准。伴随大数据技术在农产品监测预警领域的广泛应用，构建农业基准数据库、开展农产品信息实时化采集技术研究、构建复杂智能模型分析系统、建立可视化的预警服务平台等将成为未来农产品监测预警发展的重要趋势。

我国已步入推进农业供给侧结构性改革的关键时期，面临的形势更加复杂，各种制约因素相互交织，深层次矛盾亟待解决。大数据作为现代信息技术的重要组成部分，在准确研判农业农村经济形势、破解农业发展难题等方面将大有作为。加快发展农业大数据建设，特别是推进大数据与农业产业全面融合，深化大数据在农业生产、经营、管理和服务等方面的创新应用，将为我国农业现代化建设注入新的活力、提供新的动力。

二、遥感技术在农业灾害监测中的应用

（一）农作物遥感监测

1.作物种植面积监测

不同作物在特定遥感图像上表现出不同的颜色、纹理、形状等特征，这是遥感识别不同作物（植被）的物理基础。同时，遥感数据因其信息量丰富、覆盖面大、实时性和现实性强、获取速度快等优点，被广泛地应用于农作物种植面积的信息提取与分析中。在计算机软硬件等条件支持下，利用人工目视解译、计算机监督、非监督分类等信息提取方法可以将目标作物种植区域提取出来，从而得到作物的种植空间分布数据和面积数据，为农业决策提供服务；同时，这也是利用遥感技术对作物进行后续长势监测、产量估算、灾害监测等应用的前提条件。

2.作物长势监测与产量估算

农作物长势监测指对作物的苗情、生长状况及其变化的宏观监测。在特定时期遥感图像上不同作物的发育期不同、长势不同，它们的光谱反射率因而也有差异，根据前人研究，叶面积指数 LAI 可以表征作物长势，而归一化植被指数 NDVI 与 LAI 有很好的相关关系，因此可以利用遥感图像可见光的红光波段和近红外波段计算作物的 NDVI，在此基础上反演计算作物的 LAI，从而实现对作物长势的监测。

遥感估产是利用农作物的光谱反射特征，对作物产量进行预报的技术手段，其基本方法是在获取作物长势信息的基础上，建立长势信息与地面实测产量信息间的耦合模型，通过模型计算得到作物的产量信息；同时为了保证模型结果更加准确，也可以考虑加入相关气象、农学参数对模型进行修正。

3.土壤墒情的遥感监测

土壤墒情（土壤水分）是农学的重要指标之一，利用遥感技术监测土壤墒情的物理基础是基于土壤在不同含水量下的光谱特征不同。一般是含水量大，光谱反射率低；反之，光谱反射率高。土壤墒情的遥感监测主要采用可见光、近红外、热红外及微波波段，基本原理是采用上述波段构建有关指数，如植被指数、温度指数等，建立这些指数与地面实测土壤水分之间的相关模型，通过模型反演得到土壤水分。模型的精度取决于相关指数对研究区土壤水分的耦合性，同时不同的遥感数据对土壤水分的耦合机理也不一样，需要综合考虑研究区土壤类型、作物种类以及大气水分及云覆盖度等因素来选择合适的数据。

（二）农业环境遥感监测

遥感技术应用于农业生产环境的监测主要采用可见光、近红外、热红外及微波波段，应用的方面主要是进行秸秆焚烧火点的提取和烟尘活动的预判，对地膜覆盖及其残留进行信息提取，对土壤结构和重金属含量进行评估，对河流、湖泊的富营养化进行监测，对农区土地荒漠化、盐渍化进行监测，等等。应用时要考虑监测对象的特征与遥感波段的相关性，如监测火点多采用热红外数据，因为热红外波段记录的是地表的热辐射特征，监测土壤重金属含量则考虑采用高光谱数据，因为高光谱往往有几十个至上百个波段，土壤中重金属含量的不同会导致光谱反射率出现微小的差异，而这一差异往往只有通过高光谱数据才能反映出来。

（三）遥感技术在农业灾害监测中的应用

农业灾害主要有病虫害和旱灾、冰雹等自然灾害。对农业灾害进行动态监测和灾情评估，是遥感技术应用的重要领域。农业灾害遥感监测的物理基础是基于植被的光谱反射曲线，当农作物受到灾害侵袭时，其叶片的结构、叶绿素以及冠层结构等生物物理参数会发生变化，由此导致植被光谱反射曲线发生相应变化。可以选择对受灾叶片中某种特征较为敏感的波段，如叶绿素等，实地测量叶片中的叶绿素含量，建立健康作物、受灾作物叶绿素含量的估算模型，通过模型反演获取受灾作物的面积和空间分布数据，监测和定量评估作物受灾害程度，然后针对具体受灾情况，进行补种、浇水、施肥或喷药等抗灾措施。

（四）农业遥感技术展望

1. 无人机遥感平台的发展

使用无人机对农田基本情况进行监测是田间监测手段的重大改进，无人机遥感平台具有成本低、维护简单、数据获取速度快、作业周期短等特点，可以弥补现有航空、航天遥感平台的不足，利用无人机搭载可见光、近红外、热红外、激光雷达等传感器，可以快速获取相应高质量的遥感数据，特别有利于中小尺度的农业遥感应用。

新疆某公司利用自主研发的 QC-2 型无人机系统搭载索尼 RX-1R 数码相机，获取了乌苏周边 200 平方千米多的农田数据，处理制作了 1 ∶ 1 000 比例尺的最终成果，实现了现场实时获取、实时处理数据的作业要求，为农田灾害评估提供了第一手资料。

2.高光谱遥感发展

相比普通多光谱图像，高光谱图像在波段范围内有十几至上百个波段，俗称"谱像合一"，因此其具有波段数量多、波普间距窄等特点，有利于监测地物的细微变化，在土壤重金属污染监测、农作物病虫害监测等领域具有重要的发展潜力，但是当前民用高光谱卫星遥感数据源较少，多使用地面便携式高光谱成像仪或者基于航空平台搭载的高光谱成像仪获取数据，因此数据获取成本高、范围小、获取难度大、实际推广应用少。随着未来更多高光谱遥感卫星的发射，将解决数据源的问题，降低数据获取成本，有利于推动高光谱数据的应用空间和范围。

3.微波遥感发展

微波遥感是农业遥感应用的一个重要方面，在多云、多雨等气象条件较差地区以及冰雪覆盖地区，微波可以穿透这些障碍，获取下垫面以及具有一定深度的遥感数据，对于我国南方多云、多雨地区，北方冰雪覆盖区的农业监测具有重大意义。

三、绿色循环现代农业种植业标准化与管理体系建设

（一）绿色循环现代农业种植业

1.绿色循环现代农业种植业标准化与科学管理的重要性

标准化是指生产全过程的统一规范要求和产品规格、质量要求标准的总称。绿色循环现代农业种植业标准化，就是指农业种植业生产的全过程既实现绿色生产又实现绿色循环，采用的生产资料、操作规范的科学统一和农产品质量标准要求的总称。当前农产品质量的最低标准是无公害，中、高级标准是绿色、有机。标准化的标准是与时俱进的，而不是静态的。随着科学技术的发展进步，农业种植业的标准也会不断提高。

管理既是科学，又是生产力。管理就是一"管"二"理"。管者，约束之意也，具有刚性的约束和控制;理者，是道理之谓也，具有柔性的约束。因此，

在国民经济发展过程中，必须运用标准化与科学管理等有效手段来实现发展目标。纵观历史，人类的一切社会活动都和标准化与科学管理活动密切相关。从宏观角度来说，管理活动广泛地存在于所有的社会活动之中，大至国家、军队，小至车间、科室，只要有人活动的地方都离不开管理。从微观管理角度来说，管理包括的范围更广，内容更复杂，就连社区的居民管理、家庭理财管理、家庭生活管理也包括在内。中国发展经济，全面建成小康社会，必须以科学发展观为主题，以转变经济发展方式为主线，以科学的现代化管理为有效手段，完成新时期经济建设与发展的伟大历史任务。

发展绿色循环现代农业是一项集种植业、林业、畜牧、水产业、食品加工业和农业生产资料的科研、生产、供应及无公害、绿色、有机食品认证等多学科、多产业、多层次为一体的系统工程。由于绿色循环现代农业标准化与科学管理是一个新的管理学科，所以必须以科学发展观为指导，通过不断自主创新来实现。为了加强对绿色循环现代农业的研究，做好绿色循环现代农业的建设与管理工作，规范建设，提高建设质量，实现科学管理，必须从战略高度来认识，只有这样才能推动绿色循环现代农业建设取得成功，为建设社会主义新农村创造条件。标准化与科学管理是发展绿色循环现代农业的关键措施之一，具有重要性、科学性和必要性的特征。它不仅关系到绿色循环现代农业能否建设成功并起到典型示范推广作用，还关系到中国建设社会主义新农村和发展绿色循环经济的成功与失败。

2. 绿色循环现代农业标准化与科学管理的指导思想

建设社会主义新农村和发展绿色循环现代农业，要坚持以人为本，树立城乡一体化、全面、协调和可持续的科学发展观。发展绿色循环现代农业要以绿色经济、生态经济、循环经济、知识经济四大先进经济模式为理论基础，以发展高科技绿色循环现代农业技术为主线，由绿色农业龙头企业来引领，以生产符合中国和国际标准的绿色和有机农产品为目的，以逐步进入国内外市场为导向，解决"三农"问题，最终实现"生产发展、生活宽裕、乡风文明、村容整洁、管理民主"的目标，坚持从各地实际出发，尊重农民意愿，扎实稳步推进新农村建设，实现生态效益、社会效益、经济效益同步增长与良性循环。绿色循环现代农业建设的标准化与科学管理工作就是围绕实现这一宏伟目标而进行的。

3.绿色循环现代农业标准化与科学管理的原则

绿色循环现代农业的标准化与科学管理必须贯彻"指导、先行、前提、基础、目的"五项原则创新管理理念，即以先进理论和管理理念为指导的原则，以开拓创新转变思想观念为先行的原则，以编制科学的总体规划为前提的原则，以不断提高与改善生态环境质量为基础的原则，以建设社会主义新农村，实现全面小康，实现生态、社会、经济效益的协调统一为目的的原则，这是绿色循环现代农业科学管理的思想基础，简称"十字方针"。

（1）坚持以先进理论和管理理念为指导的原则。

正确的理论是指导正确实践的基础，是管理科学的行动指南。发展绿色循环现代农业是对传统农业经济发展模式的根本性变革，其本质是实施可持续发展战略。发展绿色循环现代农业不仅能够实现恢复、改善和提高农业生态系统的调控功能，解决资源过度消耗、环境污染、生态破坏这些关系人类生存与发展的重大问题，而且能推动中国的经济社会发展保持在环境和资源的承载能力之内，走出一条适合中国国情的高产、绿色、高效、节约、和谐、可持续发展的全新农业现代化道路，既能满足当代人的需求，又不对满足后代人需求的能力构成威胁，为全世界的可持续发展进程做出应有的贡献。这一发展绿色循环现代农业的指导原则，关系现代农业正确的发展方向，必须贯彻始终，融入绿色循环现代农业建设的科学管理全过程中，推动绿色循环现代农业的发展。

（2）坚持以开拓创新转变思想观念为先行的原则。

转变思想观念、创新农业发展方式是推动绿色循环现代农业发展的先决条件。要做好转变思想观念工作，应通过宣传教育增强农民的生态意识，通过技术培训提高农民的科技素质。重点是在政府、企业、公众三个层面大力开展保护生态环境、走可持续发展道路的宣传教育及培训，并长期坚持下去。宣传、培训的形式和方法应多种多样，内容要与时俱进、不断创新。只有不断地提高干部、群众的生态文明意识和科技水平，加强对解决中国生态环境恶化问题紧迫性、长期性、战略性的理解，增强发展绿色循环现代农业的事业心与责任感，绿色循环现代农业才能建设成功。坚持以转变思想观念为先行的原则，解决人们在思想观念上存在的问题，就为推动产业结构调整、实现经济的可持续发展奠定了思想基础。

转变思想观念、创新发展方式，必须牢固树立以人为本，全面、协调、可持续的科学发展观，将思想观念转变到一切工作以实现可持续发展为中心的轨道上来。绿色循环现代农业建设坚持以人为本，就是要把人民的利益作为一切工作的出发点和落脚点，并在研究制定绿色循环现代农业总体规划中充分体现出来。发展绿色循环现代农业，要解决建设社会主义新农村和"三农"问题过程中的矛盾，因为它直接关系到农民增收、农村稳定和农村经济社会的全面发展，关系到全面建成小康社会的目标能否实现。这是确保国家长治久安的必然要求，也是绿色循环现代农业建设与发展成功的关键。

遵照中国关于转变发展观念、提高发展质量，落实"五个统筹"的指示精神，发展绿色循环现代农业应按照科学发展观和全面建成小康社会的要求，在发展绿色循环现代农业、实现农业经济增长的同时，要使农业资源的利用率显著提高，生态环境得到改善，人与自然和谐相处。具体应实现以下四个方面的转变：一是从农业资源高消耗、环境高污染、经济低收益的"两高一低"的发展模式转变为农业资源消耗低、环境污染低、经济效益高的"两低一高"的模式；二是从以牺牲环境为代价追求经济增长的"黑色经济"转变为经济增长、环境不断改善的"绿色经济"；三是人与自然的关系从对资源的掠夺式开发的"生态侵略"模式向"人与自然和谐发展"的模式转变；四是通过大规模的生态建设逐步恢复被破坏的生态环境，"生态赤字"转变为生态平衡。转变农业发展观念不仅是一场世界观、人生观、价值观的革命，也是创新发展方式、实现绿色循环现代农业标准化与科学管理的行动指南。

（3）坚持以编制科学的总体规划为前提的原则。

绿色循环现代农业建设的总体规划是发展绿色循环现代农业的前提条件与行动纲领。由于建设与发展绿色循环现代农业是一项宏大的系统工程，涉及三大产业诸多方面，因而其总体规划具有系统性、整体性、全面性、科学性特征。为了制定出符合区域农业具体情况的总体规划，必须根据国家、地区的经济社会发展规划与产业政策，结合本地区农业发展的特点、条件，因地制宜、科学规划。只有这样，才能编制出既符合当地农业发展实际又具有可操作性的绿色循环现代农业总体规划，通过实施绿色循环使现代农业的总体规划取得良好的生态效益、社会效益和经济效益。

绿色循环现代农业建设总体规划的编制与实施应采用市场化机制，政府发挥指导作用，主要利用市场手段，辅之以非市场手段。根据绿色循环现代农业发展总体规划的部署，推动绿色循环现代农业的发展并改善农业生态环境，将保护农业生态环境作为农业经济增长和提高农产品竞争力的动力。

国家应实施"绿色新政"，推动"绿色产业"，加快制定发展绿色循环现代农业的政策，如绿色财政、绿色资源价格、政府绿色采购、农村绿色文化教育等政策，所有这些均应编入地方绿色循环现代农业发展的总体规划中去。善于利用经济手段，将环境成本纳入价格结构内部消化，把环境付费作为调整消费的杠杆，引导消费者选择绿色产品，引导农产品生产者追求环保的生产方式，促进全社会提高农业资源利用率。绿色循环现代农业理念不仅要成为全社会遵循的行为和道德准则，还要为广大农民群众提供一整套判断绿色循环现代农业的标准，通过对农民的绿色文化培训，引导农民通过环保观念转变生活方式，建立绿色生产观与消费观，使人与自然的和谐发展深入人心。

进行社会主义新农村建设和发展绿色循环现代农业，应深化改革地方政府政绩考核体系，建立绿色国民经济核算体系和绿色循环现代农业核算体系。建立一整套充分体现农业环境与资源价值的综合指标来评价中国农业真实发展水平，树立正确的政绩观，建立科学的农业政绩考核体系，具有十分重要的现实意义和历史意义。贯彻以编制绿色循环现代农业发展总体规划为前提的原则，并融入绿色循环现代农业建设标准化与科学管理的全程中去，只有这样，中国绿色循环现代农业的发展才会取得成功。

（二）绿色循环现代农业的发展目标

发展绿色循环现代农业要在五大原则的指引下，实现超前发展、资金投入、人才开发、高科技运用、统筹协调、可持续发展、质量优化和市场导向等八项目标。

1. 超前发展目标

所谓超前发展，是指在发展绿色循环现代农业过程中，应在经济、科研、信息、人才、市场等诸多方面树立具有战略性、前瞻性、科技创新性的超前发展意识，并在各方面超前部署工作。如绿色循环现代农业项目的前期准备、组织绿色技术攻关、基础设施建设、市场开发、教育宣传等。为此要善于捕捉相关信息，能依据现状准确地预测国内外农业未来发展趋势，力争使每项工作都先走一步，占领同行业、同领域制高点。达到超前发展目标，就可以赢得市场、占领市场，并不断扩大市场，使自己在激烈的市场竞争中处于领先地位。

2. 资金投入目标

发展绿色循环现代农业，必须投入必要的资金。如绿色循环现代农业的研究与开发、项目的调研和运作、信息网络的建设、人才的引进与培训、基础设施建设、环境的改善及保护等，都需要投入大量资金。绿色循环现代农业生产区各级政府和有关单位应整合各方面的可用资金，以集中力量办大事的方式，集中投向绿色循环现代农业，并不断改善投资软硬环境，以吸引国内外投资者投资。为解决绿色循环现代农业建设资金短缺问题，还应深化农村金融体制改革，拓宽融资渠道，可以运用专项优惠贷款、建立绿色循环现代农业发展基金，建立适应市场要求的多种形式的社会化投融资渠道，为发展绿色循环现代农业筹措资金。

3. 人才开发目标

人才是发展绿色循环现代农业的关键，在建设与发展绿色循环现代农业过程中，必须用战略眼光来对待人才引进和培养这个重大问题，始终将人才资源作为第一资源。开发与吸引人才的途径主要有：一是采用在生产区内培训、送出去培训、高层次培训等办法；二是组织政府官员和有关人员到绿色循环现代农业发达国家和先进的绿色循环现代农业建设区域进行参观、考察、学习等；三是通过良好的待遇及优惠政策不断吸引各行业、各层次的人才到该领域工作；四是聘请资深学者、专家担任高级顾问等。为了保证开发、引进人才的效果，应运用心理学、管理学、行为学和计算机技术对"准人才"进行知识、能力、心理、个性、职业兴趣等方面的测评，以有效地选才、育才、用才和留才。

聘请资深学者、专家担任高级顾问，应注意专家有六种类型：一是无私奉献型；二是事业型；三是德高望重、年老体弱型；四是名利型；五是索取型；六是欺骗型。大多数专家是属于前三种类型的，虽然后三种类型人数很少，但影响很坏，尤其是第六种。因此绿色循环现代农业示范区在聘请专家时不要只看头衔，要着重看专家的职业道德、诚信度和解决绿色循环现代农业问题的理论水平与实际能力。

4. 高科技运用目标

科学技术是第一生产力，在发展绿色循环现代农业和高科技绿色产品开发问题上更是如此。中国有辽阔的平原、林区、草原、牧区，大多数地区的水、土壤、大气环境质量基本良好，绿色产品原料资源丰富，但存在着农业生产标准化、规范化、产业化经营滞后、信息不灵、科技素质不高等问题。一些偏远地区还处于绿色农产品原料的初加工、粗加工阶段，没有将资源优势转化为经济优势，更无法与国际接轨。有些山区和贫困地区至今仍在用出售绿色产品原料的办法换取低廉的收入。这说明没有一定的资金投入，没有高科技技术，绿色循环现代农业的开发将困难重重。因此中国绿色农产品的开发，必须以高科技、高附加值、无污染、高市场占有率为突破口，靠科学技术、标准化和科学管理来发展绿色循环现代农业，生产绿色农产品。要提高对绿色技术的采用率，必须解决三个问题：第一，提高企业对环境生态保护的认识，从只关注直接经济利益而忽视生态与社会利益，转向关注生态、社会、经济利益并重；第二，提高使用绿色技术水平，保证采用绿色技术的效果；第三，创立绿色循环现代农业技术服务、推广和培训中心，为企业提供咨询和技术服务等。这是着力加强农业科技服务体系的着眼点。

5. 统筹协调目标

为了推动中国绿色循环现代农业的发展，必须树立以人为本、全面、协调、可持续的科学发展观，总揽绿色循环现代农业发展全局。绿色农产品种植基地建设和绿色农产品加工是一项相互依存、协调发展的系统工程。它涉及三大产业中的农作物种植业、林业、畜牧业、水产、水利、农资生产供应、食品加工、食品卫生、营养保健、工业、旅游等行业，还涉及科研、监测、产品销售外贸出口、企业管理等方面。因此进行绿色循环现代农业的开发，不是由一个行业、一个部门、一个单位所能完成的，各行业、各部门、各单位之间要通力协作、相互支持、平等互利做好统筹协调配合工作，方能推动绿色循环现代农业的发展。

6.可持续发展目标

建设与发展绿色循环现代农业是中国可持续发展总体系的重要组成部分，其目标就是促进经济社会实现可持续发展。特别需要关注的是，可持续发展是针对整个国民经济系统而言的，即指整个国民经济系统的发展。可持续发展的提出虽然源于环境保护领域，但可持续发展不仅仅是环境保护。环境保护是实现可持续发展的重要保证之一，而不是它的全部。为此，在发展绿色循环现代农业的过程中，必须按照生态学和生态经济学原理组织生产与服务流程，大力促进清洁生产，贯彻人与自然和谐发展、农业资源综合循环利用的原则，从源头上节约资源和治理污染；必须执行环境质量标准和环境保护法律、法规，实现生态环境的保护和改善，达到经济与环境的双赢；必须建立符合绿色经济、生态经济、循环经济与绿色产业发展要求的政治、经济、文化体制，走生态文明之路，从而促进人与自然的协调与和谐，实现可持续发展的目标。

7.质量优化目标

通过绿色循环现代农业生产出的农产品，其质量要求与以往任何一种农业形式生产出的农产品都不相同。以往生产出的农产品只是为了满足当时人们的生活需要，重在吃饱肚子，而现在人们需要的是优质、安全、生态、营养的食品，这恰恰是绿色循环现代农业的终端产品。

质量是产品的生命。绿色、有机产品对质量的要求比常规产品更高、更严格，否则就无法适应世界经济一体化的大趋势，不能与国际市场接轨。绿色循环现代农业质量体系是全方位的，包括水、土壤、大气、农药、种子、肥料等生产资料质量，农作物种植管理质量，收获、存贮质量，加工、保鲜、储运质量，包装、消费、废品回收再利用质量等。绿色产品质量主要包含两个方面：一是绿色产品必须对人类身体健康无害，对环境无污染；二是必须达到既保护生态环境，又实现生态、社会、经济协调发展和多赢的目的。绿色农产品的生产必须重视品牌战略，因为品牌是质量的体现，代表着产品的品质特征和消费者的认同程度，是占领市场的重要因素。创立国内外同行业中处于领先地位、市场占有率和知名度居前列的名牌产品，能增加整体竞争力，为生产提供新的发展空间和扩张机遇。绿色农产品企业都应围绕创建国内外知名绿色农产品品牌的目标，从原料生产、采购到加工、贮存、运输、销售，建立一套完整的质量控制、监督体系，进行全过程和全方位的质量管理。

8. 市场导向目标

发展绿色循环现代农业生产绿色农产品的出路，是扩大内需和外贸出口，因此市场的定位和产品的销售要符合绿色循环现代农业发展的客观经济规律。竞争是商品经济的客观规律，哪里有商品生产与交换哪里就有竞争，竞争的结果是优胜劣汰。这就要求我们在发展绿色循环现代农业过程中，要以国内外市场为目标，以产品无污染、适销对路为导向，以市场走势、科学决策为依据，以市场竞争策略为动力，推动市场竞争目标的顺利实现。

第二节 "互联网＋"农业监测理论

一、大数据是农业状态的全息映射

农业状态全面立体的解析是全面了解和分析农业发展状况和存在问题以及制定解决方案、准确进行农事操作的重要依据。对农业状态全面的、立体的反映依赖于农业数据获取的广度、深度、速度和精度，农业状态全样本信息特征的获取是全面、立体反映农业产业状态、促进产业之间深度耦合、提升农业产业效能的基础。

农业系统是一个包含自然、社会、经济和人类活动等的复杂系统，包含其中的生命体实时的"生长"出数据，呈现出生命体数字化的特征。农业物联网、无线网络传输等技术的蓬勃发展，极大地推动了监测数据的海量爆发，数据实现了由"传统静态"到"智能动态"的转变。现代信息技术将全面、及时、有效地获取与农业相关的气象信息、传感信息、位置信息、流通信息、市场信息和消费信息，全方位扫描农产品全产业链过程。在农作物的生长过程中，基于温度、湿度、光照、降雨量、土壤养分含量、pH 等的传感器以及植物生长监测仪等仪器，能够实时监测作物生长环境状况；在农产品的流通过程中，GPS 等定位技术、射频识别技术实时监控农产品的流通全过程，保障农产品质量安全；在农产品市场销售过程中，移动终端可以实时采集农产品的价格信息、消费信息，引导产销对接，维护和保障农产品市场的供需稳定。如中国农科院农业信息研究所研制的一款便携式农产品市场信息采集设备"农信采"，具有简单输入、标准采集、全息信息、实时报送、即时传输、及时校验和自动更新等功能。它嵌入了农业农村部颁发的两个农产品市场信息采集规范行业标准，11 大类 953 种农产品以及相关指标知识库，集成了GPS、GIS、GSM、GPRS、3G/WiFi 等现代信息技术，实现了市场信息即时采集和实时传输。该设备已在天津、河北、湖南、福建、广东和海南等省（直辖市）广泛使用，并在农业农村部农产品目标价格政策试点工作的价格监测中推广应用。

大数据的发展应用正改变着传统农产品监测预警的工作范式，推动农产品监测预警在监测内容和监测对象方面更加细化、数据快速获取技术方面更加便捷、信息智能处理和分析技术方面更加智能、信息表达和服务技术方面更加精准。

二、大数据是农业预警决策的科学支撑

预警决策是依靠历史所积累的正反两个方面的历史经验所做出的判断，而大数据是对历史积累描述的最好体现。农业监测预警包括数据获取、数据分析、数据应用。数据获取是农业监测预警的基础，数据处理是农业监测预警的关键，数据应用则是监测预警的最终目标。数据获取是基础环节，是将

农业生产、流通和消费的物质流、能量流衍生成为信息流的过程。数据分析是农业监测预警的核心环节，是运用一定的技术、方法，借助计算机、相关软件等工具，将涉农数据进行汇集、分类、计算、转换，将杂乱无章的数据转换为有序信息的数据加工过程。数据应用是农业监测预警的最终目的，是对大量数据进行分析处理后，将结论型、知识型的高密度信息和高质量信息推送给用户的过程。大数据的获取、分析以及应用等是农业监测预警不可或缺的重要过程，对农业预警决策的科学性起到了重要的支撑作用。

因此，大数据的核心价值不仅仅是对过去客观事实和规律的揭示，更重要的是在大量数据采集传输的基础上，利用分析工具实现对当前形势的科学判断以及对未来形势的科学预判，为科学决策提供支撑。

在大数据的支撑下，智能预警系统通过自动获取农业对象特征信号，将特征信号自动传递给研判系统，研判系统通过对海量数据自动进行信息处理与分析判别，最终自动生成结果，得出结论，发现农产品信息流的流量和流向，在纷繁的信息中抽取农产品市场发展运行的规律。智能预警系统最终形成的农产品市场监测数据与深度分析报告，将为政府部门掌握生产、流通、消费、库存和贸易等产业链变化、调控稳定市场预期提供重要的决策支持。

三、大数据是农业发展的新型资源

大数据是以容量大、类型多、存取速度快、应用价值高为主要特征的数据集合，正快速发展为对数量巨大、来源分散、格式多样的数据进行采集、存储和关联分析，从中发现新知识、创造新价值、提升新能力的新一代信息技术和服务业态。信息技术与经济社会的交汇融合引发了数据迅猛增长，数据已成为国家的基础性战略资源，大数据正日益对全球生产、流通、分配、消费活动以及经济运行机制、社会生活方式和国家治理能力产生重要影响。

农业大数据作为重要的农业生产要素，正在日益显现出其重要的社会和经济价值。根据农业的产业链条划分，目前农业大数据主要集中在农业环境与资源、农业生产、农业市场和农业管理等领域。

农业自然资源与环境数据主要包括土地资源数据、水资源数据、气象资源数据、生物资源数据和灾害数据等。

农业生产数据包括种植业生产数据和养殖业生产数据。其中，种植业生产数据包括良种信息、地块耕种历史信息、育苗信息、播种信息、农药信息、化肥信息、农膜信息、灌溉信息、农机信息和农情信息等；养殖业生产数据主要包括个体系谱信息、个体特征信息、饲料结构信息、圈舍环境信息、疫情情况等。

农业市场数据包括市场供求信息、价格行情、生产资料市场信息、价格及利润和国际市场信息等。农业管理数据主要包括国民经济基本信息、国内生产信息、贸易信息、国际农产品动态信息和突发事件信息等。

随着海量信息的爆发，农业跨步迈入大数据时代。统一数据标准和规范，构建农业基准数据（以农业信息的标准和规范为基础，以现代信息技术为手段，收集并整理的产前、产中、产后各环节的基础精准数据），推动数据标准化，并综合运用农业大数据的相关技术，建设农业大数据平台，对农业大数据进行分析、处理和展示，将所得结果应用到农业的各个环节，从而更好地推动我国传统农业向现代农业的转型，助力我国农业信息化和农业现代化的融合。

第三节 "互联网+"农业监测实践

一、形成一支专业化的农业监测预略研究与工作队伍

伴随着我国农业监测预警工作的不断完善和深入，农产品的分析种类不断增加，以农业科研单位研究人员为核心的农业监测预警团队正在逐步完善和发展壮大。团队建设是农业监测预警研究的基础和核心工作。中国农科院农业信息研究所农业监测预警研究创新团队是较早开展农产品监测预警工作的一支队伍。经过多年的发展，我国在农业监测预警领域已经形成了一支系统性、分层次、多学科组成的专业化监测预警队伍，其成员的专业背景涵盖

农学、计算机科学、经济学、管理学、数学和系统科学等多个学科领域。随着我国农业监测预警研究工作的不断深入,团队不断壮大,正在以专业化、知识化和高效能在我国农业信息监测的前沿领跑。

此外,在农业农村部的领导下,农业监测预警研究创新团队已经形成了层次合理、分工明确、成熟的专业农业展望团队;成立了农业农村部市场预警专家委员会,负责农业展望报告的咨询、会商和研判工作,在农业展望活动中专门设立了宏观组和技术组,从全国层面把握农业展望报告的政策走向;组建了农业农村部农业展望品种分析师团队,负责粮、棉、油、糖、肉、蛋、奶等18个品种的分析预警和农业展望分品种报告撰写工作;完善了农业全产业链信息分析预警团队,将国家队的力量与省(自治区、直辖市)的分析预警力量结合在一起,在全国范围内建立了一支1 500多人的全产业链信息分析师与信息采集员队伍,保障了展望工作在全国布局和上下联动。

二、农业信息发布和服务制度不断完善

农业信息发布是引导市场预期和生产的专业化活动,需要靠专业化建设提高质量,靠专业化建设增强特色,靠专业化建设树立权威,靠专业化建设增强话语权。国家统计局是最早发布我国农业数据的权威部门。国家统计局发布的农业数据最早可以追溯到中华人民共和国成立初期,以年为时间尺度发布国家尺度和省域尺度的农业生产数据。近年来,随着我国统计工作的不断扩大和深入,逐渐开始发布有关农业方面的月度和季度数据等。目前,国家统计局在数据发布以及服务制度建设等方面已经相当完善。

农业农村部作为权威的农业部门,构建了权威、统一的农业信息发布窗口,完善了农业展望信息的发布内容、发布时间、会商形式、解读机制等规范。

农业农村部充分发挥农民日报、农广校等媒体作用,强化信息发布,建立完善了农业经济信息发布日历制度,并与中央电视台、经济日报、人民网、央广网等主流媒体建立了良好合作机制,及时发布农业农村信息,引导市场走势,信息会商机制保障发布更加规范科学。

为更加全面准确地反映农产品市场价格的变动情况,充分发挥市场信息

在推进农业供给侧结构性改革中的引领作用，农业农村部组织专家对已运行十余年的全国农产品批发价格指数进行了全面评估和调整，在此基础上编制形成了"农产品批发价格200指数"。该指数已通过试运行测试，于2017年1月起正式上线运行，并通过中国农业信息网进行每日发布。2017年农业农村部将建设重点农产品市场信息平台，以品种为主线，依托现有各类信息系统和平台，通过数据共享，打造集中统一的农产品市场信息权威发布窗口。

围绕谷物、棉花、油料、糖料、生猪、蔬菜等18种主要农产品，农业农村部市场经济与信息司建立了每月的大宗和鲜活产品部内会商机制，随着展望活动的开展，逐步建立起国家发展和改革委员会、商务部、统计局、粮食局、海关总署等多部门共同参与的跨部门农业信息会商机制。

三、农业大数据开放共享逐步推进

大数据是继矿产资源、能源之后的又一类新型国家基础性战略资源。大数据提供了人类认识复杂系统的新思维、新手段，已经成为提升国家综合能力和保障国家安全的新利器。大数据的开放和共享不仅是政府转型的内在需求和强力驱动，也是推进国家治理体系与治理能力现代化的必由之路。

由于政府所掌握和调用的数据比其他单一行业多，因此推进政府数据的开放共享能够对全社会形成示范效应，能够带动更多行业、企业开放数据、利用数据、共享数据。

要加强顶层设计和统筹协调，大力推动政府信息系统和公共数据互联开放共享，加快政府信息平台整合，消除信息孤岛，推进数据资源向社会开放，增强政府公信力，引导社会发展，服务公众和企业。

目前，我国从国家到地方逐渐建立了信息共享平台，为系统性涉农信息共享服务打下了基础。信息共享平台包括国家数据共享平台、农业农村部数据共享服务平台、地方政府多样化涉农信息共享服务平台。经过多年来的努力，通过持续加强我国农业数据仓库建设，目前已经建设了包括农业农村经济、农产品贸易、农产品价格、农产品成本收益等多个数据库，并通过各种方式开展信息服务，为政府部门推进管理数据化、服务在线化提供基础支持。

四、农业信息监测预警体系逐渐完善

随着我国农业信息化的不断深入和发展，在农业大数据的推动下，数据驱动决策的工作机制正在悄然形成。农业信息监测预警工作作为我国农业政府部门制定政策的重要抓手，其思维方式和工作范式也正在发生质的变化，数据获取技术更加便捷、信息处理技术更加智能、农业信息分析对象和研究内容更加细化、信息表达和服务技术更加精准。伴随着大数据技术在我国农业监测预警领域广泛和深入的应用，在构建农业基础数据库、推动数据标准化，开展农业信息实时采集技术研究、推进监测实时化，构建复杂智能模型分析系统、增强分析智能化，搭建监测预警服务平台、促进展示的可视化等领域将成为未来我国农业监测预警体系建设的重要发展趋势。

随着我国农业信息化建设的不断推进，我国相关部门也建立了一些大型的农业信息监测预警系统。如农业农村部的农产品监测预警系统，国家粮食和物资储备局的粮食宏观调控监测预警系统，商务部的生猪、重要生产资料和重要商品预测预警系统以及新华社的全国农副产品农资价格行情系统等，在实际工作中均得到了较好的运用。

在科研院所农业信息监测预警系统体系建设中，中国农科院农业信息研究所坚持自主创新，开发了中国农产品监测预警系统（China Agriculture Monitoringand Early-warning System，CAMES）涵盖 11 大类 953 种农产品，应用经济学、农学、气象学及计算机科学等多学科知识，实现生物学机理和经济学机制融合，使我国农业信息监测预警体系建设向前迈进了一大步。

结　语

在农村经济发展过程中，我们一定要全面认识到农业经济管理的重要性，积极发挥其作用，科学指导农村经济发展，结合实际情况制定出完善的发展方案，对目前农村经济发展中存在的影响因素进行合理解决，从而促进农村经济在未来实现更加长远、可持续地发展。

经济管理在我国农业发展中有着十分重要的地位，是保证农村经济发展的根本所在。将经济管理工作做好，不但可以促进我国农业的发展，还可以提高我国农业的社会效益和经济效益。现阶段，我国农业经济管理工作中仍存在一些不足之处，所以要想从根本上确保我国农业的健康发展，就必须学会优化问题、解决问题。

我国农业经济发展不平衡，区域之间差异巨大。在我国农业经济发展过程中，农业经济管理工作扮演着重要角色，有利于提高农户的经济效益，促使农业技术与农业实践相结合，切实推动我国农业经济的稳步增长。

总而言之，在新的发展时期，对传统的农业经济管理模式进行变革势在必行，积极采取有效的措施来提升农业经济管理信息化水平刻不容缓，这不仅是社会发展的要求，更是我国农业经济持续发展的内在要求。因此，国家和政府应该进一步提高对农业经济管理信息化这一问题的重视程度，适当增加资金投入，大力培养高素质的专业人才，并加强对农民的教育和培训，实现农业信息资源的有效整合，从而提升农业经济管理信息化水平，促进农业经济稳定、快速发展。

参考文献

[1]蔡春訇.农业经济管理的现状与发展分析[J].山西农经，2022(5):78-80.

[2]管波.基于农业经济管理的现状与发展趋势分析[J].商讯，2022(2):167-170.

[3]张俊清,邱学林.高校基层教师党支部党建与业务深度融合发展研究：以辽宁农业职业技术学院农业经济管理学院为例[J].辽宁农业职业技术学院学报,2022，24(1):20-22.

[4]王宝梅.农业经济管理的现状与发展趋势分析[J].财经界，2021(35):7-8.

[5]王洪峰.关于农业经济管理的现状与发展趋势试析[J].新农业，2021(20):55-56.

[6]刘永.浅析农业经济管理的现状与发展趋势[J].河南农业，2021(29):8-9.

[7]杨芳.新形势下优化农村财务管理助推农业经济发展研究[J].农家参谋，2021(16):108-109.

[8]王玉萍.浅析农业经济管理的现状与发展趋势[J].经济管理文摘，2021(10):187-188.

[9]李江华.农业经济管理的现状与发展方法探析[J].农家参谋，2021(8):89-90.

[10]秦曰霄.农业经济管理的现状与发展趋势刍议[J].南方农业，2021，15(3):12-13.

[11]陈顺亮,刘春红,冯丽.农业经济管理的现状与发展趋势[J].山西农经，2020(21):59-60.

[12]刘涛.基于农业经济管理视角的寿光蔬菜品牌建设与发展研究[J].商展经济，2020(10):21-23.

[13]李卓娅.现代农业经济管理的创新模式发展研究：评《农业经济管理》[J].植物检疫，2020,34(5):92.

[14]王雪丽.我国农业经济管理的现状与发展趋势[J].商业文化，2020(19):84-85.

[15]于圣锡.试论农业经济管理的现状与发展趋势[J].农家参谋，2020(12):2.

[16]王强.农业经济管理的现状与发展趋势[J].农家参谋，2020(8):15.

[17]武桂梅.新农村建设下的农业经济管理发展研究[J].中外企业家，2019(17):102.

[18]刘霞.农业经济转型期农业经济管理学科发展研究[J].河南农业，2018(17):55-56.

[19]田茹.农业经济管理的现状与发展趋势[J].商场现代化，2016(16):110.

[20]邱燕红.新农村背景下农业经济管理科学发展研究[J].北京农业，2015(17):186.

[21]王关义.经济管理理论与中国经济发展研究[M].北京：中央编译出版社，2018.

[22]李青阳，白云.农业经济管理[M].长沙：湖南师范大学出版社，2017.

[23]赖涪林.农业经济研究调查技术与方法[M].上海：上海财经大学出版社，2016.

[24]冯文丽.农业保险概论[M].天津：南开大学出版社，2019.

[25]刘国胜，王友文，等.国际经济合作与地方经济发展研究[M].北京：知识产权出版社，2016.

[26]杨祖义.现代农业发展战略研究[M].北京：经济日报出版社，2017.

[27]董艳敏.农业与农村经济问题研究[M].太原：北岳文艺出版社，2016.

[28]肖良武.大数据与城市经济发展研究[M].北京：北京邮电大学出版社，2019.

[29]周海生.淮安经济社会发展研究论稿[M].南京：东南大学出版社，2018.

[30]陈春叶.农业企业经营管理[M].重庆：重庆大学出版社，2016.